“十二五”职业教育国家规划教材
经全国职业教育教材审定委员会审定

浙江省高职院校“十四五”重点教材
浙江省职业教育在线精品课程“道路建筑材料”配套教材

道路建筑材料

ROAD BUILDING MATERIALS

(第2版)

钱树波　李仲来　主　编

孙亚婷　蒋锦毅　徐向前　副主编

葛黎明　主　审

人民交通出版社

北京

内容提要

本书为"十二五"职业教育国家规划教材、浙江省高职院校"十四五"重点教材、浙江省职业教育在线精品课程"道路建筑材料"配套教材。全书共设十个模块,包括土、通用硅酸盐水泥、岩石与集料、水泥混凝土及砂浆、无机结合料稳定材料、石油沥青、沥青混合料、钢材、土工合成材料、智能公路材料。本书配套数字化资源,以辅助教师授课和学生学习;本书配套设计了活页式工作手册,便于学生在实训中边做边学。

本书可作为高等职业教育道路与桥梁工程技术专业的教学用书,也可作为道路与桥梁工程技术人员和检测人员的学习参考书。

本教材配教学课件,教师可通过加入"职教路桥教学研讨"QQ 群(QQ:927111427)获取课件。

图书在版编目(CIP)数据

道路建筑材料 / 钱树波,李仲来主编. —2 版. —北京:人民交通出版社股份有限公司,2025.8

ISBN 978-7-114-18369-0

Ⅰ. ①道… Ⅱ. ①钱… ②李… Ⅲ. ①道路工程—建筑材料 Ⅳ. ①U414

中国版本图书馆 CIP 数据核字(2022)第 237242 号

"十二五"职业教育国家规划教材
浙江省高职院校"十四五"重点教材
浙江省职业教育在线精品课程"道路建筑材料"配套教材
Daolu Jianzhu Cailiao

书　　名:道路建筑材料(第 2 版)
著 作 者:钱树波　李仲来
策划编辑:李　瑞
责任编辑:王景景
责任校对:赵媛媛
责任印制:张　凯
出版发行:人民交通出版社
地　　址:(100011)北京市朝阳区安定门外外馆斜街 3 号
网　　址:http://www.ccpcl.com.cn
销售电话:(010)85285911
总 经 销:人民交通出版社发行部
经　　销:各地新华书店
印　　刷:北京科印技术咨询服务有限公司数码印刷分部
开　　本:787 × 1092　1/16
印　　张:24.5
字　　数:584 千
版　　次:2014 年 8 月　第 1 版
　　　　　2025 年 8 月　第 2 版
印　　次:2025 年 8 月　第 2 版　第 1 次印刷　总第 2 次印刷
书　　号:ISBN 978-7-114-18369-0
定　　价:69.00 元(含主教材和试验检测手册)

第2版 前·言
PREFACE

本教材依据教育部颁布的高等职业学校道路与桥梁工程技术专业教学标准以及相关国家标准与行业规范进行编写，编写过程中注重职业核心能力培养，力求“岗课证”融通。本教材具有以下特点：

1. **校企联合编写。**教材所涉及的知识、能力对接职业岗位需求，着重培养学生的职业能力。

2. **配套数字化资源。**以数字化资源，如重难点动画、微课等，辅助教师授课和学生学习。

3. **教材内容模块化。**教材划分为土、通用硅酸盐水泥、岩石与集料、水泥混凝土及砂浆、无机结合料稳定材料、石油沥青、沥青混合料、钢材、土工合成材料等10个模块。教师可根据实际情况自行安排授课顺序，土、通用硅酸盐水泥、岩石与集料、钢材、土工合成材料等5个模块可不分先后平行教学，智能公路材料宜作为最后一个教学模块，但水泥混凝土及砂浆模块的教学应在完成通用硅酸盐水泥、岩石与集料2个模块后进行；无机结合料稳定材料模块的教学应在完成土、通用硅酸盐水泥、岩石与集料3个模块后进行；沥青混合料模块的教学应先完成石油沥青、岩石与集料2个模块后进行教学。

4. **配套设计了活页式工作手册。**活页式工作手册便于学生在实训中边做边学。

本教材结合国家“双高计划”道路与桥梁工程技术专业群核心课程建设需要进行编写。全书由钱树波统稿，由钱树波、李仲来任主编，由浙江交工集团股份有限公司葛黎明任主审。具体编写分工如下：全书的前言、导论、模块五、模块八、模块十由浙江交通职业技术学院钱树波编写，模块一、模块三、模块四由新疆工程学院孙亚婷编写,模块二由浙江交工交通科技发展有限公司徐向前编写,模块六、模块七由浙江交通职业技术学院蒋锦毅编写,模块九由温州苍泰高速公路有限公司李仲来编写。

由于编者水平有限,书中内容欠妥甚至错误之处在所难免,恳请广大读者批评指正。

编　者

2025 年 4 月

推荐教学课时安排表

模块	教学内容	课时
模块一	土	4
模块二	通用硅酸盐水泥	6
模块三	岩石与集料	12
模块四	水泥混凝土及砂浆	12
模块五	无机结合料稳定材料	4
模块六	石油沥青	8
模块七	沥青混合料	10
模块八	钢材	4
模块九	土工合成材料	2
模块十	智能公路材料	2
合计		64(最少课时)

本教材配套数字资源清单列表

序号	教材模块	资源名称	资源形式	页码
1	土	土的工程分类及命名	微课	003
2		土的常用物理性质指标	微课	004
3		土的界限含水率	微课	010
4		土的界限含水率试验检测(液限和塑限联合测定法)	视频	015
5	通用硅酸盐水泥	硅酸盐水泥的生产	微课	022
6		通用水泥的选用和存放	微课	024
7		水泥定义及分类	微课	024
8		水泥细度检验	视频	030
9		水泥比表面积测定	视频	031
10		水泥标准稠度用水量、凝结时间、安定性检验	视频	033
11		水泥胶砂强度检验	视频	039
12	岩石与集料	石料单轴抗压强度试验	视频	046
13		制备机制砂	微课	049
14		集料类型	微课	049
15		海砂在工程建设中的应用	微课	049
16		粗集料及集料混合料的筛分试验	视频	050
17		粗集料的最大粒径和公称最大粒径	微课	051
18		水泥混凝土用粗集料针片状颗粒含量试验(规准仪法)	视频	052
19		粗集料针片状颗粒含量试验(游标卡尺法)	视频	054
20		粗集料压碎值试验	视频	055
21		粗集料磨耗试验(洛杉矶法)	视频	056
22		集料各种密度的关系	微课	059
23		细集料筛分试验	视频	061
24		细集料含泥量试验(筛洗法)	视频	062
25		细集料表观密度试验	视频	065

续上表

序号	教材模块	资源名称	资源形式	页码
26	水泥混凝土及砂浆	水泥混凝土外加剂常用类型	微课	091
27		水泥混凝土拌合物的工作性	微课	092
28		影响混凝土工作性的因素	微课	093
29		水泥混凝土强度等级	微课	095
30		水泥混凝土拌合物稠度试验(坍落度仪法)	视频	101
31		水泥混凝土拌合物表观密度试验	视频	104
32		水泥混凝土立方体抗压强度试验	视频	104
33		普通水泥混凝土配合比设计(上)	微课	111
34		普通水泥混凝土配合比设计(下)	微课	111
35		砂浆稠度试验	视频	127
36	无机结合料稳定材料	无机结合料稳定材料击实试验	视频	146
37		无机结合料稳定材料无侧限抗压强度试验	视频	150
38	石油沥青	改性沥青的类型、评价指标和技术要求	微课	167
39		乳化沥青的材料组成	微课	167
40		沥青的分类、组分及胶体结构	微课	167
41		石油沥青的组成及结构	微课	167
42		沥青软化点试验	视频	170
43		沥青针入度试验	视频	171
44		沥青的旋转黏度试验	视频	173
45		沥青延度试验	视频	175
46		沥青与集料的黏附性试验	视频	177
47		沥青的动力黏度试验(真空减压毛细管法)	视频	178
48		沥青密度与相对密度试验	视频	181
49		道路石油沥青的技术性质	微课	186
50		道路石油沥青的技术标准	微课	186
51	沥青混合料	SMA 路面常见病害成因及防治技术	微课	189
52		沥青混合料的分类和组成结构	微课	189
53		沥青路面使用性能气候分区	微课	190
54		沥青混合料高温稳定性评价方法及影响因素	微课	191
55		沥青混合料车辙试验	视频	191
56		SMA 混合料级配设计方法	微课	191
57		排水沥青路面的设计和施工要点	微课	191
58		排水沥青路面的概念和性能特点	微课	191
59		沥青玛蹄脂碎石 SMA 的概念和性能特点	微课	191

续上表

序号	教材模块	资源名称	资源形式	页码
60	沥青混合料	沥青混合料低温抗裂性、评价方法及影响因素	微课	192
61		沥青混合料水稳定性、评价方法及影响因素	微课	192
62		沥青混合料的理论最大相对密度(真空法)	视频	200
63		沥青混合料原材料技术要求	微课	203
64	钢材	钢筋的冷弯试验	视频	224
65		钢筋拉伸试验	视频	225
66		金属材料洛氏硬度试验	视频	228
67	土工合成材料	土工合成材料的分类	微课	232
68		土工合成材料的应用-上	微课	234
69		土工合成材料的应用-下	微课	234
70		土工合成材料的厚度试验	视频	236
71		土工合成材料的单位面积质量试验	视频	238
72		土工合成材料的宽条拉伸检测试验	视频	239

目·录

CONTENTS

导论
INTRODUCTION

“道路建筑材料”是交通运输大类道路运输类中道路与桥梁工程技术专业的一门专业基础课程。

本课程主要介绍道路工程用各种材料的性质、试验检测原理与方法、质量评价方法,水泥混凝土、沥青混合料、无机结合料稳定材料等混合材料的配合比设计方法及相关的国家标准和行业规范。在掌握基本知识、试验检测技能的基础上,能够运用国家现行标准和规范正确地选择材料、科学地检测材料、合理地使用材料并且能够进行混合材料的配合比设计,了解智能公路材料的种类和发展趋势。

在学习本课程之前,应完成计算机应用基础、高等数学等课程的学习,掌握必要的高等数学知识和基本的数学分析计算方法。

学好本课程将为后续的专业课程(如路基工程施工、路面工程施工、桥梁下部结构施工、桥梁上部结构施工、路基路面试验与检测、桥隧工程试验与检测等)学习奠定坚实的基础。

与本课程密切相关的职业(工种)有《中华人民共和国职业分类大典》(2022 年版)收录的道路与桥隧工程技术人员(2-02-18-08)、公路水运工程试验检测员(4-08-05-08)和公路水运工程试验检测专业技术人员以及《建筑与市政工程施工现场专业人员职业标准》中的质量员与材料员等,因此学好本课程有助于学生适应这些职业(工种)的岗位要求和考取相应的证书。

模块一
CHAPTER ONE

土

知识目标

(1)掌握土的性质、试验检测原理和方法。

(2)熟悉土的质量评价方法。

(3)熟悉与土相关的国家标准和行业规范。

能力目标

(1)能规范操作以下试验:土的颗粒分析试验(筛分法)、界限含水率试验(液限和塑限联合测定法)、击实试验、承载比(CBR)试验。

(2)能对上述试验检测工作中产生的问题进行分析和解决。

(3)能规范填写试验检测原始记录表和编制试验检测报告。

注:试验数据计算中的数值修约应按附录A执行,试验检测原始记录表和试验检测报告的编写应按附录B执行。

任务1-1 认识土

土是由地壳岩石经风化、剥蚀、搬运、沉积,形成由固体矿物、液态水和气体组成的一种集合体。换言之,土是岩石风化的产物,在不同的风化作用条件下可形成不同性质的土。土包括土壤、黏土、砂、岩屑、岩块和砾石等。

(一)土的三相组成

土是由土颗粒(固相)、水(液相)及气体(气相)三种物质组成的集合体。

固相:无机矿物颗粒和有机质,构成了土的骨架。

液相:指土孔隙中存在的水。

气相:指土孔隙中充填的空气。

土的三相比例是变化的。土体三相比例不同,土的状态和工程性质也不同,例如:

固体+气体(液体=0),为干土。此时,土呈坚硬状态,砂类土呈松散状态。

固体+液体+气体,为湿土。此时,土多呈可塑状态。

固体+液体(气体=0),为饱和土。此时,土遇到强烈地震,可能产生液化。

(二)土的分类

我国公路用土将下列特征作为土的分类依据。

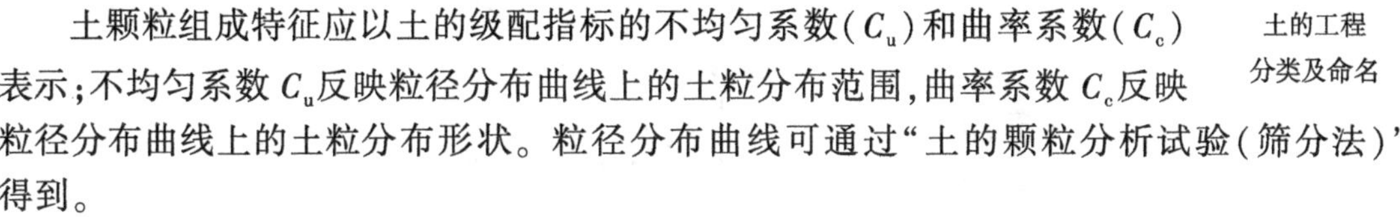

土的工程分类及命名

1. 土的颗粒组成特征

土颗粒组成特征应以土的级配指标的不均匀系数(C_u)和曲率系数(C_c)表示;不均匀系数 C_u 反映粒径分布曲线上的土粒分布范围,曲率系数 C_c 反映粒径分布曲线上的土粒分布形状。粒径分布曲线可通过“土的颗粒分析试验(筛分法)”得到。

不均匀系数 C_u:

$$C_u = \frac{d_{60}}{d_{10}} \tag{1-1}$$

曲率系数(级配系数)C_c:

$$C_c = \frac{d_{30}^2}{d_{10}d_{60}} \tag{1-2}$$

式中:d_{10}——土的有效粒径,即土的粒径分布曲线上,小于该粒径的土粒质量为总土质量10%,mm;

d_{60}——土的限制粒径,即土的粒径分布曲线上,小于该粒径的土粒质量为总土质量60%,mm;

d_{30}——土的平均粒径,即土的粒径分布曲线上,小于该粒径的土粒质量为总土质量30%,mm。

不均匀系数 C_u 反映土的粗细情况和级配情况。C_u 值越大,曲线越平缓,表明土颗粒大小分布范围广,土的级配良好;C_u 值越小,曲线越陡,表明土粒大小相近,土的级配不良。一般认为不均匀系数 $C_u<5$ 时,称为匀粒土,其级配不好;$C_u \geqslant 5$ 时的土为非匀粒土,其级配良好。但仅用不均匀系数 C_u 来确定土的级配情况是不够的,还必须同时考虑曲率系数 C_c 的大小,C_c 值越高,表明土的均匀程度越高;反之,均匀程度低。在工程上,当同时满足不均匀系数 $C_u \geqslant 5$ 和曲率系数 C_c 在 1~3 内这两个条件时,土为级配良好的土;若不能同时满足,土为级配不良的土。如 $d_{10}=1.0$mm,$d_{30}=6.0$mm,$d_{60}=16.0$mm,计算得到 $C_u=16.0$,$C_c=2.89$,因此该土为级配良好土。

2. 土的塑性指标:液限、塑限、塑性指数

土的塑性指标按“土的界限含水率试验(液限和塑限联合测定法)”得到。

细粒土应根据塑性图分类。土的塑性图(图 1-1)以液限为横坐标、塑性指数为纵坐标。

(1)位于塑性图 A 线或 A 线以上时:在 B 线或 B 线以右,称高液限黏土(CH);在 B 线以左,$I_P=7$ 线以上,称低液限黏土(CL)。

(2)位于塑性图 A 线以下时:在 B 线或 B 线以右,称高液限粉土(MH);在 B 线以左,$I_P=4$ 线以下,称低液限粉土(ML)。

(3)黏土~粉土过渡区(CL~ML)的土可以按相邻土层的类别考虑定名。

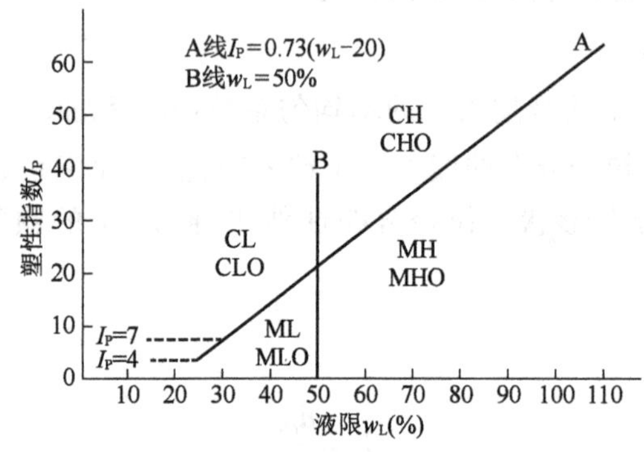

图 1-1 土的塑性图

3. 土中有机质存在的情况

土中有机质包括未完全分解的动植物残骸和完全分解的无定形物质。后者多呈黑色、青黑色或暗色,有臭味,有弹性和海绵感。借目测、手摸及嗅感判别。当不能判定时,可采用下列方法:将试样在 105~110℃的烘箱中烘烤。若烘烤 24h 后试样的液限小于烘烤前的四分之三,该试样为有机质土。当需要测有机质含量时,按《公路土工试验规程》(JTG 3430—2020)有机质含量试验(T 0151—1993)进行。

有机质土应根据塑性图分类。

(1)位于塑性图 A 线或 A 线以上时:在 B 线或 B 线以右,称有机质高液限黏土(CHO);在 B 线以左,$I_P=7$ 线以上,称有机质低液限黏土(CLO)。

(2)位于塑性图 A 线以下时:在 B 线或 B 线以右,称有机质高液限粉土(MHO);在 B 线以左,$I_P=4$ 线以下,称有机质低液限粉土(MLO)。

(3)黏土~粉土过渡区(CL~ML)的土可以按相邻土层的类别考虑定名。

(三)土的物理性质

土的常用物理性质指标

土的质量指标,是指土中固相、液相、气相三者在体积和质量方面的相互配比的数值。土的质量指标分为两类:一类是实测指标,它是通过试验直接测定,如土的天然密度、含水率和土粒比重;另一类是导出指标,它是以实测指标为依据推导而得出的,如土的干密度、孔隙比、孔隙率、饱和密度、水下密度和饱和度等。

土的三相关系如图 1-2 所示,在计算导出指标时,会用到图 1-2c)。

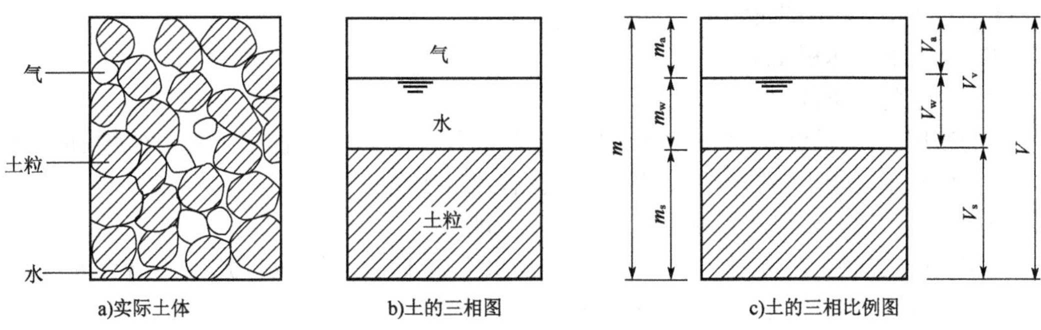

a)实际土体　　b)土的三相图　　c)土的三相比例图

图1-2　土的三相图

m-土体质量;m_s-土粒质量;m_w-水的质量;m_a-气体质量;V-土体体积;V_s-土粒体积;V_w-水的体积;V_a-气体体积;V_v-孔隙体积

1. 土的质量指标

1)土粒比重(G_s)

土粒比重是指土颗粒的质量与同体积4℃蒸馏水的质量之比,是一个无量纲指标,是土的基本物理性质指标之一,按下式计算:

$$G_s = \frac{m_s}{V_s \times \rho_w} \tag{1-3}$$

式中:G_s——土粒比重;

m_s——干土粒的质量,g;

V_s——干土粒的体积,cm^3;

ρ_w——蒸馏水在4℃时的密度,g/cm^3。

土粒比重只与组成土的矿物成分有关,而与土的孔隙大小无关。一般砂土粒比重为2.65,黏土粒比重可达2.75,含腐殖质多的黏质土相对密度较小,比重约为2.60。

土粒比重常用测定方法有比重瓶法、浮力法、浮称法与虹吸筒法。其中比重瓶法适用于粒径小于5mm的土,对于粒径大于或等于5mm的土,可用浮力法、浮称法与虹吸筒法测定。

2)土的密度

土的密度是指土的总质量与土的总体积的比值,单位多为g/cm^3,是土的基本物理性质指标之一,这里所说的总质量包括土粒的质量(m_s)、土孔隙中的水分质量(m_w)和气体质量(m_a);因气体质量极小,可视为$m_a \approx 0$。根据孔隙中水分情况可将土的密度分为天然密度(ρ)、干密度(ρ_d)、饱和密度(ρ_f)和水下密度(ρ')。

(1)天然密度(ρ)

天然密度是指在天然状态下土的单位体积的质量,包括土粒的质量(m_s)和孔隙中天然水分的质量(m_w),又称湿密度,按下式计算:

$$\rho = \frac{m_w + m_s}{V} = \frac{M}{V} \tag{1-4}$$

式中:ρ——土的天然密度,g/cm^3;

m_w——土中水的质量,g;

m_s——土中土粒的质量,g;

V——土的总体积,cm^3;

M——土的总质量,g。

土的密度,与土的结构、所含水分量以及矿物成分有关,所以在测定土的天然密度时,宜用原状土。原状土是指天然结构与天然含水率没有发生变化的土。

土的天然密度值一般在 1.60 ~ 2.20g/cm^3 之间。

测定土的天然密度,可用环刀法、蜡封法、灌水法、灌砂法。其中环刀法适用于测定细粒土的密度;蜡封法适用于测定易破裂土和形状不规则的坚硬土的密度;灌水法适用于现场测定粗粒土和巨粒土的密度;灌砂法适用于现场测定细粒土、砂粒土和砾类土的密度。

(2)干密度(ρ_d)

干密度是指干燥状态下单位土总体积的质量,即土中固体土粒的质量(m_s)与土总体积(V)的比值,按下式计算。

$$\rho_d = \frac{m_s}{V} = \frac{\rho}{1 + 0.01w} \tag{1-5}$$

式中:ρ_d——土的干密度,g/cm^3;

m_s——土中土粒的质量,g;

V——土的总体积,cm^3;

ρ——天然密度,g/cm^3;

w——土的含水率,%。

土的干密度实际上是土中完全不含水分时的密度。某土样的干密度主要取决于土的结构,即孔隙率影响干密度值。一般情况下,土的干密度值越大,土越密实,孔隙率越小。干密度在一定程度上反映了土粒排列的紧密程度。在工程中常用它计算压实度 K,作为人工填土压实的控制指标。K 按下式计算:

$$K = \frac{\rho_d}{\rho_{d\max}} \times 100 \tag{1-6}$$

式中:K——压实度,%;

ρ_d——现场实测的干密度,g/cm^3;

$\rho_{d\max}$——标准击实试验所得的最大干密度,g/cm^3。

(3)饱和密度(ρ_f)

饱和密度是指当土的孔隙中全部为水所充满时的密度,按下式计算:

$$\rho_f = \frac{m_s + m_w}{V} \tag{1-7}$$

或

$$\rho_f = \frac{m + V_v\rho_w}{V} \tag{1-8}$$

式中:ρ_f——土的饱和密度,g/cm^3;

m_w——土的孔隙中充满水时水的质量,g;

ρ_w——水的密度,g/cm^3;

V_v——土的孔隙体积，cm^3。

(4) 水下密度(ρ')

水下密度是指在地下水位以下，土体受水的浮力作用时，单位体积土体中土粒的质量扣除土体排开同体积水的质量，又称为浮密度或浸水密度，按下式计算：

$$\rho' = \frac{m_s - V_s\rho_w}{V} \tag{1-9}$$

式中：ρ'——土的水下密度，g/cm^3。

在工程计算中，地下水位以下土层的密度，要采用水下密度指标。

同一种土的四种密度之间的关系：$\rho_f \geqslant \rho \geqslant \rho_d > \rho'$。

2. 土的含水性指标

土的含水率是指土中水的质量与土颗粒质量(指的是干土的质量)的比值，是土的基本物理性质指标之一，表征土中含水情况的指标有天然含水率、饱和含水率和饱和度。

1) 土的天然含水率(w)

土的天然含水率是指在105～110℃下烘至恒重时所失去的水分质量和达到恒重时干土质量的比值，一般用百分数表示，按下式计算：

$$w = \frac{m_w}{m_s} \times 100 \tag{1-10}$$

式中：w——土的天然含水率，%。

土的天然含水率要求直接采用原状土测定。含水率的测定方法主要有烘干法和酒精燃烧法。

2) 土的饱和含水率(w_g)

土的饱和含水率是指土的孔隙全部被水充满，达到饱和时的含水率。即土的孔隙中充满水分的质量与土粒质量的比值，按下式计算：

$$w_g = \frac{m'_w}{m_s} \times 100 = \frac{V_V\rho_w}{m_s} \times 100 \tag{1-11}$$

式中：w_g——土的饱和含水率，%；

V_v——土的孔隙体积，cm^3。

3) 土的饱和度(S_r)

土的饱和度是指孔隙中水的体积 V_w 与孔隙体积 V_V 之比，按下式计算：

$$S_r = \frac{V_w}{V_v} \times 100 \tag{1-12}$$

式中：S_r——土的饱和度，%；

V_w——孔隙中水的体积，cm^3。

土的饱和度可以用来评价土的干湿状态。完全干燥的土，$S_r = 0$；完全饱和的土，$S_r = 1$。根据土的饱和度，可以把砂类土分为稍湿($S_r \leqslant 50\%$)、很湿($50\% < S_r \leqslant 80\%$)和饱和($S_r >$

80%)三种状态。

颗粒较粗的砂类土,对含水率的变化不敏感,当 w 发生变化时,它的工程性质变化不大,所以对于砂类土的物理状态可采用 S_r 来反映;但颗粒较细的黏质土,对含水率的变化十分敏感,当 w 增加时,体积膨胀,结构也会发生改变,因而一般不用饱和度 S_r 这一指标来评价黏质土。

3. 土的孔隙性指标

土中存在着许多孔隙,其所具有的一些特性,称为土的孔隙性。土的透水性、压缩性等物理特性,都与土的孔隙性有密切的关系。孔隙性指标有孔隙率、孔隙比及砂类土的相对密度。

1)土的孔隙率(n)

土的孔隙率是指土体中孔隙的体积占土总体积的百分比,又称孔隙度。它表示土中孔隙大小的程度,按下式计算:

$$n = \frac{V_V}{V} \times 100 \tag{1-13}$$

式中:n——土的孔隙率,%。

在工程计算中,n 是常用指标,一般为 30% ~50%。

具有散粒结构的土,由于颗粒排列松紧不同,孔隙率亦不同,颗粒排列紧密的孔隙率小,排列松散的孔隙率大。粒度成分对孔隙率也有很大影响,非匀粒土的孔隙率要小于匀粒土的孔隙率。具有海绵结构的黏质土,单个孔隙很小,但数量很多,水在其中为结合水,所以黏质土的孔隙率可以大于50%。

当土的结构因受外力而改变时,孔隙率也随之改变。

2)土的孔隙比(e)

土的孔隙比是土中孔隙体积与土粒体积的比值,常用小数表示,按下式计算:

$$e = \frac{V_v}{V_s} \tag{1-14}$$

式中:e——土的孔隙比。

土的孔隙比直接反映土的紧密程度,孔隙比越大,土越疏松;孔隙比越小,土越密实。一般天然状态下的土,若 $e < 0.6$,可作为良好的地基;若 $e > 1$,表明土中 $V_v > V_s$,是工程性质不良的土。

n 与 e 都是反映孔隙性的指标,但在应用上有所不同,凡是用于与整个土的体积有关的测试时,一般用 n 较为方便;若要对比一种土的变化状态,则用 e 较为准确。由于 V_s 是不变的,可视为定值,土在荷载作用下发生变化的是 V_v,而 e 的变化直接与 n 的变化成正比,所以 e 能明显地反映孔隙体积的变化,在工程设计计算中常用 e 这一指标。

孔隙率与孔隙比的相互关系如下式所示:

$$n = \frac{e}{1 + e} \tag{1-15}$$

$$e = \frac{n}{1 - n} \tag{1-16}$$

3)砂类土的相对密度(D_r)

密实度是反映砂类土松紧状态的指标,常用相对密度来表示,也称为无黏聚性土的相对密度。砂类土天然结构(即土粒排列松紧)的状况,对其工程性质有极大影响。砂类土在最松散状况下的孔隙比值为最大孔隙比 e_{max};经振动或捣实后,砂砾间相互靠拢压密,其孔隙比为最小孔隙比 e_{min};在天然状态下的孔隙比为 e。

砂类土的相对密度是指最大孔隙比和天然孔隙比之差与最大孔隙比和最小孔隙比之差的比值,一般用小数或百分数表示,按下式计算:

$$D_r = \frac{e_{max} - e}{e_{max} - e_{min}} \tag{1-17}$$

式中:D_r——砂类土的相对密度。

当 $D_r = 0$,即 $e = e_{max}$时,表示砂类土处于最疏松状态;当 $D_r = 1$ 时,即 $e = e_{min}$,表示砂类土处于最紧密状态。

《公路桥涵地基与基础设计规范》(JTG 3363—2019)中规定用相对密度 D_r或标准贯入锤击数 N 来判定砂类土的密实度,见表 1-1。

砂类土密实度的划分 表 1-1

密实度	标准贯入锤击数 N	相对密度 D_r
密实	$N > 30$	$D_r > 0.67$
中密	$15 < N \leqslant 30$	$0.4 < D_r \leqslant 0.67$
稍密	$10 < N \leqslant 15$	$0.33 < D_r \leqslant 0.4$
松散	$N \leqslant 10$	$D_r \leqslant 0.33$

注:采用 D_r 作为砂类土密实度指标,理论上是完善的,但由于测定 e_{max} 和 e_{min} 时,试验数值将因人而异,平行试验误差大;同时采取原状砂类土测定天然孔隙比 e 也是难以实现的。所以,在工程中常用标准贯入锤击数 N 来评定砂类土的密实度。

土的十个物理性质指标(G_s、ρ、w、ρ_d、ρ_f、ρ'、ω_g、S_r、n、e)并非各自独立,互不相关。G_s、ρ 和 w 为基本物理性质指标,必须通过试验直接测定,称为三项实测指标,其余指标可由三个实测指标计算导出。

4. 土的级配

土的级配是土中各粒径范围颗粒重量的分布比例。用指定方法测定土的级配的试验,称为土的颗粒分析。

1)土的颗粒分析方法

目前,可将所采用的方法归纳为两大类:一是利用各种方法把各个粒组按粒径分离开来,直接测出各粒组(工程上常把大小相近的土粒合并为组,称为粒组)的百分含量,称为直接测定法,如筛分法、移液管法等;二是根据各粒组的某些不同特性,间接地判定土中各粒组的含量,称为间接测定方法,如密度计法。

对于粒径不小于 0.075mm 的粗粒土,采用筛分法直接测定;对于粒径小于 0.075mm 的细粒土,用密度计法或移液管法测定;若土中粗细颗粒兼有,则可联合使用上述两种方法。

2)土的级配表示方法

常用的表示方法有表格法和级配曲线法。

(1)表格法

颗粒分析后,按粒径由大到小划分的各粒组及其测定的质量百分数,用表格的形式直接表示其颗粒级配情况,在同一表格中可以表示多种土样的粒度成分的分析结果。

(2)级配曲线法

通常用半对数坐标绘制。横坐标表示土粒粒径,纵坐标表示小于某粒径的质量分数,绘制级配曲线图(图1-3)。从级配曲线图上可以看出:曲线平缓,表明土的大小粒组都有,各粒组的相对含量相近;曲线坡度较陡,表明土粒比较单一,斜率最大线段所包括的粒组,在土样中的含量最多,成为具有代表性的粒组。

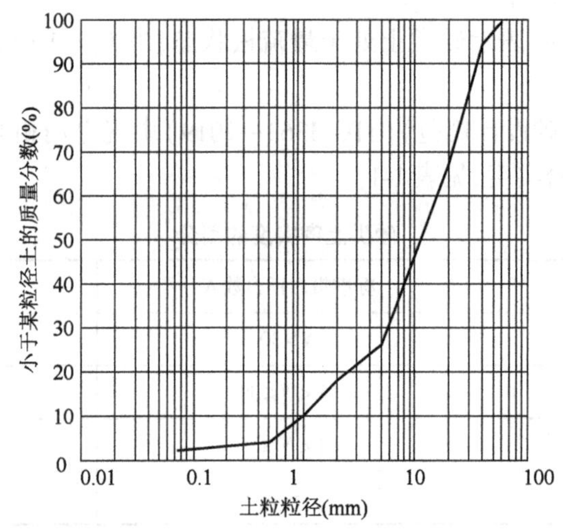

图1-3　某土样的粒度成分级配曲线图

级配曲线的主要用途有以下两个方面:

①由级配曲线可以直观地判断土中各粒组的分布情况。

②由级配曲线可确定土的曲率系数和不均匀系数。

5.土的界限含水率

土的界限含水率

1)稠度、稠度状态和界限含水率

土的软硬程度特性称为稠度。土随着含水率的增大,从固体状态变为半固体状态,到可塑状态,再转变为流动状态,这些不同的物理状态称为土的稠度状态。通常把土的稠度状态分为固态、半固态、可塑状态、流动状态4个状态。

黏质土由一种稠度状态转变到另一种稠度状态的分界含水率称为界限含水率(表1-2)。

工程上常用的界限含水率有缩限、塑限、液限,它们对黏质土的分类和工程性质的评价有重要意义。

(1)缩限(w_S)。黏质土呈半固态不断蒸发水分,则体积不断缩小,直到体积不再变化时的界限含水率称为缩限。

(2)塑限(w_P)。黏质土由半固态转到可塑状态的界限含水率称为塑限。

(3)液限(w_L)。黏质土由可塑状态转到流动状态的界限含水率称为液限。

土的稠度及界限含水率 表 1-2

稠度状态	稠度特征	界限含水率	含水率减小方向	土体积缩小方向
流态状态	呈层状流动	液限 ω_L	↓	↓
可塑状态	塑性变形	塑限 ω_P		
半固态	不易变形	缩限 ω_S		
固态	坚硬难变形		土体积不变	

2)塑性指数(I_P)

土的塑性是指土在一定外力作用下可以塑造成任何形状而不改变其整体性,当外力取消后,在一段时间内仍保持其已变形后的形态而不恢复原状的性能,也称为土的可塑性。塑性状态是黏质土的一种特殊状态,因此,黏质土又称为塑性土。判断土的可塑性强弱的指标为塑性指数 I_P,即土的液限与塑限之差,按下式计算:

$$I_P = w_L - w_P \tag{1-18}$$

式中:I_P——土的塑性指数;

w_L——土的液限,%;

w_P——土的塑限,%。

黏质土的塑性指数的大小,主要取决于土中黏粒、胶粒及矿物成分的亲水性,即土中黏粒、胶粒含量越多,亲水性越强,土的塑性指数越大,可塑性也越强;反之则越小。在工程地质实践中常用 I_P 值对黏质土进行分类和命名,见表 1-3。

土按塑性指数(I_P)的分类 表 1-3

土的名称	砂土(无塑性土)	亚砂土(低塑性土)	亚黏土(中塑性土)	黏土(高塑性土)
塑性指数	$I_P \leqslant 1$	$1 < I_P \leqslant 7$	$7 < I_P \leqslant 17$	$I_P > 17$

根据塑性指数(I_P)对土进行分类,其局限性较大,只能作为参考,如两种细粒土液限和塑限不同,所得的塑性指数可能相同。

3)液性指数(I_L)

黏质土的液性指数又称相对稠度,是天然含水率和塑限的差值与液限和塑限的差值之比,按下式计算:

$$I_L = \frac{w - w_P}{w_L - w_P} \tag{1-19}$$

式中:I_L——土的液性指数;

w——土的天然含水率,%;

w_L——土的液限,%;

w_P——土的塑限,%。

黏质土的液性指数是反映土的稠度的指标。对于某种黏质土,其液限 w_L 和塑限 w_P 都是一定值,土的天然含水率越大,液性指数越大,土越稀软。在工程上,为了更好地掌握天然土的稠度状态,根据液性指数划分为五级,见表1-4。

黏质土相对稠度状态 表1-4

液性指数	$I_L \leq 0$	$0 < I_L \leq 0.25$	$0.25 < I_L \leq 0.75$	$0.75 < I_L \leq 1$	$I_L > 1$
稠度状态	坚硬	硬塑	可塑	软塑	流塑
	半固体状态	可塑状态			流动状态

(四)土的力学性质

1. 土的击实

在工程建设中,经常遇到填土或软弱地基,为了改善这些土的工程性质,常采用人工或机械对土施以夯压能量(如夯、碾、振动等),使土颗粒在短时间内重新排列紧密,获得最佳结构,以改善土的力学性能。

填土与原状土不同,填土经过挖掘、搬运之后,其原状结构已被破坏,含水率也已变化,堆填时必然在土团之间留下许多大空隙,未经压实的填土强度低,压缩性大且不均匀,遇水易发生塌陷、崩解等现象。为使其满足工程要求,必须按一定标准压实,特别是像路堤这样的土工构筑物,在车辆的反复动荷载作用下,可能出现不均匀或过大的沉陷或塌落,甚至失衡滑动,从而使运营条件恶化,增加维修工作量,所以路堤填土必须具有足够的密实度才能确保行车平顺和安全。

标准击实试验是研究土的击实性能的室内基本试验方法。

1)黏性土的击实特性。

图1-4是根据黏性土的击实数据绘出的击实曲线。由图1-4可知,随着含水率的增加,土的干密度也逐渐增大,表明压实效果逐步增强,当含水率超过某一限值时,干密度则随着含水率增大而减小,即压密效果减弱。这说明土的压实效果随着含水率的变化而变化,并在击实曲线上出现一个峰值,与这个峰值相应的含水率即最佳含水率(w_{op})。

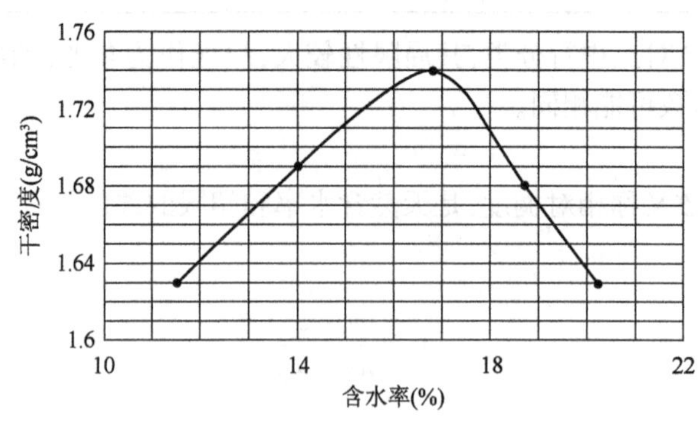

图1-4 击实曲线

同一种土样的塑限与最佳含水率有一定的内在联系,根据实践经验可知:黏性土的最佳含水率 w_{op} 与土的塑限之间的关系是 $w_{op} \approx w_P + 2$。土中所含黏土矿物越多、颗粒越细时,最佳含水率越大。另外,最佳含水率还与击实功的大小有关。除了含水率、击实功对土的压实效果有影响以外，土粒级配对压密效果也有显著影响，均匀颗粒的土不易压密，因此在工程建设中，要选择符合级配要求的土作为路堤填料。

2）无黏性土的击实特性

无黏性土颗粒较粗，颗粒之间没有或只有很小的黏聚力，不具有可塑性，多呈单粒结构。其压缩性小、透水性高、抗剪强度较大，且含水率的变化对其性质影响不显著。

工程实践证明，对于无黏性土的压实，应采用一定静荷载与动荷载的联合作用才能达到较好的压实度。

2. 土的压缩

在外力作用下，土体积缩小的特性称为土的压缩性。由于土是固体颗粒的集合体，具有碎散性，因而土的压缩性比钢材、混凝土等其他材料大得多，并具有下列两个特点：

(1)土体的压缩变形主要是由孔隙的减小引起的。

土是三相体，土体受外力引起的压缩包括三部分：土粒固体部分的压缩、土体内孔隙中水的压缩、水和空气从孔隙中被挤出以及封闭气体被压缩。后两项是土体压缩变形的主要因素。

(2)饱和土的压缩需要一定时间才能完成。

（五）土的水理性质

1. 土的渗透现象

渗透是液体在多孔介质中运动的现象，表示这一现象的定量指标是渗透系数。土的渗透性是由于土颗粒骨架之间存在连通的孔隙结构，构成了水的运移通道，土中自由水在重力作用下，通过土颗粒骨架的孔隙运动而使土体所具有的一种水力学特性。土中孔隙水的运动和孔隙水压力的变化，常常是影响土的各种力学性质及控制各种土工建筑物设计和施工的重要因素。影响渗透系数的因素很多，其中，比较重要的因素有土粒的大小和级配、土的孔隙比、水的动力黏滞系数、土中封闭气体含量、土的结构构造、结合水膜厚度。

应根据土的渗透性大小来确定采用常水头法或变水头法，这两种方法测试原理不同，故效果各异。在一般情况下，常水头法适用于渗透系数大于 10^{-4}cm/s 的土；变水头法适用于渗透系数为 $10^{-4} \sim 10^{-7}$cm/s 的土。试验用水应采用实际作用于土的天然水。若用纯水，试验前必须用抽气法或煮沸法脱气。试验时水温宜高于试验室温度 3～4℃。《公路土工试验规程》(JTG 3430—2020)规定常水头渗透试验适用于粗粒土。变水头渗透试验适用于细粒土。

2. 土的毛细现象

毛细现象是土中自由水从自由水面通过微小通道逐渐上升的现象，由土粒与水分子的相互吸引力以及水的表面张力而产生。土的毛细管水上升高度是水在土孔隙中因毛细管作用而上升的最大高度，其上升的高度和速度取决于土的孔隙大小和分布情况、有效粒径、土孔隙中吸附空气和水的性质以及温度等，可按《公路土工试验规程》(JTG 3430—2020)中相应的试验方法确定。一般来说，这个高度对于卵石为零至几厘米，对砂土则在数十厘米之间，对黏土则可达数百厘米。

3. 土的收缩现象

土的收缩是湿土变干时由含水率减小引起的,当包围土粒的薄膜水厚度变小,土粒在分子吸引力的作用下,相互移近,土的体积因而减小。反映土的收缩性质的指标有缩限和体积收缩(线缩率、体缩率和收缩系数),可按《公路土工试验规程》(JTG 3430—2020)中相应的试验方法确定。

土的收缩会导致土体产生裂缝,从而导致土体强度显著降低,透水性明显增大。

4. 土的膨胀现象

土的膨胀过程与收缩相反,是由于水分子浸入水膜较薄的地方,将土粒推开,土体因而膨胀。反映土的膨胀性质的指标有膨胀率、膨胀力等,可按《公路土工试验规程》(JTG 3430—2020)中相应的试验方法确定。

土体膨胀会使土的强度降低。因此,在工程上对土的膨胀问题应给予充分重视。

任务1-2 检验土

广义的土涵盖了部分石料、集料及填料,所以在检验土的质量时应根据其用途合理选择质量指标和检测方法。

根据《公路水运工程试验检测机构等级标准》中试验检测能力基本要求及主要仪器设备(综合乙级)必须满足的试验检测参数要求,以下为土的试验检测项目必须满足的试验检测参数,其余参数的试验检测可参照《公路土工试验规程》(JTG 3430—2020)等标准规范。

(一)土的颗粒分析试验检测(筛分法)

1. 试验检测原理

试样在筛孔逐级减小的一套标准筛过筛,存留在某一筛孔的土粒质量,代表了该筛孔尺寸土粒的质量。

2. 目的与适用范围

本方法可以测定土的颗粒级配曲线数据,评定土的类别等。

本方法适用于分析土粒粒径范围0.075~60mm的土粒粒组含量和级配组成。对于粒径大于60mm的土样,本方法不适用。

3. 主要仪器设备

(1)标准筛(图1-5):粗筛(圆孔)孔径为60mm、40mm、20mm、10mm、5mm、2mm;细筛孔径为2.0mm、1.0mm、0.5mm、0.25mm、0.075mm。

(2)天平:称量5000g,感量1g;称量1000g,感量0.01g。

(3)摇筛机(图1-6)。

(4)其他:烘箱、筛刷、烧杯、木碾、研钵及杵等。

图1-5　圆孔标准筛

图1-6　摇筛机

4. 试验操作及记录

参照对应的最新标准规范和《道路建筑材料试验检测手册》,在老师指导下完成,并将试验记录填写在《道路建筑材料试验检测手册》中。

5. 注意事项

(1)当粒径大于0.075mm的颗粒超过试样总质量的15%时,应先进行筛分试验,然后经过洗筛,再用密度计法或移液管法进行试验。

(2)在选用分析筛的孔径时,可根据试样颗粒的粗细情况灵活选用。

(3)对于砾类土等颗粒较大的土样,按其最大颗粒决定试样数量,这样比较直观,易于掌握,又可得到比较有代表性的数据。

用风干土样进行筛分试验,按四分法取代表性试样,数量随粒径大小而异,粒径越大,数量越多。

(4)对于无黏聚性的土样,可采用干筛法;对于含有部分黏土的砾类土,必须用水筛法,以保证颗粒充分分散。

(5)筛后各级筛上和筛底土总质量与筛前试样总质量之差,不应大于筛前试样总质量的1%,否则应重做试验。

(6)试验结束后,应将所用设备整理干净,恢复原位并清理垃圾。

6. 试验结果应用分析

通过颗粒级配曲线计算不均匀系数和曲率系数,进而判断土的级配情况。

(二)土的界限含水率试验检测(液限和塑限联合测定法)

土的界限含水率试验检测(液限和塑限联合测定法)

1. 试验检测原理

利用圆锥入土深度来表示土质和土的含水率状态。影响圆锥入土深度的因素有土质、含水率、土的密度和结构。对于扰动土,可排除结构的影响。试验过程中,要求用力压密或反复压实,即可消除密度对圆锥入土深度的影响。

2. 目的与适用范围

本方法可以联合测定土的液限和塑限,用于划分土类、计算天然稠度和塑性指数,供公路工程设计和施工使用。

本方法适用于粒径不大于0.5mm、有机质含量不大于试样总质量5%的土。

3. 主要仪器设备

(1)液塑限联合测定仪(图1-7):圆锥质量为100g或76g,锥角为30°,读数显示形式宜采用光电式、数码式、游标式、百分表式。

图1-7 液塑限联合测定仪

(2)盛土杯:内径50mm,深度40~50mm。

(3)天平:感量0.01g。

(4)其他:筛(孔径0.5mm)、调土刀、调土皿、称量盒、研钵(附带橡皮头的研杵或橡皮板、木棒)、干燥器、吸管、凡士林等。

4. 试验操作及记录

参照对应的最新标准规范和《道路建筑材料试验检测手册》,在老师指导下完成,并将试验记录填写在《道路建筑材料试验检测手册》中。

5. 注意事项

(1)试样制备质量对液限塑限联合测定的精度具有重要意义。制备试样应均匀、密实。一般制备三个试样:一个要求含水率接近液限,一个要求含水率接近塑限,一个居中。否则,就不容易控制曲线的走向。对联合测定精度影响最大的是靠近塑限的那个试样。可以先将试样充分搓揉,再将土块紧密地压入容器,刮平,待测。当含水率等于塑限时,对控制曲线走向最有利,但此时试样很难制备,必须充分搓揉,使土的断面上无孔隙存在。为便于操作,根据实际经验,含水率可略放宽,以入土深度不大于4~5mm为限。

(2)本方法中的双对数坐标是指两个坐标轴的单位长度都是经过以10为底的对数计算

后的平面坐标。

(3)绘图计算液塑限的方法操作麻烦且试验结果误差较大,宜采用 Excel 或 VB 编程等实现自动化计算。

(4)在 h-w 坐标中,如 a、b、c 三点不在同一直线上,要通过 a 点与 b、c 两点连成两条直线,根据液限(a 点含水率)在 h-w 图上查得,以此再在 h-w 图的 ab 及 ac 两直线上求出相应的两个含水率。当两个含水率的差值小于 2% 时,以该两点含水率的平均值与 a 点连成一直线。当两个含水率的差值不小于 2% 时,应重做试验。

(5)本试验应进行两次平行测定,其允许差值为:高液限土不大于 2%,低液限土不大于 1%,若不满足要求,则应重新试验。取其算术平均值,保留至小数点后一位。

(6)试验结束后,应将所用设备整理干净,恢复原位并清理垃圾。

6. 试验结果应用分析

土中的水从工程意义上来说可分为结晶水、结合水和自由水。

结晶水是存在于土颗粒矿物晶体内部或参与矿物构造的水。这部分水只有在高温(150 ~ 240℃),甚至 400℃下才能从土颗粒矿物中析出。因此,可以把它当作矿物本身的一部分。

结合水是吸附在土颗粒表面呈薄膜状的水,受土粒表面引力的作用而不服从静水力学规律,其冰点低于 0℃。它对细粒土的工程性质有很大影响。结合水可分为强结合水和弱结合水。强结合水靠近土颗粒表面,密度可达 2g/cm^3,具有固体性质,能够抵抗剪切作用。弱结合水远离土颗粒表面,它是强结合水与自由水的过渡型水,因此它的密度为 1 ~ 2g/cm^3,土颗粒表面结合水总量及其变化,取决于矿物的亲水性、土粒的分散程度和土粒的带电离子等。

自由水是存在于土颗粒孔隙中的水。它可分为毛细水和重力水。毛细水是由于水的表面张力,土体中受毛细管作用保持在自由水面以上并承受负孔隙水压力的水,也称为毛细管水。重力水是重力作用下在土中移动的自由水。

影响土的物理、力学性质的主要是弱结合水和自由水。因此,测定土的含水率时主要是测定弱结合水和自由水的含量,而不是结晶水和强结合水。

当黏性土中强结合水水膜厚度达到最大时,土中含水率即为塑限。随着水的增加,当开始出现自由水时,土中含水率即为液限。通过土的塑限和液限的测得,可以计算土的塑性指数和液性指数。

(三)土的击实试验检测

1. 试验检测原理

模拟现场压路机碾压的效果,利用标准化的击实仪器,分析土的密度和相应的含水率的关系,从而得到最大干密度和最佳含水率。

2. 目的与适用范围

本方法可以测定土的最佳含水率和最大干密度,据此可指导土的现场压实工序。

本方法分轻型击实和重型击实。应根据工程要求和试样最大粒径按表 1-5 选用击实试验方法。当粒径大于 40mm 的颗粒含量大于 5% 且不大于 30% 时,应对试验结果进行校正。当粒径大于40mm的颗粒含量大于30%时,应按粗粒土和巨粒土最大干密度试验进行。

击实试验方法种类 表1-5

试验方法	类别	锤底直径(cm)	锤质量(kg)	落高(cm)	试筒尺寸		试样尺寸		层数	每层击数	击实功(kg/m³)	最大粒径(mm)
					内径(cm)	高(cm)	高度(cm)	体积(cm³)				
轻型	Ⅰ-1	5	2.5	30	10	12.7	12.7	997	3	27	598.2	20
	Ⅰ-2	5	2.5	30	15.2	17	12	2177	3	59	598.2	40
重型	Ⅱ-1	5	4.5	45	10	12.7	12.7	997	5	27	2687.0	20
	Ⅱ-2	5	4.5	45	15.2	17	12	2177	5	98	2677.2	40

3. 主要仪器设备

(1)标准击实仪(图1-8):击实试验方法和相应设备的主要参数应符合表4-5的规定。

(2)烘箱及干燥器。

(3)电子天平:称量2000g,感量0.01g;称量10kg,感量1g。

(4)圆孔筛:孔径40mm、20mm和5mm各1个。

(5)拌和工具:400mm×600mm、深70mm的金属盘,土铲。

(6)其他:喷水设备、碾土器、盛土盘、量筒、推土器(图1-9)、铝盒、削土刀、平直尺等。

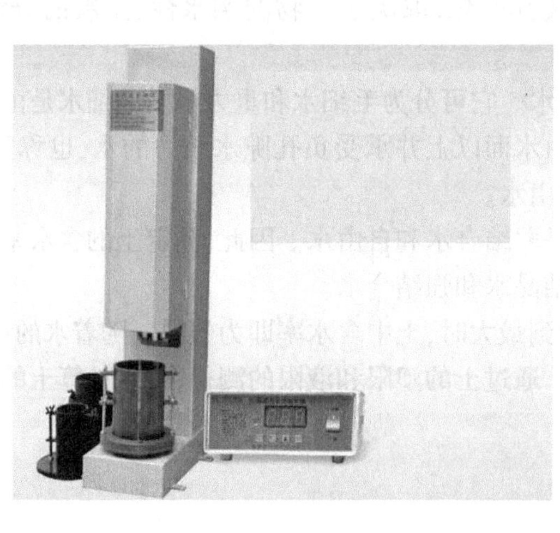

图1-8 标准击实仪

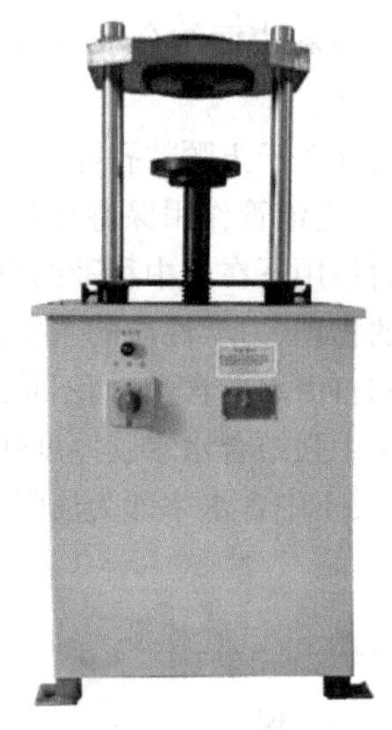

图1-9 推土器

4. 试验操作及记录

参照对应的最新标准规范和《道路建筑材料试验检测手册》,在老师指导下完成,并将试验记录填写在《道路建筑材料试验检测手册》中。

5. 注意事项

(1)土的最大粒径宜控制在40mm(圆孔筛)以内,有超粒径的应过筛并记录。

(2)闷料时间应适当控制。

(3)凡已用过的试料,一律不重复使用。

(4)注意选择试验类别。

(5)击实时应注意安全,特别是手部。

(6)如果干密度与含水率的关系曲线呈抛物线状(图1-10),则峰值点的纵横坐标分别为试样的最大干密度和最佳含水率。

如果干密度与含水率的关系曲线前半部分呈抛物线状,后半部分呈平滑状(图4-11),则抛物线转向平滑段的转折点所对应的纵横坐标分别为试样的最大干密度和最佳含水率。

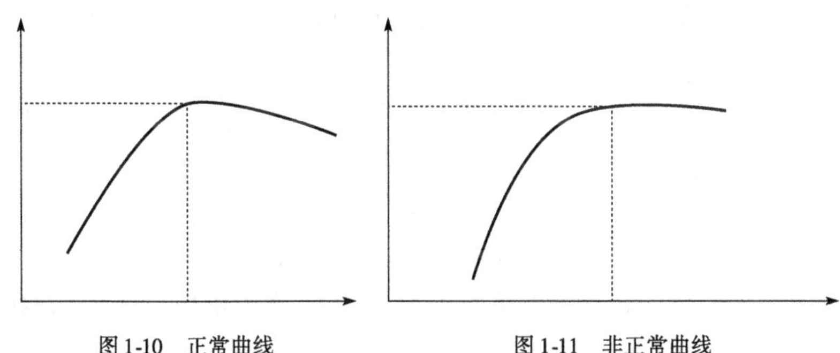

图1-10　正常曲线　　　图1-11　非正常曲线

如试验结果不足以连成完整的上述两种曲线,则应进行补充试验。

6. 试验结果应用分析

通过试验得到土的最大干密度和最佳含水率,可作为评价路基土方压实质量的一项指标并指导路基填筑压实施工,如最大干密度可在评价路基压实质量的压实度指标计算中使用;用冲击碾压法处理湿陷性黄土地基时,地基土的含水率应控制在最佳含水率的±3%。

(四)土的承载比(CBR)试验检测

1. 试验检测原理

材料的承载能力越高,对其压入一定贯入深度所需施加的荷载越大。

2. 目的与适用范围

本方法可以测定土的承载比和膨胀率。

本方法适用于在规定的试筒内制件后,对各种土进行承载比试验。试样的最大粒径宜控制在20mm以内,最大不得超过40mm,且粒径在20～40mm的颗粒含量不宜超过5%。

3. 主要仪器设备

(1)圆孔筛:孔径40mm、20mm及5mm各1个。

(2)试筒:内径152mm、高170mm的金属圆筒;套环,高50mm;筒内垫块,直径151mm、高50mm;夯击底板,同击实仪。

(3)夯锤和导管:夯锤的底面直径50mm,总质量4.5kg。夯锤在导管内的总行程为450mm,夯锤的形式和尺寸与重型击实试验法所用的相同。

(4)贯入杆:端面直径50mm、长约100mm的金属柱。

(5)路面材料强度综合测定仪(图1-12)或其他荷载装置:量程不小于50kN,能调节贯入

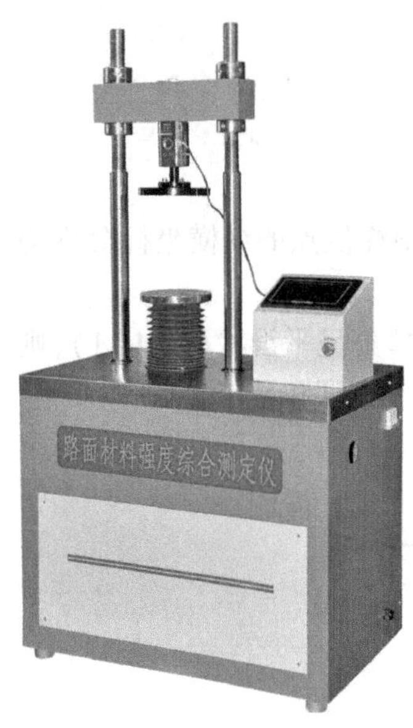

图 1-12　路面材料强度综合测定仪

速度至每分钟贯入 1mm,可采用测力计式。

(6)百分表:3 个。

(7)试件顶面上的多孔板(测试件吸水时的膨胀量)。

(8)多孔底板(试件放上后浸泡水中)。

(9)测膨胀量时支承百分表的架子(或采用压力传感器测试)。

(10)荷载板:直径 150mm,中心孔直径 52mm,每块质量 1.25kg,共 4 块,并沿直径分为两个半圆块。

(11)水槽:浸泡试件用,槽内水面应高于试件顶面 25mm。

(12)天平:称量 2000g,感量 0.01g;称量 50kg,感量 5g。

(13)其他:拌和盘、直尺、滤纸、推土器等与击实试验相同。

4. 试验操作及记录

参照对应的最新标准规范和《道路建筑材料试验检测手册》,在老师指导下完成,并将试验记录填写在《道路建筑材料试验检测手册》中。

5. 注意事项

(1)本试验采用风干试料,按四分法备料。先按击实试验求得试料的最佳含水率后,再按此最佳含水率制备所需试件。

(2)做 CBR 试验时,应模拟材料在使用过程中的最不利状态,在一般情况下,可按饱水四昼夜作为设计状态。但是在干燥地区,如能结合地区、地形、排水、路面排水构造和路面结构等因素,论证土基潮湿程度和土试件饱水四昼夜的含水率有明显差异时,则可适当改变试件饱水方法和饱水时间,使 CBR 试验更符合实际状况。

(3)绘制单位压力(p)与贯入量(l)的关系曲线时,如发现曲线起始部分反弯,则应对曲线进行修正,以 O'作为修正的原点。

(4)如贯入量为 5mm 时的承载比大于贯入量为 2.5mm 时的承载比,则应重做试验。如结果依然如此,则采用 5mm 时的承载比。

(5)计算 3 个平行试验的承载比变异系数 C_V。如 C_V小于 12%,则取 3 个结果的平均值;如 C_V大于 12%,则去掉一个偏离大的值,取其余 2 个结果的平均值。

(6)试验结束后,应将所用设备整理干净,恢复原位并清理垃圾。

6. 试验结果应用分析

CBR 值表征了土的承载能力,如在《公路路基设计规范》(JTG D30—2015)中,对于不同路基结构部位对路基填料就有最小 CBR 值的要求。

任务 1-3 土的技术要求

土的技术要求因土的用途而异，宜按相应的设计或施工等技术文件要求执行。例如土被用作路基填料时，宜按《公路路基施工技术规范》(JTG/T 3610—2019)中的要求执行，而被用作路面基层材料时，宜按《公路路面基层施工技术细则》(JTG/T F20—2015)中的要求执行。

以下内容摘自《公路路基施工技术规范》(JTG/T 3610—2019)对一般路基填料的规定。

(1)宜选用级配好的砾类土、砂类土等粗粒土作为填料。

(2)含草皮、生活垃圾、树根、腐殖质的土严禁作为填料。

(3)泥炭土、淤泥、冻土、强膨胀土、有机质土及易溶盐超过允许含量的土，不得直接用于填筑路基；确需使用时，必须采取技术措施进行处理，经检验满足设计要求后方可使用。

(4)粉质土不宜直接用于填筑二级及二级以上公路的路床，不得直接用于填筑冰冻地区的路床及浸水部分的路堤。

(5)填料最小承载比和最大粒径应符合表 1-6 的规定。

路基填料最小承载比和最大粒径要求 表 1-6

填料应用部位(路面底面以下深度)(m)				填料最小承载比(CBR)(%)			填料最大粒径(mm)
				高速公路、一级公路	二级公路	三、四级公路	
填方路基	上路床		0~0.30	8	6	5	100
	下路床	轻、中及重交通	0.30~0.80	5	4	3	100
		特重、极重交通	0.30~1.20				
	上路堤	轻、中及重交通	0.8~1.5	4	3	3	150
		特重、极重交通	1.2~1.9				
	下路堤	轻、中及重交通	>1.5	3	2	2	150
		特重、极重交通	>1.9				
零填及挖方路基	上路床		0~0.30	8	6	5	100
	下路床	轻、中及重交通	0.30~0.80	5	4	3	100
		特重、极重交通	0.30~1.20				

注：1. 表列承载比是根据路基不同填筑部位压实标准的要求，按现行《公路土工试验规程》(JTG 3430)试验方法规定浸水 96h 确定的 CBR。

2. 三、四级公路铺筑沥青混凝土和水泥混凝土路面时，应采用二级公路的规定。

3. 表中上、下路堤填料最大粒径 150mm 的规定不适用于填石路堤和土石路堤。

模块二 CHAPTER TWO 通用硅酸盐水泥

知识目标

(1)掌握通用硅酸盐水泥的性质、试验检测原理和方法。

(2)熟悉通用硅酸盐水泥的质量评价方法。

(3)熟悉通用硅酸盐水泥相关的国家标准和行业规范。

能力目标

(1)具备基本的材料试验与检测能力,能够完成以下试验检测工作:水泥密度试验(李氏法),水泥细度试验(筛析法),水泥比表面积试验(勃氏法),水泥标准稠度用水量、凝结时间、安定性试验,水泥胶砂强度试验(ISO 法),水泥胶砂流动度试验等。

(2)能对上述试验检测工作中产生的问题进行分析,并解决这些问题。

(3)能规范填写试验检测原始记录表和编制试验检测报告。

注:试验数据计算中的数值修约应按附录 A 执行,试验检测原始记录表和试验检测报告的编写应按附录 B 执行。

任务 2-1 认识通用硅酸盐水泥

硅酸盐水泥的生产

水泥是一种细磨材料,也是无机水硬性胶凝材料,与水混合形成塑性浆体后,能在空气中水化硬化,并能在水中继续硬化保持强度和体积稳定性。

水泥的生料是由石灰质原料、铝质原料及校正原料等按比例混合,粉磨到一定细度的待烧物料。水泥的熟料是将生料烧至部分熔融,并经冷却而获得的产物。图 2-1 是某水泥厂干法水泥生产工艺流程图。

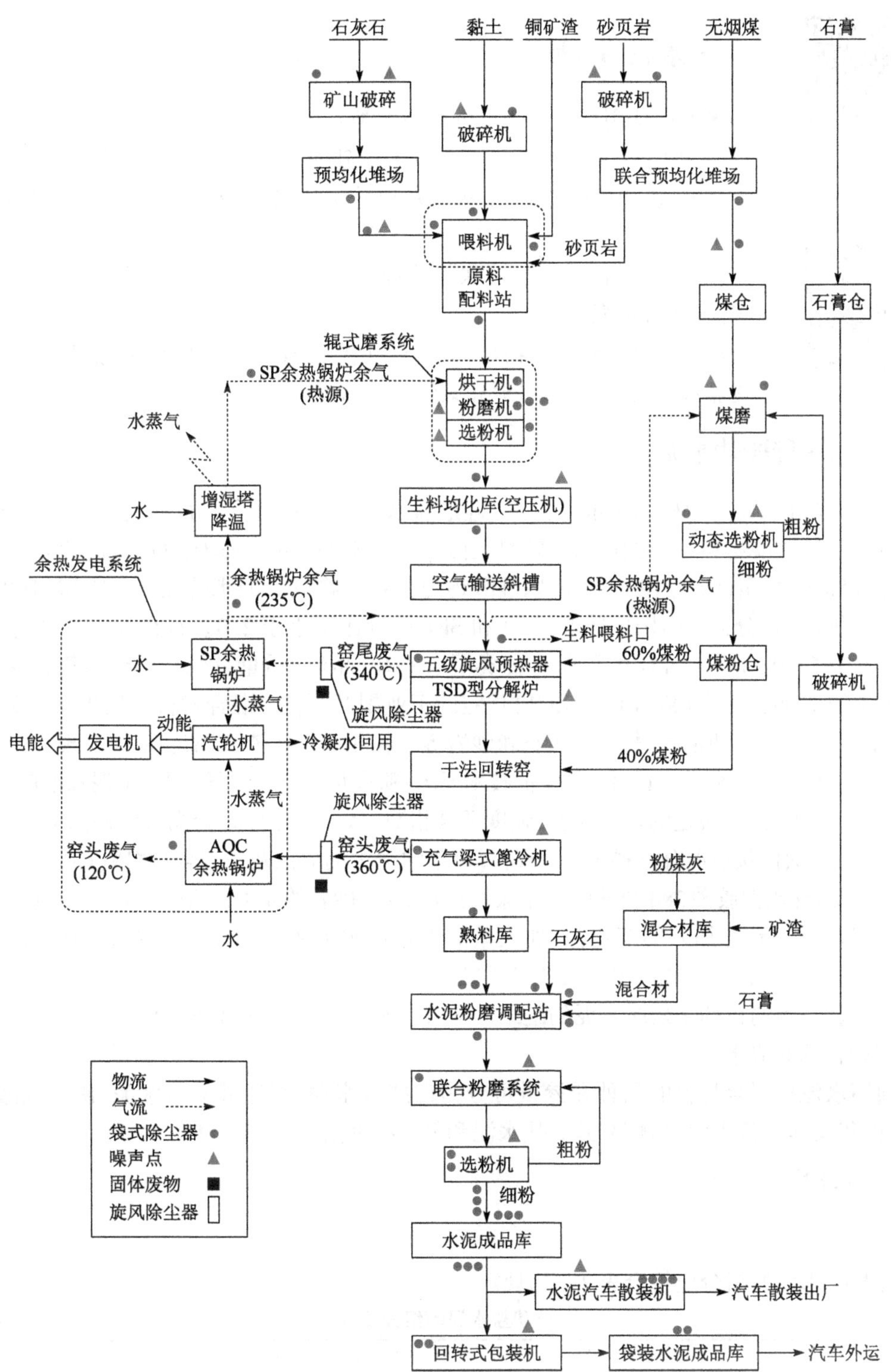

图 2-1　某水泥厂干法水泥生产工艺流程图

注：设有除尘器的位置均产生固体废物，图中标注省略。

通用水泥的选用和存放

水泥定义及分类

一、水泥的分类

水泥按其用途及性能可分为两大类：

(1)用于一般土木建筑工程的通用硅酸盐水泥,如硅酸盐水泥、普通硅酸盐水泥、矿渣硅酸盐水泥、火山灰质硅酸盐水泥、粉煤灰硅酸盐水泥、复合硅酸盐水泥等。

(2)某些性能或用途特殊的特种水泥,如快硬硅酸盐水泥、中热硅酸盐水泥、抗硫酸盐水泥等。

水泥按其水硬性矿物名称不同,主要可分为硅酸盐水泥、铝酸盐水泥、硫铝酸盐水泥、铁铝酸盐水泥和氟铝酸盐水泥。

二、通用硅酸盐水泥

通用硅酸盐水泥(简称通用水泥)是以硅酸盐水泥熟料和适量的石膏及规定的混合材料制成的水硬性胶凝材料。硅酸盐水泥熟料是由主要含 CaO、SiO_2、Al_2O_3、Fe_2O_3的原料,按适当比例磨成细粉,烧至部分熔融,得到的以硅酸钙为主要矿物成分的水硬性胶凝物质;其中硅酸钙矿物含量(质量分数)不小于66%,CaO 和 SiO_2质量比不小于2.0。石膏是符合现行《天然石膏》(GB/T 5483)规定的G类石膏或M类混合石膏,品位(质量分数)≥55%;符合现行《用于水泥中的工业副产石膏》(GB/T 21371)规定的工业副产石膏。混合材料是粒化高炉矿渣/矿渣粉、粉煤灰、火山灰质混合材料、石灰石和砂岩等。粒化高炉矿渣/矿渣粉应符合现行《用于水泥中的粒化高炉矿渣》(GB/T 203)规定的技术要求;粉煤灰应符合现行《用于水泥和混凝土中的粉煤灰》(GB/T 1596)规定的技术要求(强度活性指数、碱含量除外),粉煤灰中铵离子含量不大于210mg/kg;火山灰质混合材料应符合现行《用于水泥中的火山灰质混合材料》(GB/T 2847)规定的技术要求(水泥胶砂28d 抗压强度比除外);石灰石、砂岩的亚甲蓝值应不大于1.4g/kg。

水泥粉磨时允许加入助磨剂,其加入量应不超过水泥质量的0.5%,助磨剂应符合现行《水泥助磨剂》(GB/T 26748)规定的技术要求。

加适量石膏的目的是延缓水泥的凝结。加混合材料的目的是改善水泥的某些性能、增加水泥产量和降低成本。

通用水泥按混合材料的品种和掺量可分为硅酸盐水泥、普通硅酸盐水泥、矿渣硅酸盐水泥、火山灰质硅酸盐水泥、粉煤灰硅酸盐水泥和复合硅酸盐水泥。

(一)硅酸盐水泥

1.组分

硅酸盐水泥的组分应符合表2-1的规定。

硅酸盐水泥的组分要求 表2-1

代号	组分(质量分数)(%)		
	熟料+石膏	粒化高炉矿渣/矿渣粉	石灰石
P·I	100	—	—

续上表

代号	组分(质量分数)(%)		
	熟料+石膏	粒化高炉矿渣/矿渣粉	石灰石
P·Ⅱ	95~100	0~5	—
		—	0~5

注:1. 通用水泥代号中的P是Portland的首字母,是英国城市波特兰。1824年,英国建筑工人阿斯普丁在前人工作的基础上,通过不断试验和实践,首先取得了波特兰水泥的专利。之所以取名为波特兰水泥,是因为这种材料硬化后的颜色和英国城市波特兰(Portland)用于建筑的石头相似。在此之前,1796年,英国人帕克用泥灰岩烧制出了一种水泥,外观呈棕色,很像古罗马时代的石灰和火山灰混合物,因此,它被命名为罗马水泥。

2. 粒化高炉矿渣是指在高炉冶炼生铁时,所得以硅酸盐为主要成分的熔融物,经淬冷成粒后,具有潜在水硬性的材料,简称矿渣。粒化高炉矿渣粉是指以粒化高炉矿渣为主要原料,可掺加少量天然石膏,磨制成一定细度的粉体。

2. 性能及适用性

硅酸盐水泥具有凝结时间短、快硬、早强、高强、抗冻、耐磨、耐热、水化放热集中、水化热较大、抗硫酸盐侵蚀能力较差的性能特点。

硅酸盐水泥适用于道路工程和一般受热(<250℃)的工程。其一般不适用于大体积混凝土工程和地下工程,特别是有化学侵蚀的工程。

3. 强度等级

硅酸盐水泥的强度等级分为42.5、42.5R、52.5、52.5R、62.5、62.5R六个等级。

注:强度等级中带R的是早强型水泥,不带R的是普通型水泥。早强型水泥3d的抗压强度比同强度的普通型水泥高10%~24%。

(二)普通硅酸盐水泥

1. 组分

普通硅酸盐水泥的组分应符合表2-2的规定。

普通硅酸盐水泥的组分要求 表2-2

代号	组分(质量分数)(%)				
	熟料+石膏	主要组分			替代混合材料
		粒化高炉矿渣/矿渣粉	粉煤灰	火山灰质混合材料	
P·O	80~94	6~20			0~5

注:1. 掺入的活性混合材料允许用不超过水泥质量8%的非活性混合材料或不超过水泥质量5%的窑灰[符合现行《掺入水泥中的回转窑窑灰》(JC/T 742)]替代。

2. 窑灰是回转窑窑灰的简称,是用回转窑生产硅酸盐水泥熟料时,随气流从窑尾排出的、经集尘设备收集所得的干粉末。

3. 粉煤灰是指燃料(一般为煤炭)燃烧过程中产生的细小灰粒,一般呈灰白色至灰黑色,又被称作"飞灰"或"烟灰"。

4. 火山灰质混合材料是指具有火山灰性质的天然的或人工的矿物质材料,如火山灰(火山喷发的细粒碎屑的疏松沉积物)、凝灰岩、沸石岩、浮石、硅藻土、硅藻岩、煤矸石、烧黏土、煤渣等。

2. 性能及适用性

普通硅酸盐水泥与硅酸盐水泥性能相近,也具有凝结时间短、快硬、早强、高强、抗冻、耐磨、耐热、水化放热集中、水化热较大、抗硫酸盐侵蚀能力较差的性能特点。相比硅酸盐水泥,普通硅酸盐水泥早期强度增进率稍有降低,抗冻性和耐磨性稍有下降,抗硫酸盐侵蚀能力有所增强。

普通硅酸盐水泥可用于任何无特殊要求的工程。其一般不适用于受热工程、道路工程、低温下施工工程、大体积混凝土工程和地下工程,特别是有化学侵蚀的工程。

3. 强度等级

普通硅酸盐水泥的强度等级分为42.5、42.5R、52.5、52.5R、62.5、62.5R六个等级。

(三)矿渣硅酸盐水泥

1. 组分

矿渣硅酸盐水泥的组分应符合表2-3的规定。

矿渣硅酸盐水泥的组分要求 表2-3

代号	组分(质量分数)(%)				
	熟料+石膏	主要混合材料			替代混合材料
		粒化高炉矿渣/矿渣粉	粉煤灰	火山灰质混合材料	
P·S·A	50~79	21~50	—	—	0~8
P·S·B	30~49	51~70	—	—	

注:掺入的活性混合材料允许用不超过水泥质量8%的活性混合材料或非活性混合材料或窑灰的任一种材料代替。

2. 性能及适用性

矿渣硅酸盐水泥具有需水量小、早强低、后期强度增长快、水化热低、抗硫酸盐侵蚀能力强、受热性好的优点,但也具有保水性和抗冻性差的缺点。

矿渣硅酸盐水泥可用于无特殊要求的一般结构工程,适用于地下、水利和大体积等混凝土工程,在一般受热(<250℃)工程和蒸汽养护构件中可优先采用矿渣硅酸盐水泥。其不宜用于需要早强和受冻融循环、干湿交替的工程中。

3. 强度等级

矿渣硅酸盐水泥的强度等级分为32.5、32.5R、42.5、42.5R、52.5、52.5R六个等级。

(四)火山灰质硅酸盐水泥

1. 组分

火山灰质硅酸盐水泥的组分应符合表2-4的规定。

火山灰质硅酸盐水泥的组分要求 表2-4

代号	组分(质量分数)(%)				
	熟料+石膏	主要混合材料			替代混合材料
		粒化高炉矿渣/矿渣粉	粉煤灰	火山灰质混合材料	
P·P	60~79	—	—	21~40	0~5

注:表中的替代混合材料是石灰石。

2. 性能及适用性

火山灰质硅酸盐水泥具有抗硫酸盐侵蚀能力强、保水性好和水化热低的优点,但也具有需水量大、低温凝结慢、干缩性大、抗冻性差的缺点。

火山灰质硅酸盐水泥可用于一般无特殊要求的结构工程，适用于地下、水利和大体积等混凝土工程，不宜用于受冻融循环、干湿交替的工程。

3. 强度等级

火山灰质硅酸盐水泥的强度等级分为32.5、32.5R、42.5、42.5R、52.5、52.5R六个等级。

（五）粉煤灰硅酸盐水泥

1. 组分

粉煤灰硅酸盐水泥的组分应符合表2-5的规定。

粉煤灰硅酸盐水泥的组分要求　表2-5

代号	组分（质量分数）（%）				
	熟料+石膏	主要混合材料			替代混合材料
		粒化高炉矿渣/矿渣粉	粉煤灰	火山灰质混合材料	
P·F	60~79	—	21~40	—	0~5

注：表中的替代混合材料是石灰石。

2. 性能及适用性

粉煤灰硅酸盐水泥具有与火山灰质硅酸盐水泥相近的性能，相比火山灰质硅酸盐水泥，其具有需水量小、干缩性小的特点。

粉煤灰硅酸盐水泥可用于一般无特殊要求的结构工程，适用于地下、水利和大体积等混凝土工程，不宜用于受冻融循环、干湿交替的工程。

3. 强度等级

粉煤灰硅酸盐水泥的强度等级分为32.5、32.5R、42.5、42.5R、52.5、52.5R六个等级。

（六）复合硅酸盐水泥

1. 组分

复合硅酸盐水泥的组分应符合表2-6的规定。

复合硅酸盐水泥的组分要求　表2-6

代号	组分（质量分数）（%）					
	熟料+石膏	混合材料				
		粒化高炉矿渣/矿渣粉	粉煤灰	火山灰质混合材料	石灰石	砂岩
P·C	50~79	21~50				

注：混合材料由粒化高炉矿渣/矿渣粉、粉煤灰、火山灰质混合材料、石灰石和砂岩中的三种（含）以上材料组成。其中，石灰石含量（质量分数）不大于水泥质量的15%。

2. 性能及适用性

复合硅酸盐水泥除了具有矿渣硅酸盐水泥、火山灰硅酸盐水泥、粉煤灰硅酸盐水泥所具有的水化热低、耐蚀性好、韧性好的优点外，还能通过混合材料的复掺优化水泥的性能，如改善保水性、降低需水量、减少干燥收缩、适宜的早期和后期强度发展。

复合硅酸盐水泥可用于无特殊要求的一般结构工程,适用于地下、水利和大体积等混凝土工程,特别是有化学侵蚀的工程,不宜用于需要早强和受冻融循环、干湿交替的工程。

复合硅酸盐水泥应存放在干燥的环境中,不同品质和强度等级的水泥应分开存放,严禁混杂。对于刚出厂的水泥,水泥温度很高,宜短暂存放,等冷却后方可应用到工程中。对于存放中的水泥,存放时间不宜超过自出厂日期起3个月。对于超过3个月的应重新进行检测,检测合格的才能使用。

3. 强度等级

复合硅酸盐水泥的强度等级分为42.5、42.5R、52.5、52.5R四个等级。

任务2-2 检验通用硅酸盐水泥

目前,我国已经成为世界第一大水泥生产国和消费国,每天都有大量的水泥被检验和使用。在检验过程中,应严格遵守规定的检测条件,更应坚持以数据说话,发扬实事求是的精神,切忌改变关键检测条件和伪造、编造数据。

《公路水运工程试验检测机构等级标准》规定了试验检测能力基本要求及主要仪器设备(综合乙级)必须满足的试验检测参数要求。以下为水泥试验检测项目必须满足的试验检测参数,其余参数的试验检测可参照《公路工程水泥及水泥混凝土试验规程》(JTG 3420—2020)和《通用硅酸盐水泥》(GB 175—2023)等标准规范执行。

(一)水泥的密度试验检测(李氏瓶法)

1. 试验检测原理

液体排代法将水泥加入装有一定量液体介质的李氏瓶内,并使液体介质充分地浸润水泥颗粒。根据阿基米德定律,水泥的体积等于它所排开的液体体积,从而可得出水泥单位体积的质量,即密度。为使测定的水泥不发生水化反应,液体介质采用无水煤油或与水泥不发生反应的其他液体。

2. 目的与适用范围

本试验方法可以测定水泥的密度,在水泥混凝土配合比设计中常用到此参数。

本试验方法适用于通用硅酸盐水泥、道路硅酸盐水泥的密度及指定采用本试验方法的其他品种水泥和粉状物料。

3. 主要仪器设备

(1)李氏瓶(图2-2):李氏瓶由优质玻璃制成,透明无条纹,抗化学侵蚀性且热滞后性小,要有足够的厚度以确保良好的耐裂性。李氏瓶横截面形状为圆形,容积为220~250mL,带有长180~200mm且直径约为10mm的细颈,瓶颈刻度由0~1mL和18~24mL两段组成,且两段均以0.1mL为分度值。任何标明的容量误差都不大于0.05mL。

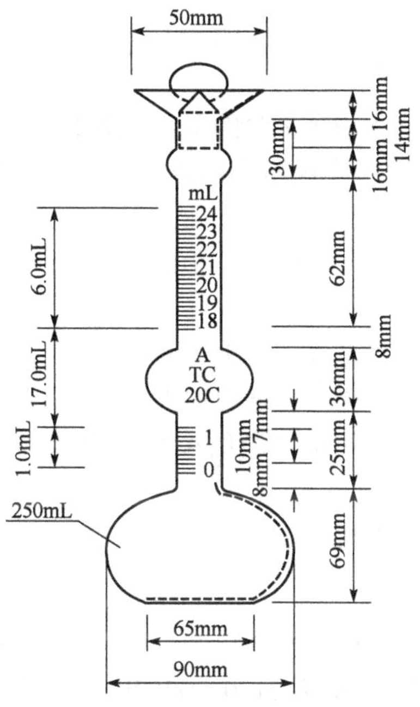

图 2-2　李氏瓶

(2)恒温水槽(图 2-3)或其他恒温的盛水玻璃容器:应有足够大的容积,使水温可以稳定控制在 20℃ ±1℃。

(3)天平(图 2-4):量程不小于 100g,感量不大于 0.01g。

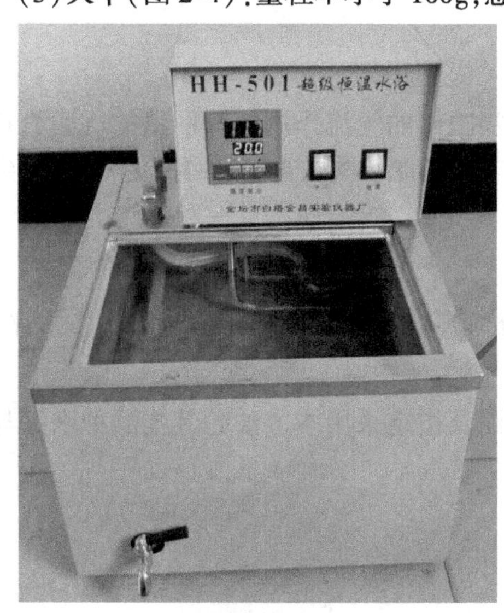

图 2-3　恒温水槽

图 2-4　天平

(4)温度计:量程包含 0 ~ 50℃,分度值不大于 0.1℃。

4. 试验操作及记录

参照对应的最新标准规范和《道路建筑材料试验检测手册》,在老师指导下完成,并将试验记录填写在《道路建筑材料试验检测手册》中。

5. 注意事项

(1)李氏瓶在使用前必须洗刷干净并烘干。

(2)将水泥装入李氏瓶时,须仔细防止水泥黏附在无液体部分的壁上或溅出瓶外。

(3)从恒温水槽中取出李氏瓶后,要用滤纸卷成筒将李氏瓶内零点以上的没有煤油的部分仔细擦净。

(4)水泥在装入李氏瓶之前的温度,应尽可能和瓶内的液体温度相一致,一般应控制在20℃,因为李氏瓶的容积刻度是以该温度为基准的。

(5)摇动李氏瓶时,注意勿使无水煤油溅出瓶外或溅沾在液面上部瓶壁上。

(6)无水煤油应符合国家标准的要求,也可用生石灰处理普通煤油得到。

(7)以两次平行试验结果的算术平均值为测定值,两次试验结果的允许偏差不得大于20kg/m³,否则试验数据无效,需重新试验。

(8)试验结束后,应将所用设备整理干净,恢复原位并清理垃圾。

6 试验结果应用分析

常用的粉煤灰、矿渣等水泥掺合料的密度均小于熟料密度,因此掺有大量复合材料的水泥,其密度均低于硅酸盐水泥。道路硅酸盐水泥的密度一般为3150~3250kg/m³,硅酸盐水泥为3100~3200kg/m³,普通硅酸盐水泥在3100kg/m³左右,矿渣水泥为2600~3000kg/m³,火山灰质、粉煤灰硅酸盐水泥为2700~3100kg/m³,高铝水泥为3100~3300kg/m³,少熟料或无熟料水泥为2200~2800kg/m³。

(二)水泥的细度试验检测(筛析法)

1. 试验检测原理

把气流作为筛分的动力和介质,通过旋转的喷嘴喷出的气流作用使筛网里的待测粉状物料呈流态化,并在整个系统负压的作用下,将细颗粒通过筛网抽走,从而达到筛分的目的。

水泥细度检验

2. 目的与适用范围

本试验方法通过对水泥细度的检测,确定水泥颗粒的粗细程度,作为评定水泥技术性质的选择性指标。

本试验方法适用于硅酸盐水泥、道路硅酸盐水泥及指定采用本方法的其他品种水泥与矿物掺合料。

3. 主要仪器设备

(1)负压筛:45μm的方孔筛。

(2)负压筛析仪(图2-5):由筛座、负压筛、负压源及收尘器等组成。

(3)天平:量程应大于100g,感量小于0.01g。

4. 试验操作及记录

参照对应的最新标准规范和《道路建筑材料试验检测手册》,在老师指导下完成,并将试验记录填写在《道路建筑材料试验检测手册》中。

5. 注意事项

(1)当工作负压无法调至 4000 ~ 6000Pa 时,可考虑清理吸尘器内的水泥。

(2)试验筛必须经常保持洁净,筛孔通畅,使用 10 次后要进行清洗。金属框筛、铜丝网筛清洗时应用专门的清洗剂,不可用弱酸浸泡。

(3)试验筛的筛网会在试验中磨损,因此筛析结果应进行修正,修正方法可参照《水泥细度检验方法 筛析法》(GB/T 1345—2005)。

(4)以两次平行试验结果(经修正系数修正)的算术平均值为测定值,结果精确至 0.1%;当两次筛余结果相差大于 0.5% 时,试验数据无效,需重新试验。

(5)试验结束后,应将所用设备整理干净,恢复原位并清理垃圾。

图 2-5　负压筛析仪

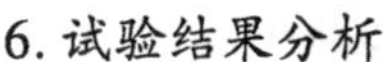
6. 试验结果分析

细度是指水泥颗粒的粗细程度,通常用筛余和比表面积来表示。一般而言,颗粒越细,水化活性越高;但硬化后的水泥浆强度并不一定随水泥细度的增加和组分水化活性的提高而提高。相反,颗粒越细,水泥标准稠度用水量越大,在空气中的硬化收缩也越大,水泥混凝土发生裂缝的可能性越大;且粉磨能耗越大,成本提高,不宜长期储存。

对于细度而言,粒度分布也是重要因素。粒度分布是指组成水泥的所有颗粒中,不同粒径颗粒所占的百分比。粒度分布的测定是控制水泥颗粒细度的一种有效方法,更重要的是它将对粉磨、分级等环节的优化提供准确的依据。有研究表明,3 ~ 30μm 的颗粒是担负水泥强度增长的主要粒级,其他粒度区段的颗粒对水泥强度的增长作用较小,大于 60μm 的颗粒甚至仅起填料作用,这也是标准中增加 45μm 方孔筛筛余指标的目的之一。

(三)水泥比表面积试验检测(勃氏法)

水泥比表面积测定

1. 试验检测原理

根据一定量的空气通过具有一定空隙率和固定厚度的水泥层时,所受阻力不同而引起流速的变化来测定水泥的比表面积。在一定空隙率的水泥层中,空隙的大小和数量是颗粒尺寸的函数,同时也决定了通过料层的气流速度。

2. 目的与适用范围

本试验方法通过水泥比表面积的检测,确定水泥颗粒的粗细程度,作为评定水泥技术性质的选择性指标。

本试验方法适用于通用硅酸盐水泥及指定采用本方法的其他粉状物料,其比表面积为 2000 ~ 6000cm^2/g。不适用于测定多孔材料及超细粉状物料。

3. 主要仪器设备

(1)勃氏透气仪(图 2-6):分手动和自动两种,均应符合现行《勃氏透气仪》(JC/T 956)的规定。

(2)烘箱:控制温度灵敏度±1℃。

(3)天平(图2-7):分度值为0.001g。

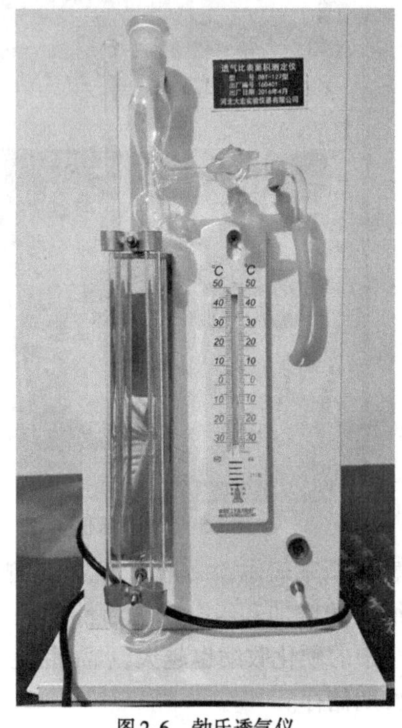

图2-6　勃氏透气仪

图2-7　天平

(4)秒表:分度值为0.5s。

(5)基准材料:应采用符合现行《水泥细度和比表面积标准样品》(GSB 14-1511)或相同等级的标准物质,有争议时以现行《水泥细度和比表面积标准样品》(GSB 14-1511)为准。

(6)压力计液体:采用带有颜色的蒸馏水或直接采用无色蒸馏水。

(7)滤纸:采用中速定量滤纸。

(8)汞:分析纯汞。

4.试验操作及记录

参照对应的最新标准规范和《道路建筑材料试验检测手册》,在老师指导下完成,并将试验记录填写在《道路建筑材料试验检测手册》中。

5.注意事项

(1)试验室相对湿度应不大于50%,以保证试验过程中水泥干燥、不受潮,所以本试验要在干燥的试验室做,不能在水泥室(一般水泥室的相对湿度要求大于50%)做。

(2)在确定试样层体积时,应制备坚实的水泥层,如水泥太松或不能压到要求体积时即用捣器均匀捣实试料直至捣器的支持环紧紧接触圆筒顶边,应调整水泥的试样量。

(3)在确定试样量时,空隙率是指试料层中孔的体积与试料层总的体积之比,P·Ⅰ、P·Ⅱ型水泥的空隙率采用0.500%±0.005%,其他水泥或粉料的空隙率选用0.530%±0.005%。

如有些粉料算出的试样量在圆筒的有效体积中容纳不下或经捣实后未能充满圆筒的有效体积，则允许适当地改变空隙率。空隙率的调整以2000g砝码（5等砝码）将试样压实至规定的位置为准。

（4）在试验过程中为避免漏气，可先在透气圆筒下锥面涂一薄层活塞油脂，然后把它插入压力计顶端锥形磨口处，旋转两周。

（5）水泥基准材料的密度、比表面积及所确定空隙率应输入到勃氏透气仪中，务必要记录在本，以防丢失。水泥基准材料更换时应重新输入。

（6）水泥比表面积应由两次平行试验结果的算术平均值确定，结果计算精确至$10cm^2/g$。两次试验结果相差超过2%时，应重新试验。

（7）当同一水泥用手动勃氏透气仪测定的结果与用自动勃氏透气仪测定的结果有争议时，以手动勃氏透气仪的测定结果为准。

（8）试验结束后，应将所用设备整理干净，恢复原位并清理垃圾。

6. 试验结果分析

在混凝土施工过程中，水胶比一定，水泥比表面积越大，则标准稠度用水量越大；水泥越细，水泥细小颗粒与水接触的面积也就越大，导致混凝土的流动性越差，不利于混凝土的施工。而且，水泥比表面积越大，水泥水化越充分，则混凝土早期强度增长越快，后期强度增长越慢。水泥比表面积越大，水泥颗粒就越细小，早期水化热释放得就越早，水化热越高，容易引起混凝土的自干燥收缩，导致混凝土产生裂缝，进而影响混凝土的抗渗性、抗冻性、抗侵蚀性等。所以水泥比表面积不宜过大，也不宜过小。

（四）水泥的标准稠度用水量、凝结时间、安定性试验检测

水泥标准稠度用水量、凝结时间、安定性检验

1. 试验检测原理

水泥净浆对标准试杆的沉入有一定的阻力，通过试验不同含水量水泥净浆的穿透性，以确定水泥标准稠度净浆中所需加入的水量。而凝结时间和安定性跟水泥净浆用水量有很大关系，在标准稠度的条件下测定，不同水泥的凝结时间和安定性才有可比性。随着水泥净浆的凝结硬化，标准试杆沉入的阻力越来越大，沉入的深度也越来越小，以规定的沉入深度来确定水泥的初凝时间和终凝时间。

雷氏法测安定性是通过测定水泥标准稠度净浆在雷氏夹中沸煮后试针的相对位移来表征其体积膨胀的程度。

2. 目的与适用范围

1）试验目的

水泥标准稠度用水量的测定是为了在进行水泥凝结时间和安定性试验时，对水泥净浆在标准稠度的条件下测定，使不同水泥具有可比性；凝结时间的测定是为了检验水泥的初凝时间和终凝时间是否符合技术要求，并为水泥混凝土的施工提供水泥的初凝时间和终凝时间；体积安定性的测定是为了检验水泥的安定性是否合格。

2）适用范围

本试验方法适用于通用硅酸盐水泥、道路硅酸盐水泥以及指定采用本方法的其他品种

水泥。

3. 主要仪器设备

(1)水泥净浆搅拌机,如图2-8所示。

图2-8 水泥净浆搅拌机

(2)标准法维卡仪(图2-9):由标准稠度测定用试杆、凝结时间测定用初凝针和终凝针、试模等组成,每个试模应配备一个边长或直径约100mm、厚度4~5mm的平板玻璃底板或金属底板。

(3)水泥标准养护箱(图2-10):温度控制在20℃±1℃,相对湿度不低于90%。

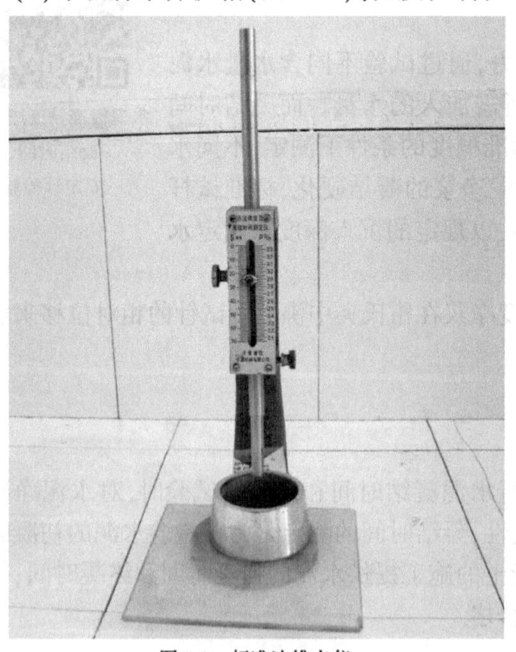

图2-9 标准法维卡仪

图2-10 水泥标准养护箱

(4)雷氏夹:由两根指针(尖端距离10mm)和环模(切口小于1mm)组成。

(5)雷氏夹膨胀测定仪(图2-11):由底座、测弹性标尺、测膨胀值标尺和悬臂组成。

(6)沸煮箱(图2-12):能在30min ±5min将水升至沸腾并可保持沸腾状态3h以上,试验过程中不需加水。

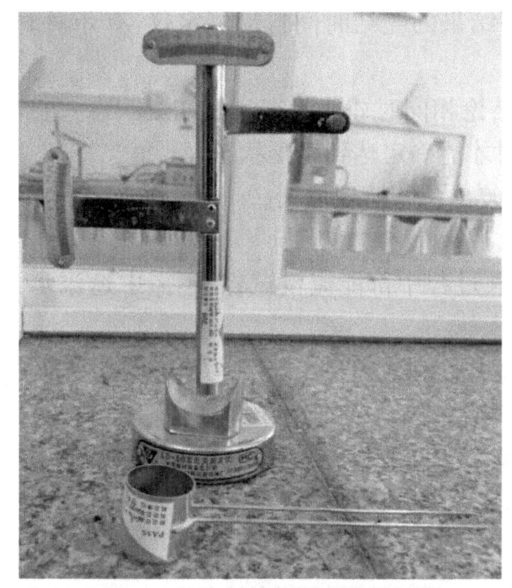

图2-11 雷氏夹与雷氏夹膨胀测定仪

图2-12 沸煮箱

(7)天平(量程不小于1000g,感量不大于1g)、量水器(分度值为0.5mL)、小刀、计时表、机油。

(8)试验室、试样、饮用水和主要仪器设备的温度为20℃ ±2℃,试验室相对湿度不小于50%。

4. 试验操作及记录

参照对应的最新标准规范和《道路建筑材料试验检测手册》,在老师指导下完成,并将试验记录填写在《道路建筑材料试验检测手册》中。

5. 注意事项

1)标准稠度用水量试验的注意事项

(1)用湿布擦拭搅拌锅和搅拌叶片时,不能有水存留。

(2)水泥净浆拌和过程中停顿15s时,需将叶片和锅壁的水泥浆刮入锅中,但应注意安全,切莫超过15s仍在刮浆。

(3)注意水泥净浆装入试模的方式。

(4)要控制好操作时间,整个操作在1.5min内完成。

(5)量水器可以用量筒或者滴定管,但精度需符合±0.5mL。

(6)试验结束后,应将所用设备整理干净,恢复原位并清理垃圾。

2)凝结时间试验的注意事项

(1)在最初测定时,应轻轻扶持金属柱,使其徐徐下降,以防试针撞弯,但结果以自由下落为准。

(2)在整个测试过程中试针沉入的位置至少要距试模内壁10mm。每次测定不能让试针落入原针孔。

(3)每次测试完毕须将试针擦净并将试模放回养护箱内,整个测试过程要防止试模振动。

(4)可以使用能得出与标准中规定方法相同结果的凝结时间自动测定仪,有矛盾时以标准规定方法即手动测定为准。

(5)达到初凝时应立即重复测一次,当两次结论相同时才能确定达到初凝状态;达到终凝时,需要在试件另外两个不同点测试,结论相同时才能确定达到终凝状态。

(6)试验结束后,应将所用设备整理干净,恢复原位并清理垃圾。

3)安定性试验的注意事项

(1)调整好沸煮箱内的水位,使之在整个沸煮过程中都能淹没试件,不需中途添水,保证在30min ± 5min内水能沸腾。

(2)有些油会影响水泥凝结硬化,用矿物油比较合适。

(3)将水泥净浆装入雷氏夹时,应轻轻插捣3次。

(4)压蒸安定性试验应按《水泥压蒸安定性试验方法》(GB/T 750—1992)进行。

(5)试验结束后,应将所用设备整理干净,恢复原位并清理垃圾。

6. 试验结果应用分析

(1)水泥标准稠度用水量是指水泥净浆达到规定稠度时的加水量,以加水量和水泥质量的百分比表示。为使水泥凝结时间和安定性的测定结果具有可比性,必须采用标准稠度的水泥净浆。

影响水泥标准稠度用水量的因素主要有水泥的品种、细度、矿物组成以及混合材料的掺量等。

(2)凝结时间是指从加水开始,到水泥浆失去可塑性所需的时间。水泥的凝结时间分为初凝时间和终凝时间。初凝时间是从水泥全部加入水中到水泥浆体开始失去塑性的时间;终凝时间是从水泥全部加入水中到水泥浆体完全失去塑性的时间。

水泥的凝结时间对水泥混凝土的施工有重要意义。初凝时间太短,将影响混凝土的运输和浇筑;终凝时间过长,则影响混凝土工程的施工进度。

(3)水泥体积安定性是指水泥在凝结硬化后体积变化的均匀性。各种水泥在凝结硬化过程中,若产生不均匀的体积变化,将在混凝土内部产生破坏应力,降低混凝土的强度,严重者可导致混凝土产生裂缝或崩溃。

影响体积安定性的主要因素:生产水泥时,水泥熟料中存在大量游离氧化钙和氧化镁;加入的石膏超量。这些成分在水泥硬化后继续水化,体积膨胀,造成水泥石开裂。

当水泥熟料比例不当或煅烧工艺不正常时,会产生较多的处于游离状态的氧化钙和氧化镁,它们和熟料一起,同样经历了约1450℃的高温煅烧,属于严重过火的氧化钙和氧化镁,水化速度极慢,在水泥凝结硬化很长时间后才开始水化,在已经硬化的水泥石中膨胀,这会使水泥石出现开裂、疏松等现象。

由游离氧化钙和氧化镁引起的体积安定性不良不易快速测定。由游离氧化镁造成的体积安定性不良可采用压蒸法测定,由游离氧化钙造成的体积安定性不良可采用沸煮法测定。沸煮法以雷氏法为标准法，试饼法为代用法，当有矛盾时，以标准法为准。

硅酸盐水泥熟料主要由四种矿物组成，其矿物组成和特性见表2-7。

硅酸盐水泥熟料的矿物组成和特性 表2-7

矿物组成	化学组成	简式	质量比	与水反应速度	水化热	抗压强度	
						早期	后期
硅酸三钙	$3CaO \cdot SiO_2$	C_3S	35% ~65%	快	较大	最高	
硅酸二钙	$2CaO \cdot SiO_2$	C_2S	10% ~40%	最慢	最小	低	高
铝酸三钙	$3CaO \cdot Al_2O_3$	C_3A	0% ~15%	最快	最大	低	
铁铝酸四钙	$4CaO \cdot Al_2O_3 \cdot Fe_2O_3$	C_4AF	5% ~15%	较快	中	低	

硅酸盐水泥熟料中还含有少量的游离氧化钙和游离氧化镁及少量的碱(氧化钠和氧化钾)。它们可能对水泥的质量及应用产生不利影响。

(五)水泥的胶砂强度试验检测

1.试验检测原理

水泥是粉状物质，难以直接测定其力学强度。在实际应用中，水泥通常和水、砂、土等材料混合后使用。因此我们所说的水泥强度，实际上是水泥、水和其他材料混合后的混合料，经搅拌养护后得到的硬化物质的强度。该强度与用水量、其他材料的性能、试验方法、试验条件、养护龄期等因素有关。

本检测方法采用固定质量的水泥、水和ISO标准砂，用规定的方法搅拌、成型和养护后测得的试件抗压强度和抗折强度来表示水泥强度。由水泥、水和ISO标准砂组成的混合料被称为水泥胶砂。

2.目的与适用范围

本试验方法是为了确定水泥的强度等级，判定水泥质量，同时也为水泥混凝土配合比设计提供参数。

本试验方法适用于通用硅酸盐水泥、石灰石硅酸盐水泥胶砂抗折和抗压强度检验，其他水泥和材料可参考使用。本试验方法对一些品种水泥胶砂强度检验不适用，例如初凝时间很短的水泥。

3.主要仪器设备

(1)胶砂搅拌机(图2-13)：应符合《行星式水泥胶砂搅拌机》(JC/T 681—2022)的要求。

(2)振实台(图2-14)：应符合《水泥胶砂试体成型振实台》(JC/T 682—2022)的要求。

(3)试模：由隔板、端板、底座等组成，各接触面应相互垂直。可成型三条40mm ×40mm ×160mm的棱柱体试件。

(4)播料器(大小各一个，图2-15)、金属直尺、天平、滴管。

图 2-13　水泥胶砂搅拌机

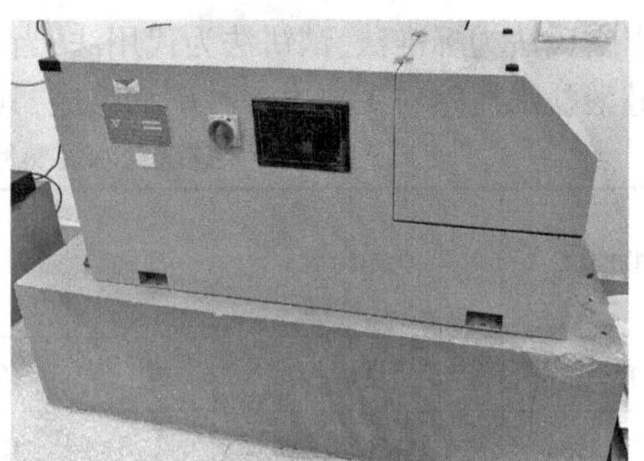
图 2-14　振实台

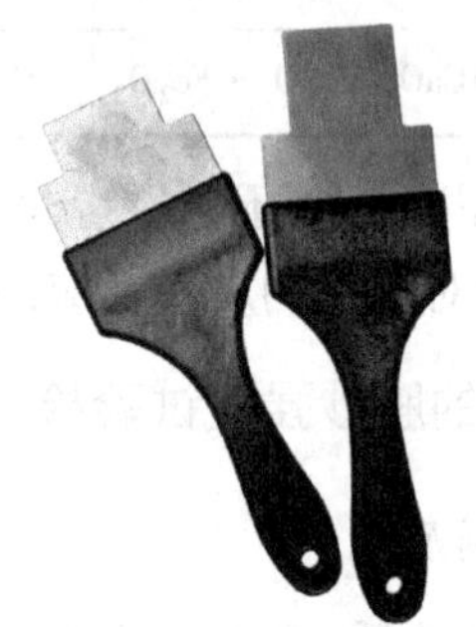
图 2-15　播料器

(5)材料:水泥、ISO 标准砂、饮用水[验收试验或有争议时应使用符合《分析实验室用水规格和试验方法》(GB/T 6682—2008)规定的三级水]。

(6)试件成型试验室温度在 20℃ ±2℃,相对湿度不应低于 50%。水泥、砂、水及试模与室温相同。

(7)养护箱:带模养护试体养护箱的温度应保持在 20℃ ±1℃,相对湿度不低于 90%。养护箱的使用性能和结构应符合《水泥胶砂试体养护箱》(JC/T 959—2005)的要求。养护箱的温度和湿度在工作期间至少每 4h 记录 1 次。在自动控制的情况下记录次数可以酌减至每天 2 次。

(8)养护水池:水养用养护水池(带篦子,不宜用未经防腐处理的木篦子)的材料不应与水泥发生反应。试体养护池的水温应保持在 20℃ ±1℃。试体养护池的水温在工作期间每天至少记录 1 次。

(9)水泥胶砂强度自动压力试验机:应符合《水泥胶砂强度自动压力试验机》(JC/T 960—2022)的要求。

4. 试验操作及记录

参照对应的最新标准规范和《道路建筑材料试验检测手册》,在老师指导下完成,并将试验记录填写在《道路建筑材料试验检测手册》中。

5. 注意事项

(1)制备胶砂时,要注意加料顺序和均匀性。

(2)制备试件组装试模时,要紧密装配,防止漏浆。

(3)抗压强度的测定要严格控制加荷速度(2400N/s ±200N/s)。

(4)脱模应非常小心。可用塑料锤或橡皮榔头或专门的脱模器。如经 24h 养护,会因脱模对强度造成损害时，可以延迟至24h以后脱模，但在试验报告中应予说明。

(5)强度试验试体的龄期从水泥加水搅拌开始试验时算起。不同龄期强度试验在下列时间里进行：24h±15min、48h±30min、72h±45min、7d±2h、28h±8h。

(6)试件在破型时，应将侧面作为受力面，不应将刮平面作为受力面。

(7)以一组三个棱柱体抗折强度结果的平均值作为试验结果。当三个强度值中有一个超出平均值的±10%时，应剔除后再取平均值作为抗折强度试验结果；当三个强度值中有两个超出平均值的±10%时，则以剩余一个作为抗折强度结果。

(8)以一组三个棱柱体上得到的六个抗压强度测定值的平均值为试验结果。当六个测定值中有一个超出六个平均值的±10%时，剔除这个结果，再以剩下五个的平均值为结果。当五个测定值中再有超过它们平均值的±10%时，则此组结果作废。当六个测定值中同时有两个或两个以上超出平均值的±10%时，则此组结果作废。

(9)试验结束后，应将所用设备整理干净，恢复原位并清理垃圾。

6. 试验结果分析

水泥强度是确定水泥强度等级的主要依据，强度越高，承受荷载的能力越强，胶结能力也越大。

我国采用水泥胶砂强度来表示水泥强度。根据《水泥胶砂强度检验方法(ISO法)》(GB/T 7671—2021)规定，水泥胶砂法是将1∶3的水泥和中国ISO标准砂，按0.5的水灰比，用标准方法制成40mm×40mm×160mm的标准试件，在标准养护条件下，达到规定龄期(3d，28d)时，测定其抗折强度和抗压强度，按规定龄期的抗折强度和抗压强度来划分水泥强度等级。各强度等级水泥的各龄期强度不得低于国家标准规定的数值。

(六)水泥的胶砂流动度试验检测

水泥胶砂强度检验

1. 试验检测原理

通过测量一定配合比的水泥胶砂在规定振动状态下的扩展范围来衡量其流动性。

2. 目的与适用范围

本方法可以测定水泥胶砂流动度。

本方法适用于通用硅酸盐水泥(硅酸盐水泥、普通硅酸盐水泥、矿渣硅酸盐水泥、火山灰质硅酸盐水泥、粉煤灰硅酸盐水泥、复合硅酸盐水泥)、道路硅酸盐水泥以及指定采用本方法的其他品种水泥和粉状物料。

3. 主要仪器设备

(1)水泥胶砂流动度测定仪(简称跳桌)，如图2-16所示。

(2)水泥胶砂搅拌机。

(3)试模：由截锥圆模和模套组成。金属材

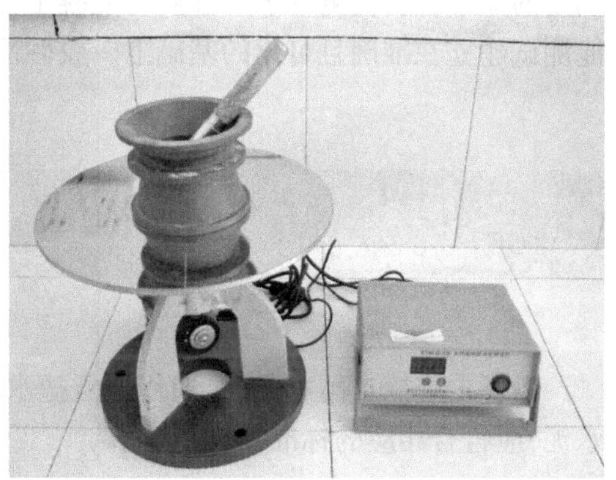

图2-16　水泥胶砂流动度测定仪

料制成,内表面加工光滑。圆模尺寸为高度60mm±0.5mm;上口内径70mm±0.5mm;下口内径100mm±0.5mm,下口外径120mm;模壁厚大于5mm。

(4)捣棒:金属材料制成,直径为20mm ±0.5mm,长度约200mm,捣棒底面与侧面呈直角,其下部光滑,上部手柄滚花。

(5)卡尺:量程不小于200mm,分度值不大于0.5mm。

(6)小刀:刀口平直,长度大于80mm。

(7)天平:量程不小于1000g,分度值不大于1g。

(8)材料:水泥、ISO标准砂、拌和水。

(9)试件成型试验室温度在20℃±2℃,相对湿度大于50%。水泥、ISO标准砂、拌和水及试模与室温相同。

4. 试验操作及记录

参照对应的最新标准规范和《道路建筑材料试验检测手册》,在老师指导下完成,并将试验记录填写在《道路建筑材料试验检测手册》中。

5. 注意事项

(1)如跳桌在24h内未被使用,先空跳一个周期25次。

(2)胶砂装模前,须将跳桌台面及试验设备湿润。

(3)应规范装模和捣压动作,捣压后胶砂的密实程度对试验结果影响较大。

(4)火山灰质硅酸盐水泥、粉煤灰硅酸盐水泥、复合硅酸盐水泥和掺火山灰质混合材料的普通硅酸盐水泥在进行胶砂强度检验时,其用水量按0.50水灰比和胶砂流动度不小于180mm来确定。当流动度小于180mm时,须以0.01的整倍数递增的方法将水灰比调整至胶砂流动度不小于180mm。

(5)测量胶砂扩散后底部直径时,需从有胶砂粒子的边缘量起,不能从净浆边缘测量。

(6)从胶砂拌和开始到测量扩散直径结束,应在6min内完成。

(7)试验结束后,应将所用设备整理干净,恢复原位并清理垃圾。

6. 试验结果分析

水泥胶砂流动度是人为规定的水泥胶砂的一种特定的和易性状态。通过水泥胶砂流动度确定的加水量所检测的水泥强度与混凝土强度有较好的相关性,同时能使胶砂其他的物理性能测试建立在准确且可比的基础上。胶砂流动度也可作为配制混凝土的参考依据。

任务2-3 通用硅酸盐水泥的技术要求

以下内容摘自国家标准《通用硅酸盐水泥》(GB 175—2023)的相关规定,对于其他类型的水泥,应符合相应的标准及规范要求。

(一)化学要求

通用硅酸盐水泥的化学要求应符合表2-8的规定。

通用硅酸盐水泥的化学要求　　表2-8

代号	不溶物质量分数(%)	烧失量质量分数(%)	三氧化硫质量分数(%)	氧化镁质量分数(%)	氯离子质量分数(%)
P·Ⅰ	≤0.75	≤3.0	≤3.5	≤5.0	≤0.06
P·Ⅱ	≤1.50	≤3.5			
P·O	—	≤5.0			
P·S·A	—	—	≤4.0	≤6.0	
P·S·B	—	—		—	
P·P	—	—	≤3.5	≤6.0	
P·F	—	—			
P·C	—	—			

注:1. 如果水泥压蒸安定性合格,则水泥中氧化镁含量(质量分数)允许放宽至6.0%。
2. 如果水泥中氧化镁含量(质量分数)大于6.0%,需进行水泥压蒸安定性试验并合格。
3. 当买方有更低要求时,买卖双方协商确定。

(二)碱含量

水泥中碱含量按 $Na_2O + 0.658K_2O$ 计算值表示。当买方要求提供低碱水泥时,由买卖双方协商确定。

(三)物理指标

1. 凝结时间

硅酸盐水泥的初凝时间应不小于45min,终凝时间应不大于390min。

普通硅酸盐水泥、矿渣硅酸盐水泥、粉煤灰硅酸盐水泥、火山灰质硅酸盐水泥、复合硅酸盐水泥的初凝时间应不小于45min,终凝时间应不大于600min。

2. 安定性

沸煮法合格,压蒸法合格。

3. 强度

通用硅酸盐水泥的不同龄期强度要求应符合表2-9的规定。

通用硅酸盐水泥的不同龄期强度要求　　表2-9

强度等级	抗压强度(MPa)		抗折强度(MPa)	
	3d	28d	3d	28d
32.5	≥12.0	≥32.5	≥3.0	≥5.5
32.5R	≥17.0		≥4.0	
42.5	≥17.0	≥42.5	≥4.0	≥6.5
42.5R	≥22.0		≥4.5	

续上表

强度等级	抗压强度(MPa)		抗折强度(MPa)	
	3d	28d	3d	28d
52.5	≥22.0	≥52.5	≥4.5	≥7.0
52.5R	≥27.0		≥5.0	
62.5	≥27.0	≥62.5	≥5.0	≥8.0
62.5R	≥32.0		≥5.5	

4. 细度

硅酸盐水泥细度以比表面积表示,其比表面积应不低于 300m²/kg,且不高于 400m²/kg。普通硅酸盐水泥、矿渣硅酸盐水泥、粉煤灰硅酸盐水泥、火山灰质硅酸盐水泥和复合硅酸盐水泥的细度以 45μm 方孔筛筛余表示,应不低于 5%。

当买方有特殊要求时,由买卖双方协商确定。

(四)水泥出厂

经确认水泥各项技术指标及包装质量符合要求时,方可出厂。

生产者应向用户提供产品质量证明材料。

模块三
CHAPTER THREE
岩石与集料

知识目标

(1)掌握岩石与集料的性质、试验检测原理和方法。

(2)熟悉集料的质量评价方法。

(3)熟悉矿料的级配理论、级配曲线和级配范围。

(4)熟悉岩石与集料相关的国家标准和行业规范。

能力目标

(1)具备基本的材料试验与检测能力,能够完成以下试验检测工作:岩石单轴抗压强度试验、粗集料筛分试验(干筛法)、粗集料针片状颗粒含量试验(规准仪法、卡尺法)、粗集料压碎值试验、粗集料磨耗试验(洛杉矶法)、粗集料密度及吸水率试验(网篮法)、粗集料磨光值试验、细集料筛分试验(水洗法)、细集料含泥量试验(筛洗法)、细集料表观密度试验(容量瓶法)、细集料砂当量试验、细集料堆积密度及空隙率试验等。

(2)能对上述试验检测工作中产生的问题进行分析和解决。

(3)能运用试算法、图解法和计算机办公软件 Excel 进行矿料配合比设计工作。

(4)能规范填写试验检测原始记录表和编制试验检测报告。

注:试验数据计算中的数值修约应按附录 A 执行,试验检测原始记录表和试验检测报告的编写应按附录 B 执行。

任务 3-1 认识岩石

岩石是在各种地质条件下,按一定方式结合而成的矿物集合体,它是构成地壳及地幔的主要物质,是构成地壳的最基本单位。

(一)岩石的组成

岩石的主要组分是造岩矿物。

在天然岩石中,由单一矿物组成的岩石叫单矿岩。如石灰岩是主要由方解石结晶 $CaCO_3$ 组成的单矿岩。由两种或多种矿物组成的岩石叫多矿岩。如花岗岩是由长石(铝硅酸盐 $K_2O \cdot Al_2O_3 \cdot 6SiO_2$)、石英(结晶 SiO_2,其中无色透明者称为“水晶”)、云母(钾、镁、锂、铝等的铝硅酸盐)等矿物组成的多矿岩。

工程中常用岩石的主要造岩矿物有以下几种:

(1)石英。石英是二氧化硅(SiO_2)晶体的总称。其非常坚硬、强度高,化学稳定性及耐久性好。但受热(573℃)时,因晶型转变会产生裂缝,甚至变得松散。

(2)长石。长石是长石族矿物的总称,包括正长石、斜长石等,为钾、钠、钙等的铝硅酸盐晶体。其坚硬、强度高、耐久性好。

(3)云母。云母是云母族矿物的总称,为片状的含水复杂铝硅酸盐晶体。其易裂成薄片,具有玻璃光泽,耐久性差。云母的主要种类为白云母和黑云母,后者易风化,为岩石中的有害矿物。

(4)角闪石、辉石、橄榄石。其为铁、镁、钙等硅酸盐或铝硅酸盐晶体,强度高、韧性好、耐久性好。

(5)方解石。方解石为碳酸钙晶体($CaCO_3$),强度较高,耐久性次于上述矿物,遇酸后分解,微溶于水,易溶于含二氧化碳的水中。

(6)白云石。白云石为碳酸钙与碳酸镁的复盐晶体。其强度、耐酸腐蚀性及耐久性略高于方解石,遇酸时分解。

(7)黄铁矿。黄铁矿为二硫化铁(FeS_2)晶体。其耐久性差,遇水和氧生成游离硫酸,污染并破坏岩石,且体积膨胀,并产生铁锈。

除此之外,造岩矿物还有石膏、菱镁矿、磁铁矿和赤铁矿等。

(二)岩石的分类

岩石常根据地质成因来划分,可分为岩浆岩、沉积岩、变质岩三大类。三大类岩石的主要区别见表 3-1。

三大类岩石的主要区别 表 3-1

项目	岩类		
	岩浆岩	沉积岩	变质岩
定义	岩浆侵入地壳或喷出地表经冷却固结而成的岩石,也称火成岩	在地壳表层条件下,由风化作用、生物作用、火山作用及其他地质营力作用下改造的物质,经搬运、沉积、成岩等一系列地质作用形成的岩石,也称水成岩	在变质作用条件下,使地壳中已经存在的岩石(可以是火成岩、沉积岩及早已形成的变质岩)变成具有新的矿物组合及结构、构造等特征的岩石

续上表

项目	岩类		
	岩浆岩	沉积岩	变质岩
结构和构造	具有粒状、玻璃、斑状结构,气孔、杏仁、块状等构造;除喷出岩外,没有层状、片状等构造	结构复杂,因环境而异;但具有层理,在层面上有波痕	具有片理;具有片状、板状、片麻状构造,结晶质结构
典型代表	黄长岩、花岗岩、煌斑岩、辉绿岩	石灰岩、页岩、砂岩、砾岩、石膏、白垩、硅藻土等,散粒状的有黏土、砂、卵石等	大理岩、蛇纹岩、石英岩、片麻岩和板岩

三大类岩石在地壳中分布是不均匀的。地壳深处和上地幔的上部主要由岩浆岩和变质岩组成。从地表向下16km范围内岩浆岩和变质岩的体积占95%。地壳表面以沉积岩为主,约占大陆面积的75%,海洋底部几乎全部为沉积物所覆盖。

(三)岩石坚硬程度的划分

岩石坚硬程度的定量指标,采用岩石单轴饱和抗压强度(R_c)表示,R_c 应采用实测值。

岩石单轴饱和抗压强度(R_c)与定性划分的岩石坚硬程度的对应关系可按表3-2确定。

R_c 与定性划分的岩石坚硬程度的对应关系 表3-2

R_c(MPa)	>60	≤60且>30	≤30且>15	≤15且>5	≤5
坚硬程度	硬质岩		软质岩		
	坚硬岩	较坚硬岩	较软岩	软岩	极软岩

岩石坚硬程度应按表3-3进行定性划分。

岩石坚硬程度定性划分表 表3-3

名称	定性鉴定	代表性岩石
坚硬岩	锤击声清脆,有回弹,震手,难击碎;浸水后,大多无吸水反应	未风化~微风化的花岗岩、正长岩、闪长岩、辉绿岩、玄武岩、安山岩、片麻岩、石英片岩、硅质板岩、石英岩、硅质胶结的砾岩、石英砂岩、硅质石灰岩等
较坚硬岩	锤击声较清脆,有轻微回弹,稍震手,较难击碎;浸水后,有轻微吸水反应	1. 弱风化的坚硬岩; 2. 未风化~微风化的熔结凝灰岩、大理岩、板岩、白云岩、石灰岩、钙质胶结的砂岩等
较软岩	锤击声不清脆,无回弹,较易击碎;浸水后,用指甲可刻出印痕	1. 强风化的坚硬岩; 2. 弱风化的较坚硬岩; 3. 未风化~微风化的凝灰岩、千枚岩、砂质泥岩、泥灰岩、泥质砂岩、粉砂岩、页岩等
软岩	锤击声哑,无回弹,有凹痕,易击碎;浸水后,用手可掰开	1. 强风化的坚硬岩; 2. 弱风化~强风化的较坚硬岩; 3. 弱风化的较软岩; 4. 未风化的泥岩等
极软岩	锤击声哑,无回弹,有较深凹痕,用手可捏碎;浸水后,可捏成团	1. 全风化的各种岩石; 2. 各种半成岩

岩石坚硬程度定性划分时,其风化程度应按表3-4确定。

岩石风化程度的划分表　　表3-4

名称	风化特征
未风化	结构构造未变,岩质新鲜
微风化	结构构造、矿物色泽基本未变,部分裂隙面有铁锰质渲染
弱风化	结构构造部分破坏,矿物色泽有较明显变化,裂隙面出现风化矿物或存在风化夹层
强风化	结构构造大部分破坏,矿物色泽明显变化,长石、云母等多风化成次生矿物
全风化	结构构造全部破坏,矿物成分除石英外,大部分风化成土状

(四)岩石的工程应用

岩石被用作建筑材料时,常被称为石料,是最古老的建筑材料之一。岩石由于具有很高的抗压强度,有良好的耐磨性和耐久性;经加工后表面美观,富于装饰性;资源分布广,蕴藏量丰富;便于就地取材,所以至今在工程中仍然得到广泛的应用。比如:石灰岩被用于生产石灰和水泥等;岩石加工后得到的粗集料,被广泛用于制备水泥混凝土和沥青混合料;岩石加工后得到的整齐块石、半整齐块石和不整齐块石,被用于直接铺砌路面面层;岩石加工后得到的块石、片石,被用于砌筑挡土墙、拱桥和护坡工程等。

任务3-2 检验岩石

岩石是一种道路建筑材料,同时也是工程地质评价和地基基础设计对象,要科学地通过试验鉴定岩石的质量及其各项技术指标,合理地选择与使用岩石,更加深入地认识岩体介质在复杂环境中的力学特性,以保证工程的安全、经济、合理。

根据《公路水运工程试验检测机构等级标准》中规定的试验检测能力基本要求及主要仪器设备(综合乙级)必须满足的试验检测参数要求,以下为岩石试验检测项目必须满足的试验检测参数,其余参数的试验检测可参照《公路工程岩石试验规程》(JTG 3431—2024)和《建设用卵石、碎石》(GB/T 14685—2022)等标准规范。

石料单轴抗压强度试验

(一)岩石的单轴抗压强度试验检测

1. 试验检测原理

单轴抗压强度是指规则形状的岩石试样在一定的加荷速率下所能承受的最大破坏荷载。

2. 目的与适用范围

单轴抗压强度试验是测定规则形状岩石在无侧限条件下,受轴向压力作用破坏时,单位面积上所承受的荷载,主要用于岩石的强度分级和岩性描述。

本方法适用于能制成规则试件的各类岩石。

3. 主要仪器设备

(1)压力试验机或万能试验机(图 3-1)。

(2)钻石机、切石机[图 3-2a)]、磨石机[图 3-2b)]等岩石试件加工设备。

图 3-1 压力试验机

a)切石机

b)磨石机

图 3-2 切石机和磨石机

(3)烘箱、干燥器、游标卡尺、直角尺(图 3-3)及水池等。

4. 试验操作及记录

参照对应的最新标准规范和《道路建筑材料试验检测手册》,在老师指导下完成,并将试验记录填写在《道路建筑材料试验检测手册》中。

5. 注意事项

(1)岩石的单轴抗压强度值往往比较大,在安放试件时试件不得偏心,同时也要规范、安全地操作压力试验机。

压力试验机是一种通用性机械,有气动压力试验机、液动压力试验机、螺旋压力试验机、曲

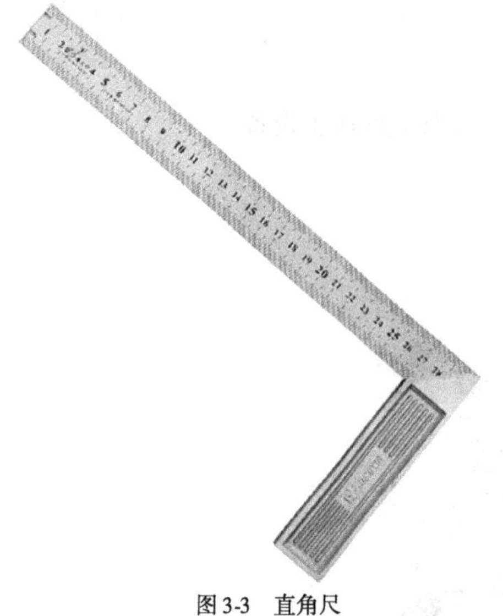

图3-3 直角尺

柄压力试验机、摩擦压力试验机等多种类型,其广泛应用于切断、冲孔、落料、弯曲、铆合和成型等工艺。公路工程中常用的是数显压力试验机。以下是压力试验机的安全操作规程:

①压力试验机的操作者必须熟悉本压力机的结构、性能、操作系统、动力系统、电气系统、防护装置等基本知识。

②操作者应按规定穿戴好劳动防护用品,女性操作人员必须将头发压入工作帽内。

③开机前检查确认动力系统、压力表防护罩、安全防护装置及其他部件是否正常。检查后,开机空转3~5min,检查压力机运行有无异常声响,动力系统工作是否正常,压力表指示是否正常,操纵按钮、手柄、急停开关等是否灵活、可靠。

④开机后注意压力表指针转动情况,如发现来回摆动或不动,应停机检查。

⑤使用时不得超过设备额定压力。

⑥压力机试验工作时,操作者不得离岗。

⑦两人以上操作时,应指定专人开机、指挥。

⑧停机后应将压头落下,并断开电路、油路或气路。

⑨严禁将夹具伸进挤压范围内。

⑩严禁用手扶试件,将手伸入压力试验机工作行程范围内。

⑪认真做好设备维护保养工作。

(2)严格控制加荷速率,应为0.5~1.0MPa/s。

(3)试件尺寸要符合下列要求,尤其是端面(上下受压面)的平整度要满足误差要求。端面有鼓肚现象的试件不得用于试验。

①岩石试验采用圆柱体作为标准试件,直径为50mm±2mm,高度与直径之比值为2.0。

②砌体工程用的石料试验,采用立方体试件,边长取70mm±2mm。

③混凝土集料试验,采用圆柱体或立方体试件,边长或直径取50mm±2mm。

(4)试件的含水状态可根据需要选择天然状态、烘干状态、饱和状态、冻融循环后状态、干湿循环后状态。试件的含水状态要在试验报告中注明。当单独测定单轴抗压强度时,不同状态每组试件为6个;当测定软化系数时,烘干状态和饱和状态下的试件个数分别为3个。

(5)单轴抗压强度试验结果取算术平均值,并取三位有效数字。软化系数计算值精确到0.01,每个状态的3个试件应平行测定,取算术平均值;3个值中最大值与最小值不应超过平均值的30%,否则,应另取第4个试件,并在4个试件中取最接近的3个值的平均值作为试验结果,同时在报告中将4个值全部给出。

(6)试验结束后,应将所用设备整理干净,恢复原位并清理垃圾。

6. 试验结果分析

根据岩石单轴饱和抗压强度可以确定岩石的坚硬程度，从而合理地选择施工方法和工程计量方案。

在选择集料时也需要判定其母岩强度即岩石单轴饱和抗压强度。

任务 3-3 岩石的技术要求

当不同工程结构使用岩石时，其对岩石的技术要求往往不同，以下是岩石作为石料使用在建设工程中的技术要求。

以下内容摘自《建设用卵石、碎石》(GB/T 14685—2022)中的相关规定：

在水饱和状态下，碎石所用母岩的岩石的抗压强度：岩浆岩应不小于 80MPa，变质岩应不小于 60MPa，沉积岩应不小于 45MPa。

任务 3-4 认识集料

集料是在混合料中起骨架或填充作用的粒料，包括碎石、卵石、天然砂、机制砂和石屑等。

制备机制砂

按照粒径大小和所起作用不同，工程上一般将集料分为细集料和粗集料两类，用于水泥混凝土、粒料材料和无机稳定类材料时，粗细集料分界尺寸为 4.75mm，用于沥青混合料时，粗细集料分界尺寸一般为 2.36mm，但 SMA-13、SMA-16、SMA-20 的分界尺寸为 4.75mm。

碎石是指天然岩石、卵石或矿山废石经破碎、筛分制成的，粒径大于 4.75mm的岩石颗粒。

集料类型

卵石是指在自然条件作用下岩石产生破碎、风化、分选、运移、堆(沉)积，而形成的粒径大于 4.75mm 的岩石颗粒。

天然砂是指在自然条件作用下岩石产生破碎、风化、分选、运移、堆/沉积，而形成的粒径小于 4.75mm 的岩石颗粒。天然砂按来源可以分为河砂、湖砂、净化处理的海砂、山砂，但不包括软质、风化的颗粒。

海砂在工程建设中的应用

河砂和湖砂的颗粒表面圆滑，比较洁净，质地较好，产地广。海砂虽然具有河砂的特点，但因其在海中所以常混有贝壳碎片和氯盐等有害杂质。山砂的颗粒表面粗糙、有棱角，含泥量和有机质含量较大。

机制砂是指以岩石、卵石、矿山废石和尾矿等为原料，经除土处理，由机械破碎、整形、筛分、粉控等工艺制成的,级配、粒形和石粉含量满足要求且粒径小于4.75mm的颗粒,但不包括软质、风化的颗粒。

混合砂是由天然砂、机制砂等按一定比例混合形成的砂。

石屑是采石场加工碎石时通过最小筛孔(通常为2.36mm或4.75mm)的筛下部分,也称筛屑。

矿粉是由石灰岩等碱性石料经磨细加工得到的,在沥青混合料中起填料作用的以碳酸钙为主要成分的矿物质粉末。

任务3-5 检验集料

集料一般在料场或矿场进行专门生产,通过皮带、火车、船舶和汽车等不同途径输送到工程现场。生产集料和使用集料均需要对集料的质量进行检验。

根据《公路水运工程试验检测机构等级标准》规定的试验检测能力基本要求及主要仪器设备(综合乙级)必须满足的试验检测参数要求,以下为集料试验检测项目必须满足的试验检测参数,其余参数的试验检测可参照《公路工程集料试验规程》(JTG 3432—2024)、《建设用砂》(GB/T 14684—2022)和《建设用卵石、碎石》(GB/T 14685—2022)等标准规范。

粗集料及集料混合料的筛分试验

(一)粗集料的筛分试验检测(干筛法)

1.试验检测原理

利用标准筛对试样进行筛分,称取筛余质量,计算分计筛余百分率、累计筛余百分率和质量通过百分率。

2.目的与适用范围

本方法可以测定水泥混凝土用粗集料(碎石、卵石、矿渣等)的颗粒组成。

本方法适用于水泥混凝土用粗集料。

3.主要仪器设备

(1)标准筛(图3-4):可以根据需要合理选择不同筛孔尺寸的方孔筛。

图3-4 标准筛

(2)天平或台秤:感量不大于试样质量(表3-5)的0.1%。

(3)其他:盘子、铲子、毛刷等。

筛分用的试样质量 表3-5

公称最大粒径(mm)	75	63	53	37.5	31.5	26.5	19.0	16.0	13.2	9.5	4.75
试样质量(kg),不小于	25	17.0	11.0	6.5	5.0	4.0	2.0	1.5	1.0	1.0	0.5

注:注意区分粗集料的最大粒径和公称最大粒径。

①集料的最大粒径是指集料100%通过的最小的标准筛筛孔尺寸。

粗集料的最大粒径和公称最大粒径

②集料的公称最大粒径是指集料可能全部通过或允许有少量不通过(一般容许筛余不超过10%)的最小标准筛筛孔尺寸。集料的公称最大粒径通常比集料最大粒径小一个粒级。在实际工程中,使用的级配名称都是采用公称最大粒径。

③例子:A、B、C、D四种粗集料分别取1000g,筛分试验记录见表3-6,请判断A、B、C、D四种集料的最大粒径和公称最大粒径。

筛分试验集料 表3-6

筛孔尺寸(mm)		31.5	26.5	19.0	16.0	9.5	底盘
筛余质量(g)	A	0	0	300	400	200	100
	B	0	80	200	500	100	120
	C	0	0	300	90	500	110
	D	0	80	90	200	500	130

解:从上述数据中,可以得出以下结论:

A集料在31.5mm和26.5mm筛上能100%通过,在19.0mm和16.0mm筛上的筛余分别是30%和40%,所以A集料的最大粒径和公称最大粒径是26.5mm。

B集料在31.5mm筛上能100%通过,在26.5mm、19.0mm和16.0mm筛上的筛余分别是8%、20%和50%,所以B集料的最大粒径是31.5mm,而公称最大粒径是26.5mm。

C集料在31.5mm和26.5mm筛上能100%通过,在19.0mm、16.0mm和9.5mm筛上的筛余分别是30%、9%和50%,所以C集料的最大粒径是26.5mm,而公称最大粒径是16.0mm。

D集料在31.5mm筛上能100%通过,在26.5mm、19.0mm和16.0mm筛上的筛余分别是8%、9%和20%,所以D集料的最大粒径是31.5mm,而公称最大粒径是19.0mm。

4.试验操作及记录

参照对应的最新标准规范和《道路建筑材料试验检测手册》,在老师指导下完成,并将试验记录填写在《道路建筑材料试验检测手册》中。

5.注意事项

(1)试验前应检查各号筛是否按筛孔尺寸从大到小的顺序排列。

(2)当筛余颗粒的粒径大于19mm时,筛分过程中允许用手指轻轻拨动颗粒,但不得逐粒塞过筛孔。筛分过程中应防止试样丢失。

(3)由于0.075mm筛干筛几乎不能把沾在粗集料表面的小于0.075mm部分的石粉筛过去,而且对水泥混凝土用粗集料而言,0.075mm通过率的意义不大,所以也可以不筛,且把通过0.15mm筛的筛下部分全部作为0.075mm的分计筛余,将粗集料的0.075mm通过率假设为0。

(4)各筛分计筛余量及筛底存量的总和与筛分前试样的干燥总质量相比,相差不得超过总质量的0.5%。

(5)"1min内通过筛孔的质量小于筛上残余量的0.1%"是一种经验性判断,无须真正称量。

(6)试验结果以两次试验的平均值表示,精确至0.1%。若损耗率大于0.3%,应重新进行试验。当两次试验结果$P_{0.075}$的差值超过1%时,应重新进行试验。

(7)试验结束后,应将所用设备整理干净,恢复原位并清理垃圾。

6. 试验结果分析

筛分试验就是将集料经过一系列筛孔尺寸的标准筛,测出各个筛上的筛余量,根据各筛孔上筛余量占集料试样总质量的百分比,就可求得一系列与级配有关的参数:分计筛余百分率(各筛上的筛余量除以集料总质量的百分率)、累计筛余百分率(该筛上的分计筛余百分率与大于该筛的各筛上的分计筛余百分率之总和)及质量通过百分率(集料中小于该筛的颗粒质量占总质量的百分比)。

根据试验条件不同,筛分试验可分为干筛法和水洗法。对水泥混凝土用集料可采用干筛法;对沥青混合料、粒料材料、无机稳定类材料用集料必须采用水洗法;轻集料应采用干筛法。

试验结果除了可以用来评价集料的颗粒级配情况,更是矿料配合比设计的原始数据。

水泥混凝土用粗集料针片状颗粒含量试验(规准仪法)

(二)粗集料的针、片状颗粒含量试验检测(规准仪法)

1. 试验检测原理

利用规准仪来衡量粗集料是否为针状或片状,即大于规定长度的为针状,小于规定厚度的为片状。

2. 目的与适用范围

本方法通过粗集料针、片状颗粒含量的测定,可以评价集料的形状及其在工程中的适用性,为路面配合比设计提供参数。

本方法适用于水泥混凝土用粗集料针、片状颗粒含量测定。

3. 主要仪器设备

(1)水泥混凝土用粗集料针状规准仪和片状规准仪(图3-5),片状规准仪的钢板基板厚度为3mm,粒级划分及其相应的规准仪孔宽或间距见表3-7。

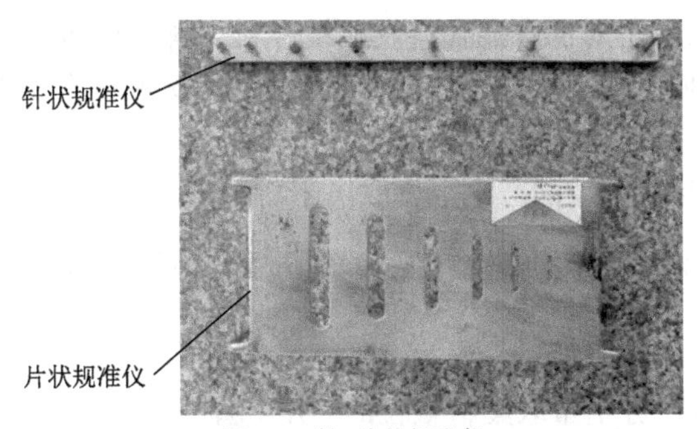

图 3-5　针、片状规准仪

水泥混凝土用粗集料针、片状颗粒试验的粒级划分及其相应的规准仪孔宽或间距　　表 3-7

粒级(mm)	4.75～9.5	9.5～16	16～19	19～26.5	26.5～31.5	31.5～37.5
针状规准仪立柱之间的间距(mm)	17.1	30.6	42.0	54.6	69.6	82.8
片状规准仪的孔宽(mm)	2.8	5.1	7.0	9.1	11.6	13.8

(2)天平或台秤:感量不大于称量质量的 0.1%,试验所需的最少试样质量应符合表 3-8 的规定。

针、片状颗粒含量试验所需的最少试样质量　　表 3-8

最大粒径(mm)	9.5	13.2	16.0	19.0	26.5	31.5	≥37.5	53	63	75
最少试样质量(kg)	0.2	0.4	0.5	1.0	1.7	3	5	12	20	28

(3)试验筛:方孔筛,孔径分别为 4.75mm、9.5mm、16mm、19mm、26.5mm、31.5mm、37.5mm、53.0mm、63.0mm、75.0mm 及 90mm,试验时根据需要选用。

4. 试验操作及记录

参照对应的最新标准规范和《道路建筑材料试验检测手册》,在老师指导下完成,并将试验记录填写在《道路建筑材料试验检测手册》中。

5. 注意事项

(1)目测挑选时,先把一些颗粒形状接近立方体的直接剔除。

(2)片状颗粒是在非针状颗粒中挑选,即先挑选针状,再挑选片状。

(3)如果需要可以分别计算针状颗粒和片状颗粒的含量。

(4)大于 37.5mm 的碎石及卵石可采用游标卡尺法检测针、片状颗粒的含量,检测方法详见《建设用卵石、碎石》(GB/T 14685—2022)。

(5)试验结束后,应将所用设备清理干净,恢复原位并清理垃圾。

6. 试验结果分析

针状颗粒是指最大长度与该颗粒相应粒级的平均粒径之比大于 2.4 的颗粒,片状颗粒是指最大厚度与该颗粒相应粒级的平均粒径之比小于 0.4 的颗粒。

针、片状颗粒过多会影响水泥混凝土的搅拌和成型,但水泥混凝土凝结硬化后其影响很小;对沥青混合料在施工中和使用的全过程中影响很大,过多的针、片状颗粒,会导致沥青路面过早破坏。因此针对不同用途的粗集料,其针、片状颗粒含量检测方法也有所不同。对水泥混凝土用粗集料采用规准仪法,对沥青混合料及无结合料粒料材料和无机稳定材料采用卡尺法。一般情况下,对于同一种粗集料,用规准仪法测定的针、片状颗粒含量要小于用卡尺法测定的数据。

粗集料针片状颗粒含量试验(游标卡尺法)

针、片状颗粒的产生主要取决于料场破碎岩石时所采用的机械破碎方式。

(三)粗集料的针片状颗粒含量试验检测(游标卡尺法)

1. 试验检测原理

用卡尺分别量取集料颗粒的长度和厚度,两值的比值小于规定值的则为针片状颗粒。

2. 目的与适用范围

本方法测定粗集料中针片状颗粒的含量,用于评价集料的形状和抗压碎能力以及评定石料生产厂的生产水平及该材料在工程中的适用性。

本方法测定的针片状颗粒,是指最大长度与最小厚度之比大于3的颗粒。当采用其他比例时,应在试验报告中注明。

3. 主要仪器设备

(1)试验筛:根据集料粒级选用不同孔径的方孔筛,并满足《公路工程集料试验规程》(JTG 3432—2024)T 0302 中2.1的要求。

(2)游标卡尺(图3-6):分度值为0.1mm。

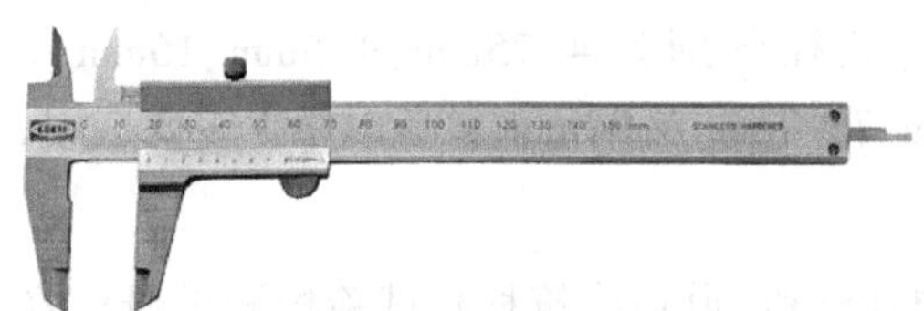

图3-6 游标卡尺

(3)天平:感量不大于称量质量的0.1%。

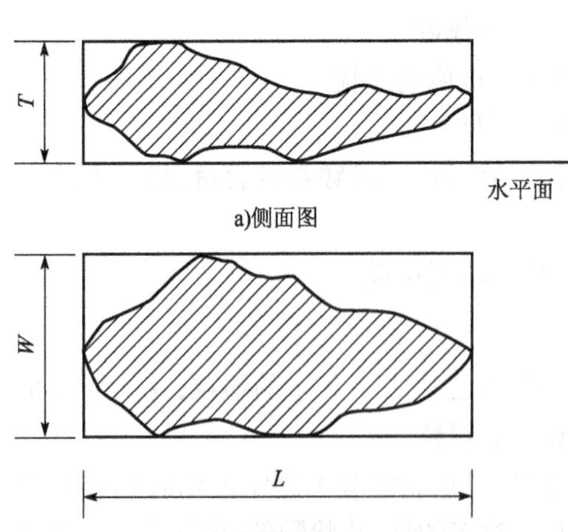

图3-7 针片状颗粒稳定状态

4. 试验操作及记录

参照对应的最新标准规范和《道路建筑材料试验检测手册》,在老师指导下完成,并将试验记录填写在《道路建筑材料试验检测手册》中。

5. 注意事项

(1)对2.36 ~ 4.75mm级粗集料,由于卡尺量取有困难,故一般不作测定。

(2)稳定状态(图3-7)是指平放的状态,不是直立状态,侧面厚度的最大尺寸 T 为图3-7中状态的颗粒顶部至平台的厚度,是在最薄的一个面上测量的,但并非颗粒中最薄部位的厚度。

(3)试验要平行测定两次,计算两次结果的平均值,如两次结果之差小于平均值的20%,取平均值为试验值;如大于或等于20%,应追加测定一次,取三次结果的平均值为测定值。

(4)试验结束后,应将所用设备整理干净,恢复原位并清理垃圾。

6. 试验结果分析

同粗集料针、片状颗粒含量试验检测(规准仪法)。

(四)粗集料的压碎值试验检测

粗集料压碎值试验

1. 试验检测原理

在逐渐增加的压力作用下,集料被压碎。

2. 目的与适用范围

通过本方法的测定,可以评估集料在逐渐增加的荷载下抵抗压碎的能力。

本方法适用于测定含有9.5~13.2mm粒径颗粒的集料压碎值。

3. 主要仪器设备

(1)集料压碎值试验仪:由两端开口的钢制圆形试筒、压柱和底板组成。

(2)金属棒:直径10mm,一端加工成半球形。

(3)天平:量程2~3kg,分度值不大于1g。

(4)标准筛:孔径为13.2mm、9.5mm、2.36mm的方孔筛各一个。

(5)压力试验机:500kN,应能在10min内达到400kN。

(6)金属筒:圆柱形,内径112.0mm±1mm,高179.5mm±1mm,容积约1767cm^3。

4. 试验操作及记录

参照对应的最新标准规范和《道路建筑材料试验检测手册》,在老师指导下完成,并将试验记录填写在《道路建筑材料试验检测手册》中。

5. 注意事项

(1)如试样过于潮湿需加热烘干,烘箱温度不得超过100℃,烘干时间不超过4h。试验前,集料应冷却至室温。

(2)注意使压头摆平,勿楔挤试模侧壁。

(3)用压力机加压时,一定要均匀加载。

(4)用2.36mm标准筛筛分时,需筛到在1min内无明显的筛出物为止(经验性判断)。

(5)压碎值的平行试验要以相同质量的试样进行。

(6)取出试样时不可用硬物敲挖,应轻轻敲击筒外侧,使试样自然倒出。

(7)试验结束后,应将所用设备整理干净,恢复原位并清理垃圾。

6. 试验结果应用分析

(1)集料经压碎后会产生一些粉末,在过筛时会飞扬,称量结果肯定会比实际质量要小。因此用“称取通过2.36mm筛孔的全部细料质量”来直接计算的压碎值必然会偏小,对于一些压碎值不高的粗集料可能会导致不合格,此时可通过称取2.36mm筛上的水洗筛余量和试样总质量差值来计算通过 2.36mm 筛孔的全部细料。

(2)目前对于桥涵及隧道工程的结构物混凝土用粗集料,一些地区发现压碎值标准偏高,很难找到合适集料。为此,对于结构物水泥混凝土用粗集料,试样可剔除针、片状颗粒,同时采用 3 ~ 5min 内加到 200kN、稳压 5s 后卸载的荷载条件,但应在报告中予以注明。

粗集料磨耗试验(洛杉矶法)

(五)粗集料的磨耗试验检测(洛杉矶法)

1. 试验检测原理

在试验机的滚筒中,集料、铁球和隔板发生碰撞、摩擦和剪切并出现破损,计算破损后的集料质量和总质量的比值即为磨耗损失率。

2. 目的与适用范围

本方法可以测定标准条件下粗集料抵抗摩擦、撞击的能力,以磨耗损失(%)表示。

本方法适用于各种等级规格集料的磨耗试验。

3. 主要仪器设备

(1)洛杉矶磨耗试验机(图 3-8):圆筒内径 710mm ± 5mm,内侧长 508mm ± 5mm,两端封闭,投料口、钢盖通过紧固螺栓和橡胶垫与钢筒紧闭密封。筒的回转速率为 30 ~ 33r/min。

图 3-8　洛杉矶磨耗试验机

(2)钢球:单个直径为 45.6 ~ 47.6mm,质量为 390 ~ 445g,大小稍有不同。

(3)台秤:感量 5g。

(4)试验筛:符合要求的标准系列筛,以及 1.7mm 的方孔筛一个。

(5)烘箱:温度控制在 105℃ ± 5℃。

(6)容器:如搪瓷盘等。

4. 试验操作及记录

参照对应的最新标准规范和《道路建筑材料试验检测手册》,在老师指导下完成,并将试验记录填写在《道路建筑材料试验检测手册》中。

5. 注意事项

(1)注意粒度类别和试验条件,见表3-9。

粗集料洛杉矶试验条件　　表3-9

粒度类别	粒级组成(mm)	试样质量(g)	试样总质量(g)	钢球数量(个)	钢球总质量(g)	回转次数(r)	适用的粗集料	
							规格	公称最大粒径(mm)
A	26.5~37.5 19.0~26.5 16.0~19.0 9.5~16.0	1250±25 1250±25 1250±10 1250±10	5000±10	12	5000±25	500		
B	19.0~26.5 16.0~19.0	2500±10 2500±10	5000±10	11	4850±25	500	S6 S7 S8	15~30 10~30 10~25
C	9.5~16.0 4.75~9.5	2500±10 2500±10	5000±10	8	3320±20	500	S9 S10 S11 S12	10~20 10~15 5~15 5~10
D	2.36~4.75	5000±10	5000±10	6	2500±15	500	S13 S14	3~10 3~5
E	63~75 53~63 37.5~53	2500±50 2500±50 5000±50	10000±100	12	5000±25	1000	S1 S2	40~75 40~60
F	37.5~53 26.5~37.5	5000±50 5000±25	10000±75	12	5000±25	1000	S3 S4	30~60 25~50
G	26.5~37.5 19~26.5	5000±25 5000±25	10000±50	12	5000±25	1000	S5	20~40

注:1. 表中粒级组成16.0mm可用13.2mm代替。
2. A级适用于未筛碎石混合料及水泥混凝土用集料。
3. C级中,对于S12可全部采用4.75~9.5mm粒级颗粒5000g;S9及S10可全部采用9.5~16mm粒级颗粒5000g。
4. E级中,对于S2中缺少的63~75mm粒级颗粒可用53~63mm粒级颗粒代替。

(2)注意称取的是存留在1.7mm筛孔上的质量,而不是通过1.7mm筛孔的全部细集料质量,并且需要水洗烘干后称量。

(3)粗集料的磨耗损失取两次平行试验结果的算术平均值为测定值,两次试验的差值应不大于2%,否则须重做试验。

(4)试验结束后,应将所用设备整理干净,恢复原位并清理垃圾。

6. 试验结果分析

粗集料的洛杉矶磨耗损失是集料使用性能的重要指标,尤其是沥青混合料和基层集料,它与沥青路面的抗车辙能力、耐磨性、耐久性密切相关,一般磨耗损失小的集料坚硬、耐磨、耐久性好。软弱颗粒含量多,风化严重的石料经过磨耗试验,粉碎严重,这个指标很难通过。

(六)粗集料的密度及吸水率试验检测(网篮法)

1.试验检测原理

在相同温度下利用洁净水(如蒸馏水)置换集料的表观体积(静置一定时间后假设水已经渗入全部的开口空隙),用天平称取烘干集料质量,然后计算单位体积的质量即集料的密度。

2.目的与适用范围

本方法可以测定粗集料的表观相对密度、表干相对密度、毛体积相对密度、表观密度、表干密度、毛体积密度,以及粗集料的吸水率,为混合料组成设计提供原始数据。

本方法适用于粗集料和含有粗集料、细集料、矿粉的集料混合料,如未筛碎石、级配碎石、天然砂砾、级配砂砾等。

图3-9 浸水天平

3.主要仪器设备

(1)天平或浸水天平(图3-9):可悬挂吊篮测定集料的水中质量,感量不大于最大称量质量的0.1%,最大称量质量应大于表3-10中一份试样的最小质量。

(2)吊篮(网篮):耐锈蚀材料制成,直径和高度为150mm左右,四周及底部用1~2mm的筛网编制或具有适当的孔眼。

(3)溢流水槽:在称量水中质量时能保持水面高度一定。

(4)烘箱:能控温在105℃±5℃。

(5)温度计:量程0~50℃,分度值0.1℃;量程0~200℃,分度值1℃。

(6)试验筛:孔径为4.75mm、2.36mm的方孔筛。

(7)盛水容器(如搪瓷盘)。

(8)其他:刷子、毛巾等。

测定密度所需要的试样质量　　表3-10

公称最大粒径(mm)	4.75	9.5	13.2	16.0	19.0	26.5	31.5	37.5	53	63	75
一份试样的最小质量(kg)	0.5	1.0	1.0	1.1	1.3	1.8	2.0	2.5	4.0	5.5	8.0

4.试验操作及记录

参照对应的最新标准规范和《道路建筑材料试验检测手册》,在老师指导下完成,并将试验记录填写在《道路建筑材料试验检测手册》中。

5.注意事项

(1)恒重是指相邻两次称量间隔时间大于3h的情况下,其前后两次称量之差小于该项试验要求的精密度,即0.1%。对于粗集料,在105℃±5℃烘干4~6h后即可达到恒重。

(2)试样的各项称量应在15~25℃范围内进行。

(3)对2.36~4.75mm集料,用毛巾擦拭时容易黏附细集料从而造成集料损失,此时宜改用洁净的纯棉汗衫布擦拭至表干状态。表干状态是指集料颗粒开口孔隙中充满水,表面呈干燥的状态。表干状态通过使集料吸饱水,再用拧干的湿毛巾轻轻擦去表面水渍而获得。擦干时要掌握度,当集料表面无明水时即认为达到表干状态,但切不可过干,不得将开口孔隙中的毛细水吸出。

(4)对表观相对密度、表干相对密度、毛体积相对密度,两次结果相差不得超过0.020,对吸水率不得超过0.20%。

(5)试验结束后,应将所用设备整理干净,恢复原位并清理垃圾。

6. 试验结果分析

粗集料的密度、相对密度的定义及其测定和使用方法比较混乱,常常出现错误的理解。首先应特别注意各种相对密度和密度的不同用途,工程上常用相对密度,比较少用密度,例如在沥青混合料的配合比设计时,常用表观相对密度、毛体积相对密度,有时也用表干相对密度,而对水泥混凝土则常用表干相对密度。

密度是在一定条件下测定的单位体积的质量,单位为 t/m^3 或 g/cm^3,通常用 ρ 表示。对材料内部没有孔隙的匀质材料,测定的密度只有一种。但对于工程上用的粗细集料,由于材料状态及测定条件不同,便衍生出各种各样的“密度”。计算密度用的质量有干燥质量与潮湿质量的区别,体积有包含和不包含空隙、孔隙的体积,因而计算结果不同,由此得出不同的密度定义。如下述4种密度:

集料各种密度的关系

(1)真实密度:规定条件下,材料单位体积(全部为矿质材料的体积,不计任何内部孔隙)的质量,也称为真密度。比如矿粉的密度就接近真实密度。

(2)毛体积密度:其计算单位体积为表面轮廓线范围内的全部毛体积,包含材料实体、开口及闭口孔隙。当质量以干质量(烘干)为准时,称绝干毛体积密度,即通常所称的毛体积密度。

(3)表干密度:计算单位体积与毛体积密度相同,但计算质量以表干质量(饱和面干状态,包括吸入开口孔隙中的水)为准时,称表干毛体积密度,即通常所称的表干密度。

(4)表观密度:材料单位体积中包含材料实体及不吸水的闭口孔隙,但不包括能吸水的开口孔隙,计算质量以干质量(烘干)为准,也称视密度。

(七)粗集料的磨光值试验检测

1. 试验检测原理

利用加速磨光试验机磨光集料,用摆式摩擦系数测定仪测定集料经磨光后的摩擦系数值。

2. 目的与适用范围

本方法适用于测定粗集料的磨光值,以评价表面层用粗集料的抗车轮磨光性能。

图 3-10 加速磨光试验机

3. 主要仪器设备

(1)加速磨光试验机(图 3-10),应符合相关主要仪器设备的标准,由下列部分组成:

①传动机构:包括电机、同步齿轮等。

②道路轮:外径 406mm ± 3mm,用于安装 14 块试件,能在周边夹紧,以形成连续的石料颗粒表面,转速为 320r/min ± 5r/min。

③橡胶轮:直径 200mm,宽 44mm,用于磨粗、磨细金刚砂的橡胶轮,轮胎初期硬度 69IRHD ± 3IRHD(IRHD 是国际橡胶硬度,英文全称 International Rubber Hardness Degrees)。

注:橡胶轮过度磨损时(一般 20 轮次后)必须更换。

④磨料供给系统:用于存储磨料和控制溜砂量。

⑤供水系统。

⑥配重:包括调整臂、橡胶轮和配重锤。

⑦试模:8 副。

⑧荷载调整机构:包括手轮、凸轮,能支撑配重,调节橡胶轮对道路轮的压力为 725N ± 10N 并在使用过程中保持恒定。

⑨控制面板。

(2)摆式摩擦系数测定仪,简称摆式仪(图 3-11)。

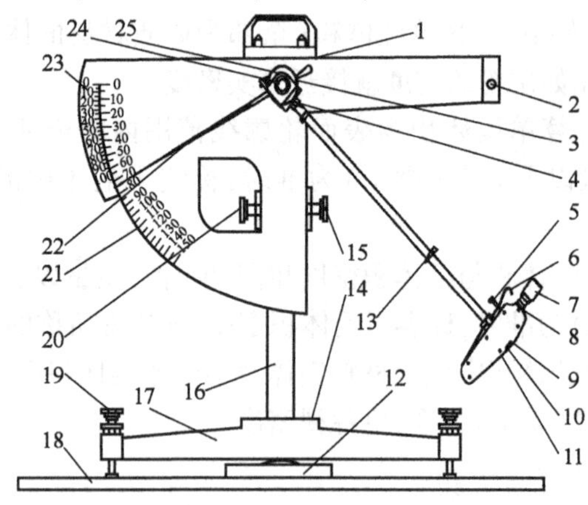

图 3-11 摆式摩擦系数测定仪

1-紧固把手;2-释放开关;3-弹簧片或毡垫;4-连接螺母;5-定位螺丝;6-提升柄;7-平衡锤;8-并紧螺母;9-滑溜块;10-橡胶片;11-止滑螺丝;12-试件固定器;13-卡环;14-水准泡;15、20-升降把子;16-立柱;17-底座;18-底板;19-调平螺栓;21-大刻度盘(126mm 滑溜长度);22-指针;23-小刻度盘(76mm 滑溜长度);24-转向节螺盖;25-调节螺母

(3)磨光试件测试平台:供固定试件及摆式摩擦系数测定仪用。

(4)天平:感量不大于称量质量的 0.1%。

(5)烘箱:装有温度控制器。

(6)黏结剂:能使集料与砂、试模牢固黏结。确保在试验过程中不发生试件摇动或脱落,常用环氧树脂6101(E-44)及固化剂等。

(7)丙酮。

(8)砂:粒径小于0.3mm,洁净、干燥。

(9)金刚砂:30号(棕刚玉粗砂)、280号(绿碳化硅微粉),用作磨料,只允许使用一次,不得重复使用。

(10)橡胶石棉板:厚1mm。

(11)标准集料试样:由指定的集料产地生产的符合规格要求的集料,每轮两块,只允许使用一次,不得重复使用。

(12)其他:油灰刀、洗耳球、各种工具等。

4. 试验操作及记录

参照对应的最新标准规范和《道路建筑材料试验检测手册》,在老师指导下完成,并将试验记录填写在《道路建筑材料试验检测手册》中。

5. 注意事项

(1)在试验前2h和试验过程中应控制室温为20℃ ±2℃。

(2)摆式摩擦系数测定仪使用新橡胶片时应该预磨使之达到稳定状态。预磨的方法是将新橡胶片在干燥的试块(不用磨光后的试件)上摆动10次,然后在湿润的试块上摆动20次。另外,橡胶片不得被油类污染。

(3)磨光试验机试验过程中必须特别注意安全。试验全过程都必须盖上机盖,以防掉粒伤人。在停机检查或维修时均应先切断电源。

(4)4块试件的磨光值读数的最大值与最小值之差不得大于4.7,否则试验作废,应重新试验;4块标准试件的磨光值读数的平均值必须在46~52范围内,否则试验作废,应重新试验。

(5)试验结束后,应将所用设备整理干净,恢复原位并清理垃圾。

6. 试验结果应用分析

集料磨光值是关系一种集料能否用于沥青路面抗滑磨耗层的重要决定性指标,是影响沥青路面抗滑性能的众多因素中的主要因素。

(八)细集料的筛分试验检测(水洗法)

细集料筛分试验

1. 试验检测原理

利用水洗去除粒径小于0.075mm的颗粒,烘干后用标准筛过筛,称取筛余质量,计算分计筛余百分率、累计筛余百分率和质量通过百分率。

2. 目的与适用范围

本方法可以确定细集料的颗粒级配。

本方法适用于测定细集料(天然砂、机制砂)的颗粒级配及粗细程度;对水泥混凝土用细集料可采用干筛法,如果需要也可采用水洗法筛分;对沥青混合料及基层用细集料必须用水洗法筛分。

3. 主要仪器设备

(1)试验筛:筛孔尺寸9.5mm、4.75mm、2.36mm、1.18mm、0.6mm、0.3mm、0.15mm、0.075mm的方孔筛。

(2)天平:量程1000g,分度值不大于0.5g。

(3)摇筛机。

(4)烘箱:能控温在105℃±5℃。

(5)其他:浅盘和硬、软毛刷等。

4. 试验操作及记录

参照对应的最新标准规范和《道路建筑材料试验检测手册》,在老师指导下完成,并将试验记录填写在《道路建筑材料试验检测手册》中。

5. 注意事项

(1)试验前试样总量和各筛余量均应准确至0.5g。

(2)采用水洗法时不可直接将集料倒至0.075mm筛上,以免集料掉出和损坏筛面。

(3)无摇筛机时,可直接用手筛。

(4)试样如为特细砂,试样质量可减少到100g。

(5)两次平行试验所得的细度模数之差应不大于0.2。

(6)如试样含泥量超过5%,不宜采用干筛法。

(7)所有各筛的分计筛余量和底盘中剩余量的总量与筛分前的试样总量,相差不得超过后者的1%,否则应重做试验。两次平行试验所得的细度模数之差应不大于0.2,以两次结果的算术平均值作为测定值,否则应重做试验。

(8)试验结束后,应将所用设备整理干净,恢复原位并清理垃圾。

6. 试验结果分析

工程上常用细度模数这项计算指标评价砂的粗细程度。但是细度模数相同的砂,其级配不一定是相同的;而级配相同的砂,其细度模数一定相同。特别强调:级配是不同粒径的分配情况,其表达方法就是筛分试验的计算表格或级配曲线。

细集料含泥量试验(筛洗法)

(九)细集料的含泥量试验检测(筛洗法)

1. 试验检测原理

利用水的冲洗去除粒径小于0.075mm的颗粒即含泥量。

2. 目的与适用范围

本方法可以测定天然砂中粒径小于0.075mm的尘屑、淤泥和黏土的含量。

本方法不适用于机制砂、石屑及特细砂等细集料。

3. 主要仪器设备

(1)天平:称量不小于1kg,感量不大于0.1g。

(2)烘箱:鼓风干燥箱,能控温在105℃ ±5℃。

(3)试验筛:孔径0.075mm及1.18mm的方孔筛。

4. 试验操作及记录

参照对应的最新标准规范和《道路建筑材料试验检测手册》,在老师指导下完成,并将试验记录填写在《道路建筑材料试验检测手册》中。

5. 注意事项

(1)试验前筛子的两面应先用水润湿,在整个试验过程中应避免砂粒丢失。

(2)不得直接将试样放在0.075mm筛上用水冲洗,或者将试样放在0.075mm筛上后在水中淘洗,以免将小于0.075mm的砂颗粒当作泥冲走。

(3)当两次平行试验结果的差值不超过0.5%时,取算术平均值作为测定值,否则应重做试验。

(4)试验结束后,应将所用设备整理干净,恢复原位并清理垃圾。

6. 试验结果分析

细集料中的泥土杂物对细集料的使用性能有很大的影响,尤其是对沥青混合料,当水分进入混合料内部时,这些泥土杂物遇水会软化。以前我国通过水洗法测定小于0.075mm的含量,将其作为含泥量。但是将小于0.075mm的含量都看成土是不正确的。在天然砂的规格中,通常允许0.075mm通过率为0~5%(以前甚至为10%),而含泥量一般不超过3%。其实,不管天然砂、石屑、机制砂,各种细集料中粒径小于0.075mm的部分不一定是泥,大部分可能是石粉或超细砂粒。为了将粒径小于0.075mm的矿粉、细砂与含泥量加以区分,通常采用砂当量试验。砂当量试验表明,如果控制砂当量不小于60%,将能控制含泥量不超过6%。砂当量测定值不仅仅取决于含泥量,细集料中的石粉也会影响砂当量的大小。因此,国际上还通行一种称为亚甲蓝的试验方法,在欧洲共同体的标准中,已经将亚甲蓝试验方法定为标准方法,但是我国目前仍然采用砂当量试验作为标准试验方法。

对于细集料的洁净程度,天然砂以小于0.075mm含量的百分数表示,机制砂还应增加砂当量(适用于0~4.75mm)或亚甲蓝值(适用于0~2.36mm或0~0.15mm)的测定。

(十)细集料的砂当量试验检测

1. 试验检测原理

一定浓度的甘油和氯化钙的冲洗液将土粒溶胀,并使溶胀的土颗粒悬浮在比重较大的冲洗液中,产生明显的砂土界面,从而有效地描述细集料中的含泥量或含砂量。

2. 目的与适用范围

本方法适用于测定天然砂、机制砂等各种细集料中所含的黏性土或杂质的含量,以评定集料的洁净程度。砂当量用 SE 表示。

本方法适用于公称最大粒径不超过 4.75mm 的细集料。

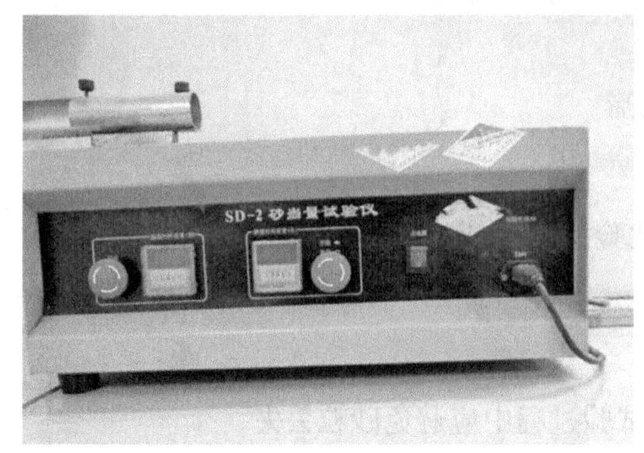

图 3-12 砂当量仪

3. 主要仪器设备

1)砂当量仪(图 3-12)

砂当量仪包含透明圆柱形试筒、冲洗管、橡胶管(或塑料管)、配重活塞、机械振荡器等部件。

2)其他设备

天平(称量不小于 1000g,感量不大于 0.1g)、烘箱、秒表、试验筛(筛孔为 4.75mm、2.36mm)、温度计、广口漏斗(玻璃或塑料制,口的直径 100mm 左右)、钢板尺(长 50cm,刻度 1mm)、量筒(500mL)、烧杯(1L)、塑料桶(5L)、刷子、盘子、刮刀、勺子等。

3)试剂

(1)无水氯化钙($CaCl_2$):分析纯,含量 96% 以上,无色立方结晶,在水中溶解度大,溶解时放出大量热,它的水溶液呈微酸性,具有一定的腐蚀性。

(2)丙三醇($C_3H_8O_3$):甘油,分析纯,含量 99% 以上。

(3)甲醛(HCHO):分析纯,含量 40%。

(4)蒸馏水或去离子水 40%。

4. 试验操作及记录

参照对应的最新标准规范和《道路建筑材料试验检测手册》,在老师指导下完成,并将试验记录填写在《道路建筑材料试验检测手册》中。

5. 注意事项

(1)试验完毕后,须将活塞擦洗干净。

(2)避免圆柱形试筒磕碰。

(3)定期向振荡器滑动杆上注润滑油。

(4)试验结束后,应将所用设备整理干净,恢复原位并清理垃圾。

6. 试验结果分析

细集料的砂当量表示细集料的洁净程度。但是普遍认为砂当量是测定黏土尺寸的颗粒相对含量(一般指 0.02mm 以下颗粒物质),即包括有害物质,也包含非有害物质,如一些细的非活性粉料,如果其颗粒太小则会对砂当量产生极大的影响。因此可以这样认为:如果砂当量满足要求,表明细集料中有害物质很少,不会对混合料性能产生影响,是可以接受的;如果砂当量不满足要求,大部分情况下应该是细集料中有害物质太多、不合格,但还是应该进一步调查砂当量低是有害物质还是非有害物质造成的。当有一些非活性的细粉被黏土包裹形成絮状物时,这些细粉就被判断为有害物质,使测得的砂当量值低于规范值,但这些细粉并不是有害物质,实际的有害物质并不多,即该细集料的砂当量实际上是合格的。

(十一)细集料的表观密度试验检测(容量瓶法)

1. 试验检测原理

用天平称取烘干细集料质量,在相同温度下利用洁净水(如蒸馏水)置换细集料的表观体积(静置一定时间后假设水已经渗入全部的开口空隙),单位体积的质量即细集料的表观密度。

细集料表观密度试验

2. 目的与适用范围

本方法可以测定细集料的表观相对密度和表观密度,为混合料组成设计提供原始数据。

本方法适用于含有少量粒径大于2.36mm部分的细集料。

3. 主要仪器设备

(1)天平:称量不小于1kg,感量不大于0.1g。

(2)容量瓶(图3-13):容积为500mL。

(3)烘箱:鼓风干燥箱,能控温在105℃ ±5℃。

(4)烧杯:容积为500mL。

(5)试验用水:饮用水,使用之前煮沸后冷却至室温。

(6)其他:干燥器、金属盘、铝制料勺、温度计等。

图3-13 容量瓶

4. 注意事项

(1)要用四分法取样,缩分后的试样应具有代表性。

(2)向容量瓶中装入试样时,要防止试样损失。装入试样后,排气要充分。

(3)两次加水要至瓶颈的同一刻度线,应当以凹液面为准。

(4)试验时,水的温度应控制在23℃ ±2℃之间。试验的各项称量也应在15℃ ~25℃范围内进行。

(5)在试验过程中应测量并控制水的温度,试验期间的温差不得超过1℃。

(6)表观密度以两次平行试验结果的算术平均值作为测定值,如两次结果之差值大于0.02g/cm^3,应重新取样进行试验。

(7)试验结束后,应将所用设备整理干净,恢复原位并清理垃圾。

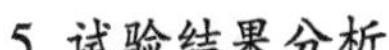

5. 试验结果分析

细集料的表观密度试验有容量瓶法和坍落筒法,由于坍落筒法中细集料(石屑、机制砂)的饱和面干状况难以判断准确,因此坍落筒法往往需要试验经验丰富的试验员进行操作,相对来说,容量瓶法测量比较方便。但是容量瓶法只能测得表观密度或表观相对密度,而坍落筒法还可以测得表干密度、毛体积密度等。

细集料的表观密度是混凝土配合比设计参考依据,表观密度大,意味着密实程度高,混凝土的力学性能和耐久性会更好。

(十二)细集料的堆积密度及空隙率试验检测

1.试验检测原理

在不同装料方式下,装满固定体积容器的集料质量。

2.目的与适用范围

本方法可以测定细集料在不同状态下的堆积密度及空隙率。

图3-14 容量筒

3.主要仪器设备

(1)天平:称量不小于5kg,感量不大于1g。

(2)容量筒(图3-14):带底的金属圆筒,内径108mm±2mm,净高109mm±2mm,筒壁厚不小于2mm,筒底厚不小于5mm,容积为1L。

(3)标准漏斗。

(4)烘箱:鼓风干燥箱,能控温在105℃±5℃。

(5)其他:料勺、直尺、金属盘、ϕ10mm钢筋等。

4.试验操作及记录

参照对应的最新标准规范和《道路建筑材料试验检测手册》,在老师指导下完成,并将试验记录填写在《道路建筑材料试验检测手册》中。

5.注意事项

(1)试样烘干后如有结块,应在试验前先予捏碎。

(2)试验结束后,应将所用设备整理干净,恢复原位并清理垃圾。

6.试验结果分析

细集料的堆积密度一定程度上反映了母岩性质,在实际工程中常用来计算空隙率,而空隙率将影响混合料的性质,如空隙率过大,会导致水泥混凝土水泥用量变大、强度下降等问题。

(十三)细集料密度及吸水率试验检测(坍落筒法)

1.试验检测原理

按特定的方法使细集料处于饱和面干状态,然后快速地用容量瓶测定其密度。

2.目的与适用范围

本方法可以测定细集料的毛体积相对密度、表观相对密度、表干相对密度,处于饱和面干状态时的吸水率,毛体积密度、表观密度、表干密度。

本方法适用于小于4.75mm的细集料。

3.主要仪器设备

(1)天平:称量不小于1kg,感量不大于0.1g。

(2)饱和面干试模(图3-15):上口径40mm±3mm,下口径90mm±3mm,高75mm±3mm的坍落筒。

捣棒:金属棒,捣实端直径25mm±3mm,质量340g±15g。

(3)烧杯:500mL。

(4)容量瓶:500mL。

(5)烘箱:鼓风干燥箱,能控温在105℃±5℃。

(6)试验用水:饮用水,使用之前煮沸后冷却至室温。

(7)其他:干燥器、吹风机(手提式)、金属盘、铝制料勺、玻璃棒、温度计等。

图3-15 饱和面干试模

4.试验操作及记录

参照对应的最新标准规范和《道路建筑材料试验检测手册》,在老师指导下完成,并将试验记录填写在《道路建筑材料试验检测手册》中。

5.注意事项

(1)毛体积相对密度和饱和面干毛体积相对密度是两个性质不同的指标。毛体积相对密度是以烘干状态(绝干)为基准与试样毛体积的比值,它常用于热拌沥青混合料体积指标的计算;而饱和面干毛体积相对密度是以表干状态为基准与试样毛体积的比值,它常用于水泥混凝土用水量的计算。

(2)如何判断细集料的表干(饱和面干)状态,是本方法最大的困难。对天然砂一般没有大的争议,但对机制砂和石屑是否也按照相同的模式判断就不好说了,应重复进行数次,以求取测定细集料出现坍落的"最大含水率状态"为饱和面干状态,并且不应盲目地对照饱和面干状态的图来进行判断。

(3)对毛体积相对密度和饱和面干毛体积相对密度,两次试验结果相对密度相差不得超过0.03,吸水率相差不超过0.3%,否则应重新取样进行试验。

(4)试验结束后,应将所用设备整理干净,恢复原位并清理垃圾。

6.试验结果分析

任何干态的细集料,在接触水后,都有吸水的本能。我国现行水泥混凝土配合比是以绝干状态来初步计算配合比的,这导致初步配合比计算结果和试配结果相差较大,更突出的问题是施工现场的砂石达不到绝干要求,因此对细集料的饱和面干吸水率的测算也成为配合比设计中重要的一环。

任务3-6 集料的技术要求

当不同的工程结构使用集料时,其对集料的技术要求往往不同,以下是桥涵工程和沥青路面对集料的技术要求,对于其他结构中使用集料的技术要求可以参考相应的规范或设计文件等。

随着生产力和施工技术的提高,对集料的技术要求也在不断改变,相应的试验检测方法也在不断地精益求精,在实际工作中应不断积累经验,时刻关注标准、规范的更新。

(一)桥涵工程用粗集料

以下内容摘自《公路桥涵施工技术规范》(JTG/T 3650—2020)中的有关规定。

粗集料宜采用质地坚硬、洁净、级配合理、粒形良好、吸水率小的碎石或卵石,并应符合表3-11的规定。

桥涵工程用粗集料技术指标 表3-11

项目	技术要求		
	Ⅰ级	Ⅱ级	Ⅲ级
碎石压碎指标(%)	≤10	≤20	≤30
卵石压碎指标(%)	≤12	≤14	≤16
坚固性(硫酸钠溶液法试验质量损失值,%)	≤5	≤8	≤12
吸水率(%)	≤1.0	≤2.0	
针片状颗粒总含量(按质量计,%)	≤5	≤10	≤15
含泥量(按质量计,%)	≤0.5	≤1.0	≤1.5
泥块含量(按质量计,%)	0	≤0.2	≤0.5
有机物	合格		
硫化物及硫酸盐(按 SO_3 质量计,%)	≤0.5	≤1.0	
岩石抗压强度(水饱和状态,MPa)	火成岩≥80;变质岩≥60;水成岩≥30		
表观密度(kg/m^3)	≥2600		
连续级配松散堆积空隙率(%)	≤43	≤45	≤47
碱集料反应	经碱集料反应试验后,试件应无裂缝、酥裂、胶体外溢等现象,在规定试验龄期的膨胀率应小于0.10%		

注:1. 粗集料中不应混有草根、树叶、树枝、塑料、煤块、炉渣等杂物。

2. 混凝土强度等级为C60及以上时应进行岩石抗压强度检验,其他情况下,如有必要也可进行岩石的抗压强度检验。岩石的抗压强度除应满足表中要求外,其抗压强度与混凝土强度等级之比对于C60及以上的混凝土,应不小于2,其余应不小于1.5。岩石强度首先应由生产单位提供,工程中可采用压碎值指标进行质量控制。

3. 当粗集料中含有颗粒状硫酸盐或硫化物杂质时,应进行专门检验,确认能满足混凝土耐久性要求后,方可采用。

4. 采用卵石破碎成碎石时,应具有两个及以上的破碎面,且其破碎面应不小于70%。

5. 卵石和碎石混合使用时,压碎值应分别按卵石和碎石控制。

粗集料的颗粒级配应符合表3-12的要求。粗集料宜根据混凝土最大粒径采用连续两级配或连续多级配。单粒粒级宜用于组合成满足要求的连续粒级；亦可与连续粒级混合使用，改善其级配或配成较大粒度的连续粒级。

粗集料的颗粒级配 表3-12

公称粒级(mm)		累计筛余(按质量计,%) 方孔筛筛孔边长尺寸(mm)											
		2.36	4.75	9.50	16.0	19.0	26.5	31.5	37.5	53.0	63.0	75.0	90.0
连续粒级	5～16	95～100	85～100	30～60	0～10	0							
	5～20	95～100	90～100	40～80		0～10	0						
	5～25	95～100	90～100		30～70		0～5	0					
	5～31.5	95～100	90～100	70～90		15～45		0～5	0				
	5～40		95～100	70～90		30～65			0～5	0			
单粒粒级	5～10	95～100	80～100	0～15	0								
	10～16		95～100	80～100	0～15								
	10～20		95～100	85～100		0～15	0						
	16～25			95～100	55～70	25～40	0～10						
	16～31.5		95～100		85～100			0～10	0				
	20～40			95～100		80～100			0～10	0			
	40～80					95～100			70～100		30～60	0～10	0

（二）沥青混合料用粗集料

以下内容摘自《公路沥青路面施工技术规范》(JTG F40—2004)中的有关规定。

沥青层用粗集料包括碎石、破碎砾石、筛选砾石、钢渣、矿渣等，但高速公路和一级公路不得使用筛选砾石和矿渣。粗集料必须由具有生产许可证的采石场生产或施工单位自行加工。

粗集料应该洁净、干燥、表面粗糙，质量应符合表3-13的规定。当单一规格集料的质量指标达不到表中要求，而按照集料配合比计算的质量指标符合要求时，工程上允许使用。对受热易变质的集料，宜采用经拌和机烘干后的集料进行检验。

沥青混合料用粗集料质量技术要求 表3-13

指标	单位	高速公路及一级公路		其他等级公路
		表面层	其他层次	
石料压碎值，不大于	%	26	28	30
洛杉矶磨耗损失，不大于	%	28	30	35
表观相对密度，不小于	—	2.60	2.50	2.45
吸水率，不大于	%	2.0	3.0	3.0
坚固性，不大于	%	12	12	—

续上表

指标	单位	高速公路及一级公路		其他等级公路
		表面层	其他层次	
针片状颗粒含量(混合料),不大于 其中粒径大于9.5mm,不大于 其中粒径小于9.5mm,不大于	% % %	15 12 18	18 15 20	20 — —
水洗法小于0.075mm颗粒含量,不大于	%	1	1	1
软石含量,不大于	%	3	5	5

注:1. 坚固性试验可根据需要进行。

2. 用于高速公路、一级公路时,多孔玄武岩的视密度可放宽至2.45t/m^3,吸水率可放宽至3%,但必须得到建设单位的批准,且不得用于SMA路面。

3. 对S14即3~5规格的粗集料,针片状颗粒含量可不予要求,小于0.075mm含量可放宽到3%。

粗集料的粒径规格应按表3-14的规定生产和使用。

沥青混合料用粗集料规格 表3-14

规格名称	公称粒径(mm)	通过下列筛孔(mm)的质量通过百分率(%)												
		106	75	63	53	37.5	31.5	26.5	19.0	13.2	9.5	4.75	2.36	0.6
S1	40~75	100	90~100	—	—	0~15	—	0~5						
S2	40~60		100	90~100	—	0~15	—	0~5						
S3	30~60		100	90~100	—	—	0~15	—	0~5					
S4	25~50			100	90~100	—	—	0~15	—	0~5				
S5	20~40				100	90~100	—	—	0~15	—	0~5			
S6	15~30					100	90~100	—	—	0~15	—	0~5		
S7	10~30					100	90~100	—	—	—	0~15	0~5		
S8	10~25						100	90~100	—	0~15	—	0~5		
S9	10~20							100	90~100	—	0~15	0~5		
S10	10~15								100	90~100	0~15	0~5		
S11	5~15								100	90~100	40~70	0~15	0~5	
S12	5~10									100	90~100	0~15	0~5	
S13	3~10									100	90~100	40~70	0~20	0~5
S14	3~5										100	90~100	0~15	0~3

采石场在生产过程中必须彻底清除覆盖层及泥土夹层。生产碎石用的原石不得含有土块、杂物,集料成品不得堆放在泥土地上。

高速公路、一级公路沥青路面的表面层(或磨耗层)的粗集料的磨光值应符合表3-15的要求。除SMA、OGFC路面外,允许在硬质粗集料中掺加部分较小粒径的磨光值达不到要求的粗集料,其最大掺加比例由磨光值试验确定。

粗集料与沥青的黏附性、磨光值的技术要求 表3-15

雨量气候区	1(潮湿区)	2(湿润区)	3(半干区)	4(干旱区)
年降雨量(mm)	>1000	1000~500	500~250	<250
粗集料的磨光值PSV,不小于 高速公路、一级公路表面层	42	40	38	36
粗集料与沥青的黏附性,不小于 高速公路、一级公路表面层	5	4	4	3
高速公路、一级公路的其他层次 及其他等级公路的各个层次	4	4	3	3

(三)桥涵工程用细集料

以下内容摘自《公路桥涵施工技术规范》(JTG/T 3650—2020)中的有关规定。

细集料宜采用级配良好、质地坚硬、颗粒洁净的河砂;当河砂不易得到时,可采用符合规定的其他天然砂或机制砂;细集料不得采用海砂。细集料的技术指标应符合表3-16的规定,细集料的颗粒级配应符合表3-17的规定。

桥涵工程用细集料技术要求 表3-16

项目			技术要求		
			Ⅰ类	Ⅱ类	Ⅲ类
有害物质限量	云母(按质量计,%)		≤1.0	≤2.0	
	轻物质(按质量计,%)		≤1.0		
	有机物		合格		
	硫化物及硫酸盐(按SO_3质量计,%)		≤0.5		
	氯化物(以氯离子质量计,%)		≤0.01	≤0.02	≤0.06
天然砂	含泥量(按质量计,%)		≤1.0	≤3.0	≤5.0
	泥块含量(按质量计,%)		0	≤1.0	≤2.0
机制砂	MB值≤1.4 或快速法试验合格	MB值	≤0.5	≤1.0	≤1.4或合格
		石粉含量(按质量计,%)	≤10.0		
		泥块含量(按质量计,%)	0	≤1.0	≤2.0
	MB值>1.4 或快速法试验不合格	石粉含量(按质量计,%)	≤1.0	≤3.0	≤5.0
		泥块含量(按质量计,%)	0	≤1.0	≤2.0
坚固性	硫酸钠溶液法试验,砂的质量损失(%)		≤8		≤10
	机制砂单级最大压碎指标(%)		≤20	≤25	≤30

续上表

项目	技术要求		
	Ⅰ类	Ⅱ类	Ⅲ类
表观密度(kg/m³)	≥2500		
松散堆积密度(kg/m³)	≥1400		
空隙率(%)	≤44		
碱集料反应	经碱集料反应试验后,试件应无裂缝、酥裂、胶体外溢等现象,在规定试验龄期的膨胀率应小于0.10%		

注:1. 砂按产源分为天然砂、机制砂两类;按技术要求分为Ⅰ类、Ⅱ类、Ⅲ类。

2. 石粉含量系指机制砂中粒径小于75μm的颗粒含量。

3. 当工程有要求时,含水率和饱和面干吸水率应采用实测值。

4. 砂中不应混有草根、树叶、树枝、塑料、煤块、炉渣等杂物。

5. 当对砂的坚固性有怀疑时,应做坚固性试验。

6. 当碱集料反应不符合表中要求时,应采取抑制碱集料反应的技术措施。

细集料的颗粒级配 表3-17

细集料的分类	天然砂			机制砂		
级配区	1区	2区	3区	1区	2区	3区
方孔筛	累计筛余(%)					
4.75mm	10~0	10~0	10~0	10~0	10~0	10~0
2.36mm	35~5	25~0	15~0	35~5	25~0	15~0
1.18mm	65~35	50~10	25~0	65~35	50~10	25~0
600μm	85~71	70~41	40~16	85~71	70~41	40~16
300μm	95~80	92~70	85~55	95~80	92~70	85~55
150μm	100~90	100~90	100~90	97~85	94~80	94~75

注:1. 表中除4.75mm和600μm筛档外,其余可略有超出,但各级累计筛余的超出值总和应不大于5%。

2. 对砂浆用砂,4.75mm筛孔的累计筛余量应为0。

(四)沥青混合料用细集料

以下内容摘自《公路沥青路面施工技术规范》(JTG F40—2004)中的有关规定。

沥青混合料的细集料包括天然砂、机制砂、石屑。细集料必须由具有生产许可证的采石场、采砂场生产。

细集料应洁净、干燥、无风化、无杂质,并有适当的颗粒级配,其质量应符合表3-18的规定。细集料的洁净程度,天然砂以小于0.075mm含量的百分数表示,机制砂以砂当量(适用于0~4.75mm)或亚甲蓝值(适用于0~2.36mm或0~0.15mm)表示。

沥青混合料用细集料质量要求 表3-18

项目	单位	高速公路、一级公路	其他等级公路
表观相对密度,不小于	—	2.50	2.45
坚固性(>0.3mm 部分),不小于	%	12	—
含泥量(小于0.075mm 的含量),不大于	%	3	5
砂当量,不小于	%	60	50
亚甲蓝值,不大于	g/kg	25	—
棱角性(流动时间),不小于	s	30	—

注:坚固性试验可根据需要进行。

任务3-7 矿料的配合比设计

在集料的生产过程中,集料往往是分粒径生产的,特别是碎石、碎卵石;在工程中,偶尔使用单粒径集料,多数情况下是混合不同的单粒径集料组成连续级配使用。

矿料是集料和矿粉的统称。矿料一般和各种结合料(如水泥或沥青等)组成混合料被使用到工程中,如水泥混凝土、砂浆、沥青混凝土和无机结合料稳定材料等,但也有单独使用的,如级配碎石。在矿料中各档集料和矿粉是相互搭配使用的,欲使混合料具备优良的性能,除各档集料的技术性质应符合相应的技术要求外,矿料还必须满足最小空隙率和最大摩擦力的基本要求。

①最小空隙率:不同粒径的集料按一定比例搭配,使其组成一种具有最大密实度的矿料。

②最大摩擦力:不同粒径的集料在进行比例搭配时,应使不同粒径的集料排列紧密,形成一个多级空间骨架结构且具有最大的摩擦力。其摩擦力主要来源于集料间棱角的相互咬合能力。

矿料配合比设计主要内容包括级配理论、级配曲线、级配范围、配合比设计方法。

(一)级配理论

目前,常用的级配理论主要有最大密度曲线理论和粒子干涉理论。前一理论主要描述了连续级配的粒径分布,可用于计算连续级配;后一理论,不仅可用于计算连续级配,而且可用于计算其他级配类型。

1.富勒公式

最大密度曲线是通过试验提出的一种理想曲线。W. B. 富勒(Fuller)和他的同事认为:固体颗粒按粒度大小,有规则地组合排列,粗细搭配,可以得到密度最大、空隙最小的混合料。他们经过许多研究后提出“抛物线最大密度理想曲线”,即富勒曲线(图3-16),其数学表达式为

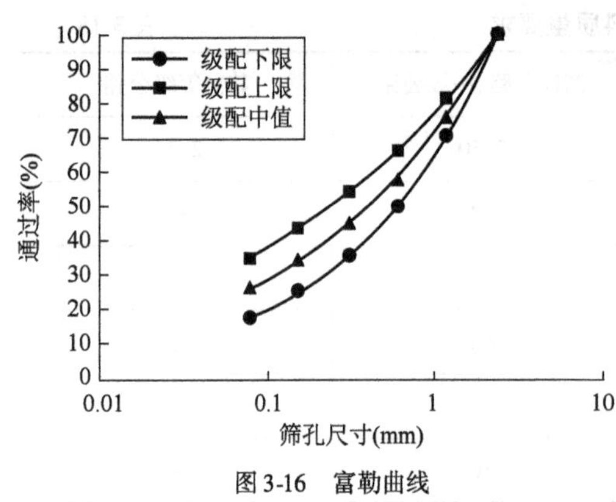

图 3-16 富勒曲线

$p=\sqrt{\frac{d}{D}}\times 100$(富勒公式),$p$ 表示最大粒径 D(mm)的集料中欲计算的某级集料粒径 d(mm)的较理想的通过百分率(%)。该理论认为:矿料的颗粒级配曲线越接近抛物线,则其密度越大。

2. 泰波理论

A. N. 泰波(Tabol)提出 $p=\left(\frac{d}{D}\right)^n\times 100$,当 $n=0.5$时即富勒公式。泰波理论认为 n 在0.3~0.5之间都具有较好的密实度;n 的增大意味着较细的集料部分相对减少,需要更多的能量才能使集料紧密。在实际应用中,矿料的级配曲线应该允许在一定范围内波动,级配范围 n 幂常在0.3~0.7之间。

3. 魏矛斯(C. A. G. Weymouth)粒子干涉理论

魏矛斯提出粒子干涉理论,认为颗粒之间的空隙,应由次小一级颗粒填充;其所余空隙又由再次小颗粒填充,但填隙的颗粒不得大于其间隙之距离,否则大小颗粒粒子之间势必发生干涉现象。为避免干涉,大小粒子之间应按一定数量进行分配。

(二)级配曲线

为了直观、形象地表示矿料各粒径的颗粒分布状况,常常采用级配曲线来描述矿料级配。做法是以质量通过百分率为纵坐标,筛孔尺寸(同时也表示矿料的粒径)为横坐标,将各筛上的质量通过百分率绘制在坐标图中,然后用曲线将各点连接起来,成为级配曲线(图3-17)。

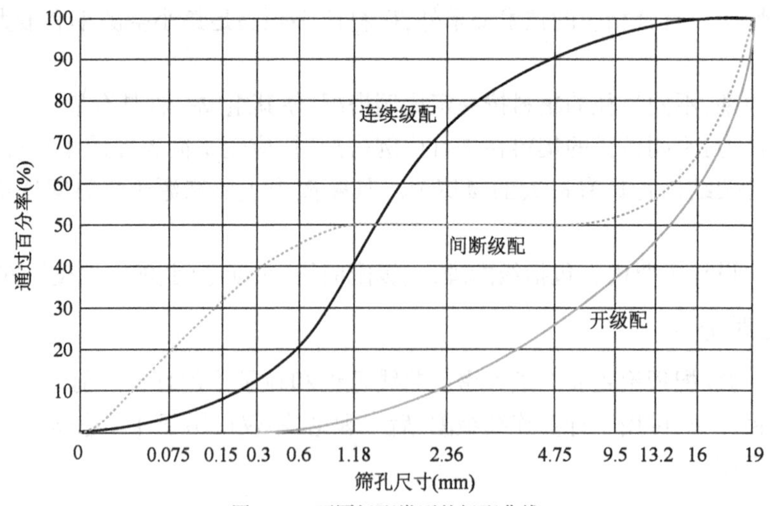

图 3-17 不同级配类型的级配曲线

由于标准套筛的筛孔分布按1/2递减的方式设置,在描绘横坐标的筛孔位置时,会造成前疏后密的问题,以至到小孔径时无法清楚地将其位置确定,所以在绘制级配曲线的横坐标时,采用对数坐标(而相应纵坐标上的质量通过百分率仍采用常数坐标)以方便级配曲线图的绘制。级配曲线绘制采用泰勒曲线，横坐标按 $x=d_i^{0.45}$ 计算（表 3-19），纵坐标为普通坐标。

泰勒曲线的横坐标　　表 3-19

d_i	0.075	0.15	0.3	0.6	1.18	2.36	4.75	9.5
$x=d_i^{0.45}$	0.312	0.426	0.582	0.795	1.077	1.472	2.016	2.754
d_i	13.2	16	19	26.5	31.5	37.5	53	63
$x=d_i^{0.45}$	3.193	3.482	3.762	4.370	4.723	5.109	5.969	6.452

在级配曲线中，只有理论曲线要求是光滑曲线，而以后我们用到的规范标准曲线和实际曲线都是折线。

（三）级配范围

由于矿料在轧制过程中具有不均匀性，且混合料配制时存在误差，所配制的混合料往往不可能与理论级配完全符合，因此允许配料时的合成级配在适当的范围内波动，这就是级配范围。而波动范围的大小主要靠长期实践得出的经验，这些经验就体现在各种技术标准中。

（四）配合比设计方法

天然的或人工轧制的单一集料级配一般很难完全符合某一合适级配范围的要求，所以天然的集料往往是通过多种天然集料搭配使集料级配符合规范级配要求，而人工轧制的碎石则通过将碎石加工成几种不同规格（粒度）后再进行搭配，使其混合料的级配符合规范要求。

矿料的配合比设计方法主要采用试算法、图解法（修正平衡面积法）及 Excel 法。

在应用设计方法时应确定以下两项条件：

（1）各档集料的筛分结果。

（2）技术规范（或理论级配）要求的矿料级配范围。

1. 试算法

本方法适用于矿料组成只有 2 ~ 3 档或经验比较丰富的人员。

本方法的优点是方便快速，无需复杂的计算，仅凭一个简单的计算器，甚至心算就可以求出每档集料在矿料中所占的比例。

缺点是当矿料组成复杂（由 4 档甚至更多矿料组成时，本方法中的基本假设就难以满足，导致计算误差大，计算结果调整频繁。

1）建立基本计算方程

以三档规格集料进行配合比设计为例，设有 A、B、C 三档集料在某一筛孔上的质量通过百分率分别为 $P_{A(i)}$、$P_{B(i)}$、$P_{C(i)}$，打算配制矿料 M；矿料 M 在相应筛孔上的质量通过百分率为 $P_{M(i)}$。设 A、B、C 三档集料在矿料中的比例分别是 X、Y、Z，则得到式(3-1)和式(3-2)：

$$X+Y+Z=100 \tag{3-1}$$

$$P_{A(i)}X+P_{B(i)}Y+P_{C(i)}Z=P_{M(i)} \tag{3-2}$$

2)基本假设

假设在某一个筛上仅 A 集料的质量通过百分率不为 0,其他集料 B 和 C 的通过百分率全部是 0,则式(3-2)可直接求解。

如果 $P_{B(i)}$ 和 $P_{C(i)}$ 的值很小,接近 0,则可认为集料 B 和 C 的质量通过百分率全部是 0。

3)计算

根据上述假设,式(3-2)成为式(3-3):

$$P_{A(i)}X = P_{M(i)} \tag{3-3}$$

则 A 集料在矿料中占比计算为式(3-4):

$$X = \frac{P_{M(i)}}{P_{A(i)}} \times 100 = A \tag{3-4}$$

运用同样的原理可以求出集料 B 或者 C 的比例。在求出其中一档集料的所占比例后,式(3-2)则变成式(3-5):

$$P_{A(i)}A + P_{B(i)}Y + P_{C(i)}Z = P_{M(i)} \tag{3-5}$$

此方程只有未知数 Y 和 Z,同样的原理,在另外一个筛孔上,如果 $P_{B(i)}$ 为 0 或接近 0,则可直接求出 Z;或者 $P_{C(i)}$ 为 0 或接近 0,则可直接求出 Y。

最后根据式(3-1)得到剩余一种集料在矿料中的比例。

4)校核调整

要对以上计算得到的各集料比例进行验算,如得到的合成级配不在所要求的级配范围内,应调整配合比重新验算,直到满足级配范围要求为止。如经数次调整仍不能达到要求,则应增加单粒级集料或更换集料。

5)例题

现有碎石、石屑和矿粉三种集料,试计算矿料的配合比。

(1)原始资料:

①现有碎石(A)、石屑(B)和矿粉(C)三档矿质材料,筛分结果列于表 3-20。

②要求的级配范围按通过百分率也列于表 3-20。

原有集料的质量通过百分率和矿料要求级配范围 表 3-20

筛孔尺寸 d_i(mm)	16.0	13.2	9.5	4.75	2.36	1.18	0.6	0.3	0.15	0.075	<0.075
碎石质量通过百分率 $P_{A(i)}$(%)	100.0	94.8	53.1	3.6	1.0	0.0	0.0	0.0	0.0	0.0	0.0
石屑质量通过百分率 $P_{B(i)}$(%)	100.0	100.0	100.0	98.4	74.4	51.9	35.9	23.5	12.0	1.2	0.0
矿粉质量通过百分率 $P_{C(i)}$(%)	100.0	100.0	100.0	100.0	100.0	100.0	100.0	100.0	100.0	86.8	0.0
要求级配范围的质量通过百分率(%)	100.0	90~100	68~88	38~68	24~40	15~38	10~28	7~20	5~15	4~8	—
要求级配范围的质量通过百分率中值(%)	100.0	95.0	78.0	53.0	32.0	21.5	19.0	13.5	10.0	6.0	—

(2)计算要求:

①按试算法确定碎石、石屑和矿粉在矿料中所占的比例。

②按例题的要求,校核矿料计算结果,确定其是否符合级配范围。

(3)计算步骤:

矿料中各集料用量组成可按下述步骤计算:

①每档集料在矿料中所占百分率并不是一个定值,为了使计算更加正确,用级配范围的质量通过百分率中值(级配范围上下限的平均值)来进行计算。要求级配范围的质量通过百分率中值列于表3-20,并假设碎石、石屑、矿粉三档集料在矿料中的比例分别是X、Y、Z。

②根据基本假设,我们发现在0.075mm筛孔上,碎石的质量通过百分率为0,石屑的质量通过百分率为1.2,接近0,矿粉的质量通过百分率为86.8,代入式(3-1)得式(3-6)。

$$0\times X+0\times Y+86.8\times Z=6.0 \tag{3-6}$$

所以

$$Z=6.0\div 86.8\times 100\%=6.9\%$$

③在2.36mm、1.18mm、0.6mm、0.3mm、0.15mm筛孔上,碎石的质量通过百分率为0或接近0,选择其中一个筛孔代入后得

$$0\times X+51.9\times Y+100\times 6.9=21.5$$

或

$$0\times X+35.9\times Y+100\times 6.9=19.0$$

或

$$0\times X+23.5\times Y+100\times 6.9=13.5$$

或

$$0\times X+12.0\times Y+100\times 6.9=10.0$$

可以得到$Y=28.1$或33.7或28.1或25.8。

④碎石在矿料中的所占比例则为

$$X=100-Y-Z$$

⑤校核:按表3-21进行计算并校核。校核结果与要求的级配范围进行对照。

矿料组成计算和校核表　　表3-21

质量通过百分率	筛孔尺寸 d_i(mm)										
	16	13.2	9.5	4.75	2.36	1.18	0.6	0.3	0.15	0.075	<0.075
碎石 $P_{A(i)}$(%)	100.0	94.8	53.1	3.6	1.0	0.0	0.0	0.0	0.0	0.0	—
石屑 $P_{B(i)}$(%)	100.0	100.0	100.0	98.4	74.4	51.9	35.9	23.5	12.0	1.2	—
矿粉 $P_{C(i)}$(%)	100.0	100.0	100.0	100.0	100.0	100.0	100.0	100.0	100.0	86.8	—

续上表

质量通过百分率		筛孔尺寸 d_i(mm)										
		16	13.2	9.5	4.75	2.36	1.18	0.6	0.3	0.15	0.075	<0.075
方案1	碎石65.0%	65.0	61.6	34.5	2.3	0.7	0.0	0.0	0.0	0.0	—	—
	石屑28.1%	28.1	28.1	28.1	27.7	20.9	14.6	10.1	6.6	3.4	—	—
	矿粉6.9%	6.9	6.9	6.9	6.9	6.9	6.9	6.9	6.9	6.9	—	—
方案2	碎石59.4%	59.4	56.3	31.5	2.1	0.6	0.0	0.0	0.0	0.0	—	—
	石屑33.7%	33.7	33.7	33.7	33.2	25.1	17.5	12.1	7.9	4.0	—	—
	矿粉6.9%	6.9	6.9	6.9	6.9	6.9	6.9	6.9	6.9	6.9	—	—
方案3	碎石65.0%	65.0	61.6	34.5	2.3	0.7	0.0	0.0	0.0	0.0	—	—
	石屑28.1%	28.1	28.1	28.1	27.7	20.9	14.6	10.1	6.6	3.4	—	—
	矿粉6.9%	6.9	6.9	6.9	6.9	6.9	6.9	6.9	6.9	6.9	—	—
方案4	碎石67.3%	67.3	63.8	35.7	2.4	0.7	0.0	0.0	0.0	0.0	—	—
	石屑25.8%	25.8	25.8	25.8	25.4	19.2	13.4	9.3	6.1	3.1	—	—
	矿粉6.9%	6.9	6.9	6.9	6.9	6.9	6.9	6.9	6.9	6.9	—	—
合成级配(%)	方案1	100.0	96.6	69.5	36.9	28.5	21.5	17.0	13.5	10.3	—	—
	方案2	100.0	96.9	72.1	42.2	32.6	24.4	19.0	14.8	10.9	—	—
	方案3	100.0	96.6	69.5	36.9	28.5	21.5	17.0	13.5	10.3	—	—
	方案4	100.0	96.5	68.4	34.7	26.8	20.3	16.2	13.0	10.0	—	—
要求级配范围(%)	下限	100	90	68	38	24	15	10	7	5	4	—
	上限	100	100	88	68	40	38	28	20	15	8	

注:合成级配的计算示例为,如方案4的合成级配中 63.8 = 94.8 × 67.3%;25.8 = 100 × 25.8%;6.9 = 100 × 6.9%;96.5 = 63.8 + 25.8 + 6.9。

从表中数据可以看出:所用方案均能满足级配范围的要求,并且方案1和方案3是一样的。在实际应用中可根据材料单价、工程质量要求等具体情况进行选择。

2. 图解法

1)准备工作

(1)对所使用的各集料进行筛分,并计算出各自的质量通过百分率。

(2)明确设计级配要求的级配范围,并计算出该要求级配范围的中值。

2)绘制框图

按比例(通常纵边宽100mm和横边宽150mm)绘制一矩形框图,从左下向右上引对角线作为合成级配的中值。纵边为纵坐标,表示通过百分率,按常数标尺在纵边上标出通过百分率刻度;横边为横坐标,表示筛孔尺寸,而各个筛孔具体位置则根据合成级配要求的某筛孔质量通过百分率中值,在纵边上找出该中值的位置,然后从纵边引水平线与对角线相交,再从交点处向下作垂线,垂线与横坐标的相交点即为该筛孔相应位置。以此类推,找出全部筛孔在横坐标上具体的位置。具体操作如图3-18所示。

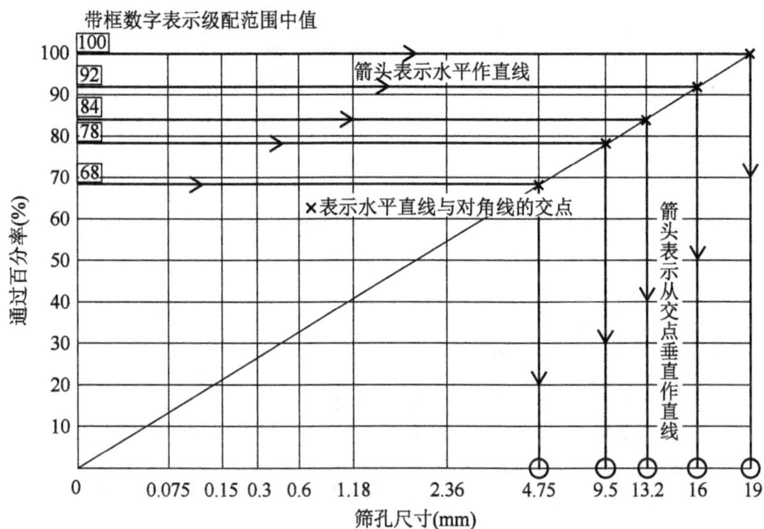

图 3-18 如何确定筛孔位置示意图

注:1. 级配范围不同,级配范围中值就不一样,相应筛孔位置也会改变。图中带黑框的数据为级配范围中值数据。

2. 图中黑色箭头线在实际绘图中可擦除。筛孔位置对应的垂线应绘制到顶。

3)确定各集料用量

将各集料的通过百分率绘制在框图中,用折线的形式连成级配曲线。假设以四种集料进行级配合成(图 3-19)。根据框图中相邻两条级配曲线的关系,确定各集料在矿料中的用量。

(1)重叠关系:相邻两条曲线相互重叠,如图 3-19 中集料 A 的级配曲线下部与集料 B 的级配曲线上部搭接。针对这种相邻关系,在两条级配曲线之间引一条垂线 AA',要求该垂线与集料 A 的级配曲线和集料 B 的级配曲线所截取的截距相等,即 $a=a'$,此时垂线 AA' 与对角线 OO' 相交于点 M,再通过点 M 引水平线与纵坐标交于 P 点,OP 线段的几何长度和 OT 线段的几何长度比值就是集料 A 的用量(%)。

(2)相接关系:相邻两条曲线首尾相接,如图 3-19 中集料 B 的末端与集料 C 的首端正好相接。针对这种相邻关系,此时只需从集料 C 的首端向集料 B 的末端引垂线 BB',该垂线与对角线 OO' 相交于点 N,过点 N 引水平线与纵坐标交于点 Q,则 PQ 线段的几何长度和 OT 线段的几何长度比值就是集料 B 的用量(%)。

(3)分离关系:相邻两条曲线分离,如图 3-19 中集料 C 的级配曲线与集料 D 的级配曲线在水平方向彼此分离。此时作一条垂线 CC' 平分这段水平距离,要求 $b=b'$。垂线 CC' 与对角线 OO' 交于点 R,通过该点引水平线与纵坐标交于点 S,则 QS 线段的几何长度和 OT 线段的集合长度比值就代表集料 C 的用量(%)。剩余的 ST 线段的几何长度和 OT 线段的几何长度比值即为集料 D 的用量(%)。

框图中相邻集料级配曲线的关系一般是这三种情况之一,实际工程中以第一种关系即重叠关系最为常见。

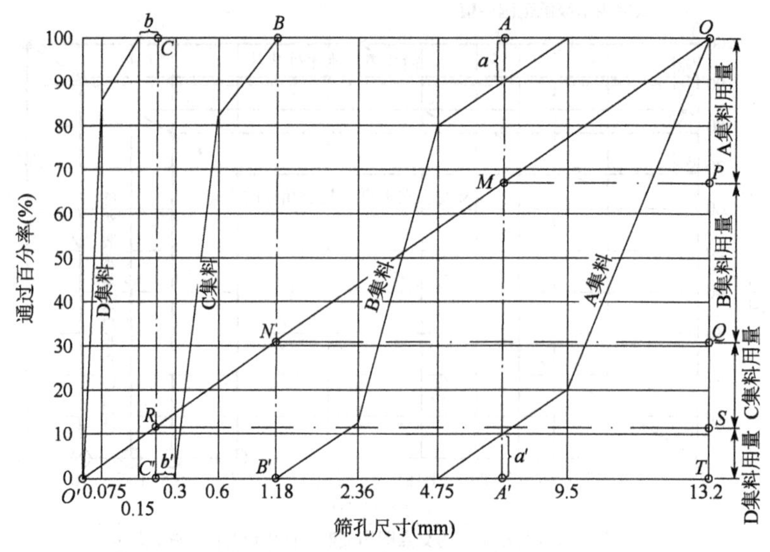

图 3-19 相邻级配曲线关系示意图

注:若相邻集料级配曲线有相交(交叉)的关系,则这两档集料中有一档集料是多余的,应舍弃。

4)合成级配的计算与校核

与试算法相同,根据图解过程求得的各集料用量比例,计算出合成级配的结果。当合成级配超出级配范围时,说明图解法得到的比例不是很合适,需要进行各集料的用量调整,直到满足要求为止。如经数次调整仍不能达到要求,则应增加单粒级集料或调换其他集料后再继续进行设计。

两种矿料配合比设计方法各有特点,试算法快速、简便,但要熟知级配参数的意义,一般只适用于不超过三档集料的级配合成,当有三档以上集料组成时,计算就会非常复杂;图解法易于掌握,矿料组成数量不限,但操作过程稍显繁杂。

5)例题

试用图解法设计某高速公路用沥青混凝土 AC-13C 的矿料配合比。

(1)原始资料:

①现有碎石、石屑、砂和矿粉,筛析试验得到的质量通过百分率列于表 3-22。

原有矿料级配表 表 3-22

材料名称	通过下列筛孔尺寸(方孔筛)(mm)的质量通过百分率(%)									
	16.0	13.2	9.5	4.75	2.36	1.18	0.6	0.3	0.15	0.075
碎石	100	93	17	0	–	–	–	—	—	—
石屑	100	100	100	84	14	8	4	0	—	—
砂	100	100	100	100	92	82	42	21	11	4
矿粉	100	100	100	100	100	100	100	100	96	87

②设计级配范围按沥青混凝土 AC-13C,要求级配范围和中值列于表 3-23。

矿料要求级配范围和中值表 表 3-23

级配名称		通过下列筛孔尺寸(方孔筛)(mm)的质量通过百分率(%)									
		16.0	13.2	9.5	4.75	2.36	1.18	0.6	0.3	0.15	0.075
沥青混凝土 AC-13C	级配范围	100	90 ~ 100	68 ~ 85	38 ~ 68	24 ~ 40	15 ~ 38	10 ~ 28	7 ~ 20	5 ~ 15	4 ~ 8
	级配中值	100	95	76.5	53	32	21.5	19	13.5	10	6

(2)计算要求:

①根据级配中值(表 3-24)绘出各筛孔尺寸在框图横边上的位置。

②依据各原有矿质材料筛析结果(表 3-23)在图上绘出级配曲线。按图解法求出各种材料在矿料中的用量。

③按图解法求得的各种材料用量计算合成级配,并校核合成级配是否符合要求,如不符合,应调整级配重新计算。

(3)计算步骤:

①绘制级配曲线图(图 3-20),在纵边上按常数标尺绘出质量通过百分率。

②连对角线 OO',表示规范要求的级配中值。在纵边上找出规定的沥青混凝土 AC-13C 在某筛孔要求的质量通过百分率中值,作水平线与对角线 OO' 相交,再从各交点作垂线交于横坐标上,相应的位置就是对应的筛孔在横坐标上的位置。

③将碎石、石屑、砂和矿粉的级配曲线绘于图 3-20 上。

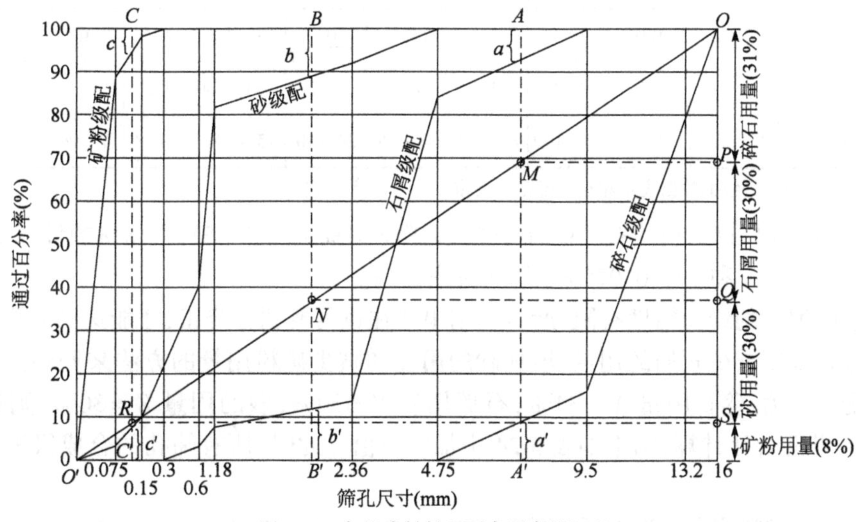

图 3-20 各组成材料和要求混合料级配

④在碎石和石屑级配曲线相重叠部分作一垂线 AA',使垂线截取两条级配曲线的纵边值相等(即 $a = a'$)。自垂线 AA' 与对角线交点 M 引一水平线,与纵边交于点 P,OP 的长度所占纵坐标的总长 $X = 31\%$,即为碎石的用量。

同理,求出石屑的用量 $Y = 30\%$,砂的用量 $Z = 31\%$,则矿粉用量 $W = 8\%$。

⑤根据图解法求得的各集料用量百分率,列表进行校核计算,结果见表 3-24。

矿料级配计算表　　表 3-24

材料名称			通过下列筛孔尺寸(方孔筛)(mm)的质量通过百分率(%)									
			16.0	13.2	9.5	4.75	2.36	1.18	0.6	0.3	0.15	0.075
原材料级配	碎石 100%		100	93	17	0	0	0	0	0	0	0
	石屑 100%		100	100	100	84	14	8	4	0	0	0
	砂 100%		100	100	100	100	92	82	42	21	11	4
	矿粉 100%		100	100	100	100	100	100	100	100	96	87
各种材料在矿料中的级配	碎石	31%	31.0	28.8	5.3	0.0	0.0	0.0	0.0	0.0	0.0	0.0
		34%	34.0	31.6	5.8	0.0	0.0	0.0	0.0	0.0	0.0	0.0
	石屑	30%	30.0	30.0	30.0	25.2	4.2	2.4	1.2	0.0	0.0	0.0
		30%	30.0	30.0	30.0	25.2	4.2	2.4	1.2	0.0	0.0	0.0
	砂	31%	31.0	31.0	31.0	31.0	28.5	25.4	13.0	6.5	3.4	1.2
		30%	30.0	30.0	30.0	30.0	27.6	24.6	12.6	6.3	3.3	1.2
	矿粉	8%	8.0	8.0	8.0	8.0	8.0	8.0	8.0	8.0	7.9	7.0
		6%	6.0	6.0	6.0	6.0	6.0	6.0	6.0	6.0	5.8	5.2
合成级配			100	97.8	74.3	58.8	40.7	35.8	22.2	14.5	11.3	8.2
			100	97.6	71.8	61.2	37.8	33.0	19.8	12.3	9.1	6.4
沥青混凝土 AC-13C			100	90~100	68~85	38~68	24~40	15~38	10~28	7~20	5~15	4~8

注:表中黑体且有下划线的数据表示超出级配范围要求。

从表3-24可以看出,按碎石:石屑:砂:矿粉=31%:30%:31%:8%的计算结果,合成级配中筛孔2.36mm和小于0.075mm的通过率偏高。

⑥由于图解法的绘图精度有限,所得的结果往往也需要调整修正,才能达到满意的结果。

通过分析采用减少石屑的用量、增加砂的用量和减少矿粉用量的方法来调整配合比。经调整后的配合比为:碎石用量 $X=34\%$,石屑用量 $Y=30\%$,砂的用量 $Z=30\%$,则矿粉用量 $W=6\%$。按此配合比计算,结果如表3-24中加粗数值。此时,所有筛孔的合成级配数据均在级配范围内。

⑦最终确定矿料配合比为碎石:石屑:砂:矿粉=34%:30%:30%:6%。

3. Excel 法

试算法在计算多档矿料组成时计算量过大,调整频繁。图解法则需要手工绘制图表,费时费力,得到的结果也比较粗略,图表不统一、不标准,反复调整材料组成时也较困难。两者最终得到的结果也不能直接用级配曲线形象地表达。Office 和 WPS 等办公软件普及应用,而其中的 Excel 软件具有强大的图表绘制和计算功能。下面介绍如何用 Excel 来绘制级配曲线,并完成矿料配合比设计。

1)坐标图的绘制

(1)建立原始数据表格,如图3-21所示。

	A	B	C	D	E	F	G	H	I	J	K
1	检测项目	筛孔尺寸(mm)	质量通过百分率(%)								
2–3			26.5–16.0(mm)	16–9.5(mm)	9.5–4.75(mm)	4.75–0(mm)	矿粉	级配上限	级配下限	级配中值	检测结果
4	矿料级配试验	0	0	0	0	0	0	0	0	0	0
5		0.075	0.2	1.1	0.2	6.0	82.5	8	4	6.0	6.3
6		0.15	0.8	1.7	0.4	16.5	93.6	14	6	10.0	11.3
7		0.3	0.8	1.8	0.4	22.7	98.1	20	10	15.0	14.0
8		0.6	1.0	1.9	0.4	35.0	100.0	27	15	21.0	19.0
9		1.18	1.2	2.0	0.4	58.3	100.0	34	20	27.0	28.4
10		2.36	1.4	2.1	3.1	82.5	100.0	46	28	37.0	38.6
11		4.75	2.0	2.8	24.6	96.8	100.0	58	38	48.0	47.8
12		9.5	3.8	32.7	99.3	100.0	100.0	72	52	62.0	63.2
13		13.2	15.3	90.2	100.0	100.0	100.0	80	62	71.0	71.7
14		16	55.8	99.6	100.0	100.0	100.0	90	75	82.5	85.6
15		19	94.3	100.0	100.0	100.0	100.0	100	95	97.5	98.1
16		26.5	100.0	100.0	100.0	100.0	100.0	100	100	100.0	100.0
17	矿料组成(%)		32.5	8.0	15.0	40.0	4.5	矿料总百分数			100.0

图3-21 建立原始数据表格

(2)建立通用的坐标图。

①创建散点图。

以图3-22中的B20:B36为X轴,图3-22中的J4:J17(0到100,间隔10)为Y轴。

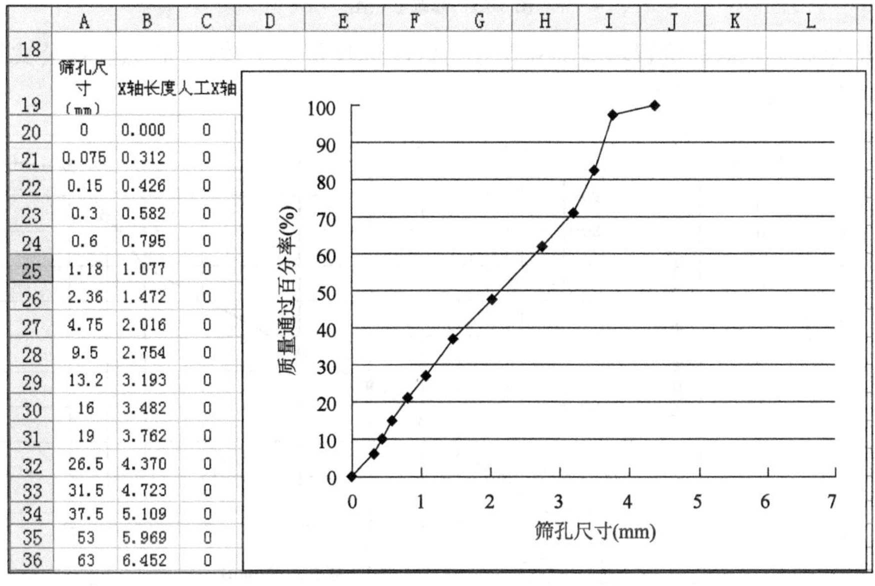

	A	B	C
19	筛孔尺寸(mm)	X轴长度	人工X轴
20	0	0.000	0
21	0.075	0.312	0
22	0.15	0.426	0
23	0.3	0.582	0
24	0.6	0.795	0
25	1.18	1.077	0
26	2.36	1.472	0
27	4.75	2.016	0
28	9.5	2.754	0
29	13.2	3.193	0
30	16	3.482	0
31	19	3.762	0
32	26.5	4.370	0
33	31.5	4.723	0
34	37.5	5.109	0
35	53	5.969	0
36	63	6.452	0

图3-22 创建散点图

②修改散点图。

在“图表选项→坐标轴”中取消“数值 X 轴”的选择,以达到隐藏 X 轴的效果。在“源数据→系列”中添加一个系列作为人工 X 轴,X 值引用图 3-22 的 B20:B36,Y 值引用图 3-22 中的 C20:C36,选择新加入的系列,设置“数据系列格式→误差线 Y”为“正偏差”,并修改“误差量→定值”为 100,这样就生成了人为定义的垂直网格线,再选择显示出的数据标志值(数据系列格式→数据标志→Y 值勾选→选中“0”,右键),设置“数据标志格式→对齐→标签位置→下方”,在同一选项卡中再设置文本方向为 90°。重复操作,结果如图 3-23 所示。

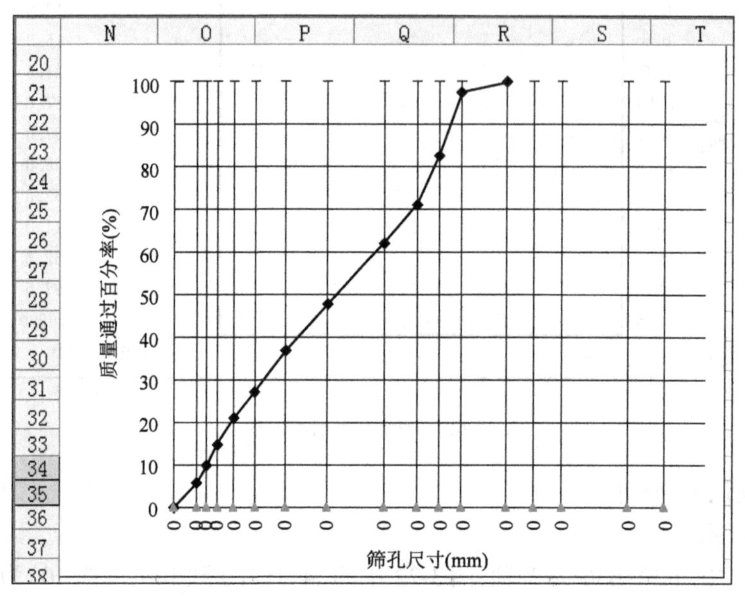

图 3-23 修改散点图

③在横坐标上对应的位置填写筛孔尺寸。依次选择每一个数据标志点,在公式栏中输入相应的筛孔尺寸,如图 3-24 所示。

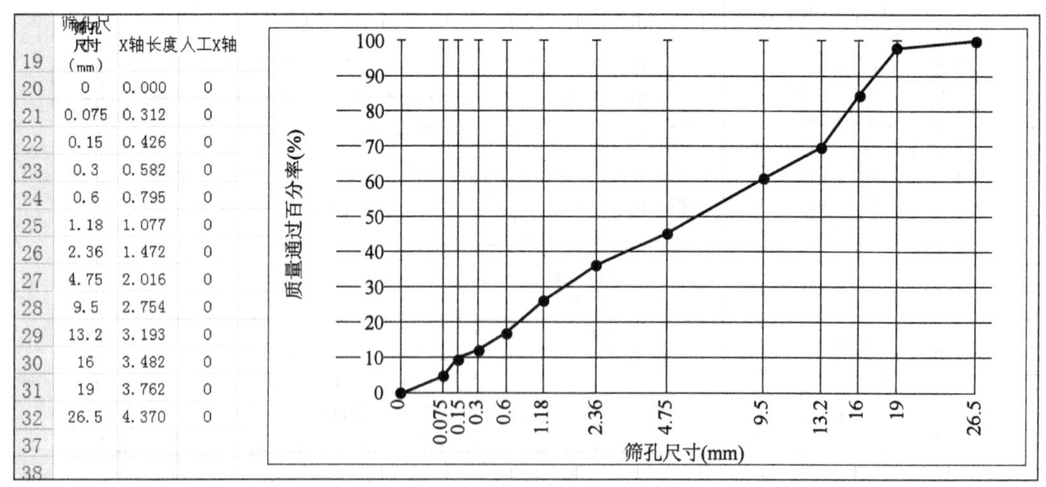

19	筛孔尺寸(mm)	X轴长度	人工X轴
20	0	0.000	0
21	0.075	0.312	0
22	0.15	0.426	0
23	0.3	0.582	0
24	0.6	0.795	0
25	1.18	1.077	0
26	2.36	1.472	0
27	4.75	2.016	0
28	9.5	2.754	0
29	13.2	3.193	0
30	16	3.482	0
31	19	3.762	0
32	26.5	4.370	0
37			
38			

图 3-24 填写筛孔尺寸

④最后对图表进行外观修改和增减系列，形成符合标准规范的图表，如图 3-25 所示。

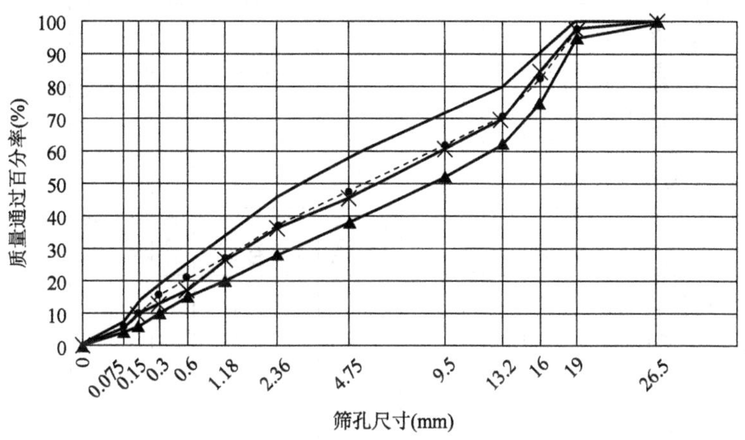

图 3-25 最终级配曲线图

2）矿料组成计算

采用 Excel 以后，结合试算法的基本原理，有一定经验的专业人员只需要输入一次经验数据后就可以获得一个初步的计算结果。即使没有经验的人员在输入一次数据后，也可以根据图表显示的曲线进行调整。

矿料配合比设计往往需要经过反复调整，更改图 3-21 中的 C17：G17 中相应的矿料组成，更改以后的级配曲线将直接显示在图表上，根据显示结果反复调整级配直至其级配曲线符合要求为止。当矿料的级配曲线超出规范规定的级配范围后，可对图 3-21 中的 K4：K16 的单元格数据设置条件格式，超出范围则用特殊的数据格式（红色、带删除线等）显示。

当矿料的组成发生变化时，也只需要在图 3-21 中的 C4：G16 中增减列，筛孔尺寸变化时只需要增减行。增减行列以后相应的级配曲线就会自动更改。

现有 A、B、C、D、E 五种集料，筛分试验结果见表 3-25，请选择合理的设计方法，按规定的级配范围计算每种集料所占的比例。

筛分试验结果 表3-25

标准级配范围(质量通过百分率)(%)		材料编号	A				B				C				D				E			
		试样质量	5000g				5000g				2000g				1000g				500g			
下限	上限	筛孔尺寸(mm)	筛余率(g)	分计筛余率(%)	累计筛余率(%)	通过率(%)	筛余率(g)	分计筛余率(%)	累计筛余率(%)	通过率(%)	筛余率(g)	分计筛余率(%)	累计筛余率(%)	通过率(%)	筛余率(g)	分计筛余率(%)	累计筛余率(%)	通过率(%)	筛余率(g)	分计筛余率(%)	累计筛余率(%)	通过率(%)
0	0	底盘				0.0				0.0				0.0				0.0				0.0
4	13	0.075				0.0				0.0				0.0				0.0				82.5
6	18	0.15				0.0				0.0				0.0				0.0				100.0
10	23	0.3				0.0				0.0				0.0				0.0				100.0
15	29	0.6				0.0				0.0				0.0				54.2				100.0
20	36	1.18				0.0				0.0				0.0				69.2				100.0
28	46	2.36				0.0				0.0				0.0				100.0				100.0
38	58	4.75				0.0				0.0				95.3				100.0				100.0
52	72	9.5				0.0				32.7				98.3				100.0				100.0
62	85	13.2				15.3				90.2				100.0				100.0				100.0
75	93	16				68.2				99.6				100.0				100.0				100.0
85	100	19				94.3				100.0				100.0				100.0				100.0
100	100	26.5				100.0				100.0				100.0				100.0				100.0

模块四

CHAPTER FOUR

水泥混凝土及砂浆

知识目标

(1)掌握水泥混凝土及砂浆的性质、试验检测原理和方法。

(2)熟悉水泥混凝土及砂浆的质量评价方法。

(3)熟悉水泥混凝土及砂浆相关的国家标准和行业规范。

能力目标

(1)具备基本的材料试验与检测能力,能够完成以下试验检测工作:水泥混凝土拌合物稠度试验(坍落度仪法)、水泥混凝土拌合物体积密度试验、水泥混凝土立方体抗压强度试验、水泥混凝土弯拉强度试验、水泥混凝土抗渗性试验、水泥混凝土棱柱体抗压弹性模量试验、水泥混凝土拌合物含气量试验、水泥混凝土拌合物凝结时间试验等水泥混凝土性能试验,以及建筑砂浆稠度试验、立方体抗压强度试验和保水性试验。

(2)能对上述试验检测工作中产生的问题进行分析和解决。

(3)能参与水泥混凝土及砂浆的配合比设计工作。

(4)能规范填写试验检测原始记录表和编制试验检测报告。

注:试验数据计算中的数值修约应按附录 A 执行,试验检测原始记录表和试验检测报告的编写应按附录 B 执行。

任务 4-1 认识水泥混凝土

通常讲的混凝土是指水泥混凝土,是以水泥、集料和水为主要原材料,也可加入外加剂和矿物掺合料等材料,经拌和、成型、养护等工艺制作的,硬化后具有强度的工程材料。

混凝土的历史可以追溯到古老的年代,其所用的胶凝材料为黏土、石灰、石膏、火山灰等。自19世纪20年代波特兰水泥被发明,由其配制成的混凝土具有抗压强度高、耐久性好、原材料来源广泛、价格低廉和易于成型等优点,因而被广泛应用。然而,水泥混凝土也存在着诸如抗拉强度低、受拉时变形能力小、容易受温度与湿度变化影响而开裂和自重大等缺点。

20世纪初,有人发表了水灰比等学说,初步奠定了混凝土强度的理论基础。之后,相继出现了轻集料混凝土、加气混凝土及其他混凝土,各种混凝土外加剂也开始使用。20世纪60年代以来,减水剂被广泛应用于混凝土配制,并出现了高效减水剂和相应的流态混凝土;高分子材料进入混凝土材料领域,出现了聚合物混凝土;多种纤维被用于分散配筋的纤维混凝土。如今混凝土已经在高性能方面有了很大发展,并朝着工业化、智能化和绿色化方向发展。

(一)水泥混凝土的分类

水泥混凝土的分类繁多,常见的有按干表观密度和强度等级等进行分类。

1. 按干表观密度分

(1)普通混凝土

普通混凝土是指采用天然砂或机制砂石为集料配制的混凝土,是公路工程中最常用的混凝土,干表观密度为2000~2800kg/m^3。

(2)轻骨料混凝土

轻骨料混凝土是指为了减轻结构自重采用各种轻骨料配制的混凝土,干表观密度小于1950kg/m^3。

注:因各行业标准之间的衔接问题,对于干表观密度在1950~2000kg/m^{3}的混凝土归属没有明确的定义,本编者认为可以按精确到50kg/m^{3}进行处理,如某混凝土的干表观密度为1980kg/m^3,则按精确到50kg/m^{3}即为2000kg/m^3,归属于普通混凝土。

(3)防辐射混凝土

防辐射混凝土是指为了屏蔽各种射线的辐射采用各种高密度集料配制的混凝土,干表观密度大于2800kg/m^3。

2. 按强度等级分

(1)低强度混凝土

强度等级小于C30的混凝土。

(2)中强度混凝土

强度等级为C30~C60的混凝土。

(3)高强度混凝土

强度等级大于或等于C60的混凝土。

此外,在工程中还会经常遇到下列混凝土:

(1)大体积混凝土

体积较大的、可能由胶凝材料水化热引起的温度应力导致有害裂缝的结构混凝土。

(2)高性能混凝土

采用混凝土的常规材料、常规工艺,在常温下,以低水胶比、大掺量优质掺合料和严格的质量控制措施制作的,具有良好的施工工作性能且硬化后具有高耐久性、高尺寸稳定性及较高强度的混凝土。

(3)自密实混凝土

具有高流动性、均匀性和稳定性,浇筑时无须外力振捣,能够在自重作用下流动并充满模板空间的混凝土。

(二)水泥混凝土的常见组成材料

1. 水泥

(1)水泥品种的选择

根据混凝土工程的特点、环境条件、施工条件和气候等因素合理选用水泥,应注意水泥的特性是否对混凝土结构的强度、耐久性和工作性能产生不利影响。当混凝土中采用碱活性集料时,宜选用含碱量不大于0.6%的低碱水泥。

(2)水泥强度等级的选择

选用水泥强度等级应与要求配制的混凝土强度等级相适应。如选用的水泥强度等级过高,会使混凝土中水泥用量偏小,影响水泥混凝土的工作性和耐久性;如选用的水泥强度等级过低,则会使水泥混凝土中水泥用量太多,不经济,而且会增大混凝土的收缩率。

水泥的详细技术要求可参照模块一中"水泥的技术要求"或实际工程的设计要求。

2. 细集料

水泥混凝土用细集料一般应采用粒径小于4.75mm的级配良好、质地坚硬、颗粒洁净的河砂;也可采用其他天然砂或机制砂;不应直接采用海砂,不得不采用时,应经冲洗处理。

以下内容是水泥混凝土用细集料的主要技术要求:

(1)细集料的颗粒级配和细度模数

优质的水泥混凝土用细集料具有小的空隙率,且比表面积不大,从而使所配制的混凝土拌合物有适宜的工作性,使硬化后混凝土有较高强度和耐久性,同时可节约水泥。

混凝土用砂按细度模数可分为粗砂(3.1~3.7)、中砂(2.3~3.0)和细砂(1.6~2.2)。细度模数主要反映全部颗粒的粗细程度,不完全反映颗粒的级配情况,混凝土配制时应同时考虑砂的细度模数和级配情况。

(2)细集料的含泥量、泥块含量和石粉含量

水泥混凝土用细集料的含泥量是天然砂中粒径小于0.075mm的尘屑、淤泥和黏土颗粒含量;泥块含量是细集料中原粒径大于1.18mm,经水浸洗、手捏后小于0.6mm的颗粒含量;石粉含量是机制砂中粒径小于0.075mm的颗粒含量。

这些细微颗粒或者在集料表面形成包裹层,妨碍集料与水泥石的黏附,或者以松散的颗粒存在,大大增加了集料的表面积,因而增加了混凝土的需水量,特别是黏土颗粒,体积不稳定,干燥时收缩,潮湿时膨胀,对水泥混凝土有很大的破坏作用。

(3)细集料的有害物质含量

细集料中不应混有草根、树叶、树枝、塑料、煤块和炉渣等杂物。集料中含有妨碍水泥水化或能降低集料与水泥石的黏附,以及能与水泥水化产物产生不良化学反应的各种物质,称为有害物质。细集料中常含的有害物质主要有云母、轻物质、有机质、硫化物、硫酸盐

和氯化物。

水泥混凝土或沥青混合料用细集料的详细技术要求可参照模块三中“集料的技术要求”或实际工程的设计要求。

3. 粗集料

粗集料宜采用质地坚硬、洁净、级配合理、粒形良好、吸水率小的碎石和卵石。碎石是天然岩石或卵石经机械破碎、筛分制成的,粒径大于4.75mm的岩石颗粒,其表面粗糙且带有棱角,与水泥石黏结比较牢固。卵石是由自然风化、水流搬运和分选、堆积形成的,粒径大于4.75mm的岩石颗粒,其表面圆润光滑,与水泥石黏结比较差,但混凝土拌合物的工作性较好。

以下内容是水泥混凝土用粗集料的主要技术要求:

(1)强度

为保证水泥混凝土的强度,要求粗集料必须具备足够的强度。碎石和卵石的强度可用岩石立方体抗压强度和压碎值两种指标表征。

(2)坚固性

碎石或卵石的坚固性是指集料在气候、环境变化或其他物理因素作用下抵抗碎裂的能力。为保证水泥混凝土的耐久性,用作水泥混凝土的集料应具有足够的坚固性,以抵抗冻融和自然因素的风化作用。水泥混凝土用粗集料的坚固性采用5次硫酸钠溶液法进行检验。

(3)表面特征及形状

粗集料的颗粒形状以立方体为佳,不宜含有过多的针片状颗粒,否则,集料空隙率会增加,混凝土拌合物的工作性变差,水泥混凝土强度降低。

(4)最大粒径及颗粒级配

①最大粒径。

新拌水泥混凝土随着最大粒径的增加,集料比表面积相应减小,水泥混凝土单位用水量相应减少,可提高水泥混凝土的强度和耐久性。通常在结构截面允许的条件下,增大最大粒径可以节约水泥。但受到工程结构及施工条件限制,粗集料最大粒径宜按混凝土结构情况及施工方法选取,但最大粒径不得超过结构最小边尺寸的1/4和钢筋最小净距的3/4;在两层或多层密布钢筋结构中,最大粒径不得超过钢筋最小净距的1/2,同时不得超过75.0mm。混凝土实心板的粗集料最大粒径不宜超过板厚的1/3且不得超过37.5mm。泵送混凝土时的粗集料最大粒径,除应符合上述规定外,对碎石不宜超过输送管径的1/3,对卵石不宜超过输送管径的1/2.5。

②颗粒级配。

水泥混凝土用粗集料应具有良好的颗粒级配,以减小空隙率,从而使所配制的混凝土拌合物有适宜的工作性,使硬化后混凝土有较高强度和耐久性,同时可节约水泥。

粗集料的颗粒级配,宜根据最大粒径采用连续两级级配或连续多级配,在特殊情况下,通过试验证明混凝土无离析现象时,也可采用单粒级或间断级配。

(5)有害物质

粗集料不应混有草根、树叶、树枝、塑料、煤块和炉渣等杂物。

水泥混凝土或沥青混合料用粗集料的详细技术要求可参照模块三中“集料的技术要求”

或实际工程的设计要求。

4. 拌和用水

水泥混凝土拌和用水的水源可分为饮用水、地表水、地下水、海水和经处理后的工业废水。饮用水都可以用来拌制混凝土,使用时可不经检验。在拌制水泥混凝土用水中不应含有影响水泥正常凝结与硬化的有害杂质或油脂、糖类及游离酸类等。地表水或地下水,首次使用,必须进行检验,合格才能使用。海水只允许用来拌制素混凝土,不得用于拌制钢筋混凝土和预应力混凝土。经处理后的工业废水必须进行检验,合格才能使用。混凝土拌和用水的质量要求见表4-1。

混凝土拌和用水质量要求 表4-1

项目	素混凝土	钢筋混凝土	预应力混凝土
pH值	≥4.5	≥4.5	≥5.0
不溶物(mg/L)	≤5000	≤2000	≤2000
可溶物(mg/L)	≤10000	≤5000	≤2000
氯化物(以 Cl^- 计)(mg/L)	≤3500	≤1000	≤500
硫酸盐(以 SO_4^{2-} 计)(mg/L)	≤2700	≤2000	≤600
碱含量($Na_2O+0.658K_2O$)(mg/L)	≤1500	≤1500	≤1500

注:1. 对设计使用年限为100年的结构混凝土,氯离子含量不得超过500mg/L;对使用钢丝或经热处理钢筋的预应力混凝土,氯离子含量不得超过350mg/L。

2. 碱含量按 $Na_2O+0.658K_2O$ 计算值表示。采用非碱活性集料时,可不检验碱含量。

5. 外加剂

水泥混凝土外加剂常用类型

各种混凝土外加剂的应用改善了混凝土拌合物和硬化混凝土的性能,促进了混凝土新技术的发展,促进了工业副产品在胶凝材料系统中更多的应用,还有助于节约资源和保护环境,其已经逐步成为优质混凝土必不可少的材料。

对各类混凝土外加剂的质量要求主要是均质性(或化学成分)要求和掺外加剂混凝土性能要求,相应指标的具体要求应符合相关的标准规范,如《混凝土外加剂》(GB 8076—2008)。

6. 矿物掺合料

矿物掺合料是指以硅、铝、钙等一种或多种氧化物为主要成分,具有规定细度,掺入混凝土中能改善混凝土性能的粉体材料。用于混凝土中的掺合料,分为活性掺合料和非活性掺合料两种,其掺入量应在使用前通过试验确定。

活性掺合料本身不硬化或者硬化速度很慢,但能与水泥水化生成的氧化钙起反应,生成具有胶凝能力的水化产物,如粉煤灰、粒化高炉矿渣粉、沸石粉、硅灰等;非活性掺合料基本不与水泥组分起反应,如石灰石、磨细石英砂等材料。

活性掺合料在掺有减水剂的情况下,能增强混凝土拌合物的工作性能、改善混凝土的可泵性,并能提高硬化混凝土的强度和耐久性。

掺合料相应指标的具体要求应符合相关的标准规范,如《矿物掺合料应用技术规范》(GB/T 51003—2014)。

(三)水泥混凝土的技术性质

1. 工作性能

水泥混凝土
拌合物的工作性

水泥混凝土在尚未凝结硬化以前称为混凝土拌合物。

混凝土拌合物的工作性能一般用和易性或工作性表达,是指混凝土拌合物在拌和、运输、浇筑过程中,便于施工的技术性能,包括流动性、黏聚性和保水性。优质的混凝土拌合物应该具有良好的和易性:在自重或机械振捣作用下,能产生流动,并均匀、密实地填满模板的流动性;不为外力作用产生脆断的黏聚性和可塑性;不产生分层、离析的体积稳定性、不产生大量泌水的保水性和易于振捣的密实性等。

1)混凝土拌合物和易性的测定方法

目前国际上还没有一种能够全面表征混凝土拌合物和易性的测定方法,通常是测定新拌水泥混凝土拌合物的稠度,并辅以其他方法或直观经验综合评定混凝土拌合物的和易性。按我国行业标准《公路工程水泥及水泥混凝土试验规程》(JTG 3420—2020)规定,水泥混凝土拌合物的稠度试验方法主要有坍落度仪法和维勃仪法两种。

(1)坍落度仪法

坍落度仪法适用于集料公称最大粒径不大于31.5mm,坍落度值大于10mm的混凝土拌合物稠度测定。该方法是将混凝土拌合物按规定方法分三层装入坍落度筒内,装满刮平后,立即垂直地提起坍落度筒,此时,水泥混凝土拌合物在自重作用下的下沉量(mm)即为坍落度,混凝土坍落度测定如图4-1所示。当混凝土拌合物的坍落度大于220mm时,应测定坍落度扩展度值。在进行坍落度试验的同时,还必须用目测方法评定混凝土拌合物的棍度、含砂情况、黏聚性和保水性等性质。

(2)维勃仪法

维勃仪法适用于集料公称最大粒径不大于31.5mm,维勃时间为5~30s的干硬性混凝土拌合物稠度测定。该方法是将混凝土维勃稠度仪(图4-2)的坍落度筒放在直径为240mm、高度为200mm的圆筒中,将圆筒安装在专用的振动台上,按坍落度仪法将混凝土拌合物装入坍落度筒内,小心垂直地提起坍落度筒,并在混凝土拌合物顶上置一透明圆盘。开动振动台并记录时间,从开始振动至透明圆盘底面被水泥浆布满的瞬间,所经历的时间,以s为单位计,即为水泥混凝土拌合物稠度的维勃时间。

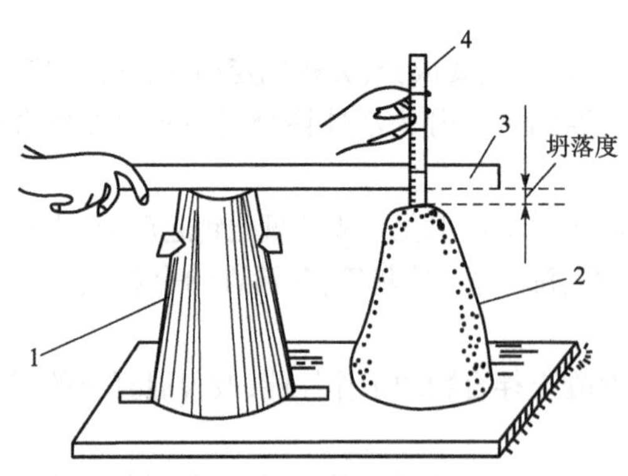

图4-1 混凝土坍落度测定

1-坍落度筒;2-拌合物试体;3-木尺;4-钢尺

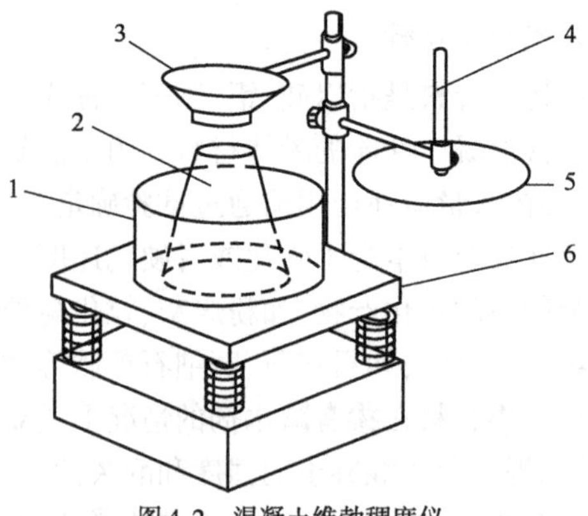

图4-2 混凝土维勃稠度仪

1-容器;2-坍落度筒;3-漏斗;4-滑杆;5-透明圆盘;6-振动台

在实际工程中,由于混凝土存在运输距离的问题,混凝土拌合物工作性能除检测坍落度外,还应检测坍落度经时损失。坍落度和坍落度经时损失宜在搅拌地点和浇筑地点分别取样检测,每一工作班或每一单元结构物应不少于两次,评定时应以浇筑地点的测值为准。当混凝土拌合物从搅拌机出料起至浇筑入模的时间不超过 15min 时,其坍落度可仅在搅拌地点取样检测。实际工作中还应按照相应的标准规范执行,如《公路桥涵施工技术规范》(JTG/T 3650—2020)规定了自密实混凝土配合比设计、生产、施工环节对混凝土工作性能的要求。

2)影响混凝土拌合物工作性能的主要因素

影响混凝土拌合物工作性能的主要因素可分为内因与外因,内因是组成材料的质量及用量,外因是环境条件(温度、湿度和风速)与搅拌时间等。

影响混凝土工作性的因素

(1)水泥浆的数量和集浆比

正常情况下,水泥混凝土拌合物中的水泥浆除了填充集料空隙外,还包裹在集料表面并略有富余,使拌合物有一定的流动性;在水胶比保持不变的条件下,水泥浆数量越多,混凝土拌合物的流动性越大,但水泥浆的数量过多,即集浆比小,会造成流浆现象,不仅浪费水泥,而且会影响混凝土的强度和耐久性;若水泥浆数量过少,不足以填满集料的空隙和包裹集料表面,则混凝土拌合物黏聚性变差,甚至会产生崩坍现象。在满足混凝土拌合物工作性、强度和耐久性要求前提下,尽量采用大集浆比,以节约水泥。

(2)水泥浆的稠度

水泥浆的稠度主要取决于水胶比。在固定用水量的条件下,水胶比小,可使水泥浆变稠,但混凝土拌合物流动性小;若加大水胶比,可使水泥浆变稀,流动性增大,但易产生流浆、离析,甚至影响混凝土的强度。因此,要合理选择水胶比。

早期的水泥混凝土中没有粉煤灰、矿渣等矿物掺合料,在水泥混凝土凝结硬化中起胶结作用的只有水泥,而水泥在引入中国后被称为洋灰,所以将水泥混凝土中水的质量和水泥的质量之比称为水灰比。随着水泥混凝土技术发展,水泥混凝土中加入了粉煤灰、矿渣等活性掺合料,那么在水泥混凝土凝结硬化中,起胶结作用的不只有水泥,还有这些活性掺合料。水泥和活性掺合料都是胶凝材料,因此把水泥混凝土中水的质量和胶凝材料的质量之比称为水胶比。

实践证明,无论是水泥浆的影响还是水胶比的影响,实际上都是用水量的影响。因此,影响混凝土拌合物工作性能的决定性因素是用水量。增加用水量,流动性增大,但硬化后混凝土会产生较大的孔隙,从而降低了混凝土的强度和耐久性。另外,用水量过多,会使混凝土拌合物产生离析、泌水现象,反而降低了混凝土的工作性能。

(3)砂率

砂率是指水泥混凝土中细集料的质量占粗细集料的总质量的百分比。砂率反映了粗细集料的相对比例,它影响集料的空隙和总表面积。

砂率对混凝土拌合物的工作性影响很大,一方面,细集料与水泥浆形成的砂浆在粗集料间起润滑作用,在一定砂率范围内随着砂率的增大,润滑作用也增强,混凝土拌合物的坍落度增大;另一方面,在砂率增大的同时,集料的总表面积增大,保持相应坍落度的需浆量增多,在水泥浆用量一定时,包裹砂子的水泥浆变薄,混凝土拌合物坍落度降低,因此当砂率超过一定范围后,混凝土拌合物坍落度反而随着砂率的增大而降低。因此,砂率应有一个合理值,如

图 4-3所示。混凝土拌合物的合理砂率是在用水量和水泥用量一定情况下,能使混凝土拌合物获得最大的坍落度,又能保持良好黏聚性和保水性的砂率。

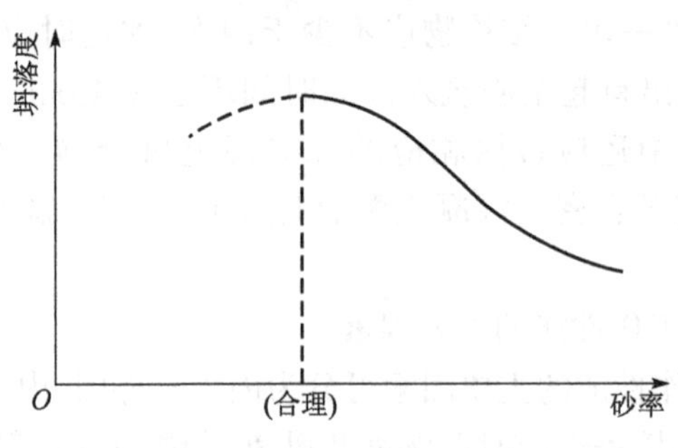

图 4-3 坍落度与砂率的关系

(4)水泥的品种

水泥的品种、细度以及混合材料的掺量都会影响混凝土拌合物的工作性能。由于不同品种的水泥达到标准稠度的用水量不同,所以不同品种水泥配制成的混凝土拌合物的流动性也不同。通常普通水泥制成的混凝土拌合物比矿渣水泥、火山灰水泥的工作性能好;矿渣水泥制成的混凝土拌合物流动性大,但黏聚性差,易产生离析、泌水;火山灰水泥制成的混凝土拌合物流动性小,但黏聚性较好。此外,水泥的细度对拌合物的工作性能也有很大影响,提高水泥的细度可改善混凝土拌合物黏聚性和保水性,减少离析、泌水现象,但流动性变差。

(5)集料的性质

集料对混凝土拌合物工作性能影响的主要因素有集料级配、颗粒形状、表面特征及粒径大小等。一般情况下,表面光滑的集料,总表面积减小,棱角较少者,其流动性较大。

(6)外加剂

外加剂对混凝土拌合物工作性能的影响较大,例如:在混凝土拌合物中加入少量的减水剂,可在不增加用水量和水泥用量的前提下,有效地改善水泥混凝土的工作性能。

(7)环境条件与搅拌时间

环境条件对混凝土拌合物工作性能影响的主要因素有温度、湿度和风速。在组成的材料性质和配合比一定的条件下,混凝土拌合物工作性能变化主要受水泥水化率和水分蒸发率的影响,温度越高,湿度越大,水泥水化率越高;温度越高、风速越大,水分蒸发率越高;水泥水化率越高或水分蒸发率越高都将导致混凝土坍落度下降,流动性减小,因此夏季施工尤其需要注意这一点。混凝土拌合物搅拌时间不足,拌合物的工作性能也会受到影响,产生粗细集料分布不均匀等问题。

3)混凝土拌合物坍落度的选择

应根据结构物的截面尺寸、钢筋配置疏密、振捣机械类型,以及施工方法来选择混凝土拌合物工作性能。例如无筋厚大结构,钢筋配置稀疏易于施工的结构,尽量选较小坍落度的混凝土,可以节约水泥;反之,对于截面尺寸较小、形状复杂或配筋特密的结构,则应选用具有较大坍落度的混凝土,易于浇捣密实,以保证施工质量。

4)改善混凝土拌合物工作性能的主要措施

①在保证混凝土强度、耐久性和经济性的前提下,适当调整混凝土的材料组成以改善工作性能。

②掺加各种外加剂(如减水剂等)改善混凝土拌合物的工作性能,同时提高混凝土强度和耐久性。

③提高振捣机械的效能,可降低施工条件对混凝土拌合物工作性能的要求,既保持原有工作性能也能达到捣实的目的。

2. 力学性质

强度是材料抵抗破坏的能力,有关水泥混凝土强度的参数主要有立方体抗压强度、棱柱体抗压强度、弯拉强度和劈裂抗拉强度等。

混凝土结构在设计时,混凝土材料的强度是用强度等级表示的。混凝土强度等级是根据立方体抗压强度标准值来确定的。强度等级用符号"C"和"立方体抗压强度标准值"两项内容来表示,如 C30 即表示混凝土立方体抗压强度标准值为 30MPa。《混凝土结构设计规范(2015 年版)》(GB 50010—2010)规定,普通混凝土按立方体抗压强度标准值划分为 C15、C20、C25、C30、C35、C40、C45、C50、C55、C60、C65、C70、C75 和 C80 等若干强度等级。

水泥混凝土强度等级

1)立方体抗压强度标准值和强度等级

(1)立方体抗压强度(f_{cu})

按照标准的制作方法制成边长为 150mm 的立方体标准试件,在标准养护条件下,养护至 28d 龄期,按照标准方法测定其抗压强度值,可按下式计算:

$$f_{cu} = \frac{F}{A} \tag{4-1}$$

式中:f_{cu}——混凝土立方体抗压强度,MPa;

F——极限破坏荷载,N;

A——试件受压面积,mm^2。

使用非标准尺寸试件测得的立方体抗压强度,应乘以尺寸换算系数,换算系数见表 4-2,折算为标准试件的立方体抗压强度。当混凝土强度等级大于或等于 C60 时,宜采用标准试件,使用非标准尺寸试件时,换算系数由试验确定。

混凝土立方体试件抗压强度尺寸换算系数 表 4-2

试件尺寸(mm)	尺寸换算系数	试件尺寸(mm)	尺寸换算系数
100×100×100	0.95	200×200×200	1.05

(2)立方体抗压强度标准值($f_{cu,k}$)

立方体抗压强度标准值是立方体抗压强度总体分布中的一个值,强度低于该值的百分率不超过 5%(即具有 95% 保证率),用 $f_{cu,k}$ 表示。

从以上定义可知,立方体抗压强度只是一组混凝土试件抗压强度的代表值,并未涉及数理统计、保证率的概念;而立方体抗压强度标准值是按数理统计方法确定的,具有不低于 95% 保证率的立方体抗压强度。

2)轴心抗压强度(f_{cp})

混凝土立方体试件在进行抗压强度试验时,由于材料试验机的承压板对试件端部的摩阻效应,其强度有较大的提高。为了使混凝土试件抗压强度试验时的受力状态更接近其在结构中的承压状态,通常用棱柱体(高宽比 $h/b=2$)或圆柱体(长径比 $h/d=2$)试件,测定其轴心抗压强度。《混凝土物理力学性能试验方法标准》(GB/T 50081—2019)规定,采用 150mm × 150mm × 300mm 的棱柱体或 ϕ150mm × 300mm 的圆柱体作为标准试件,测定其轴心抗压强度(f_{cp})。混凝土的轴心抗压强度(f_{cp})可按下式计算:

$$f_{cp}=\frac{F}{A} \tag{4-2}$$

式中:f_{cp}——混凝土轴心抗压强度,MPa;

F——极限破坏荷载,N;

A——试件受压面积,mm^2。

当混凝土强度等级小于 C60 时,非标准尺寸试件测得的抗压强度,应乘以尺寸换算系数;100mm × 100mm × 300mm 和 ϕ100mm × 200mm 的换算系数为 0.95,200mm × 200mm × 400mm 和 ϕ200mm × 400mm 的换算系数为 1.05;当混凝土强度等级大于或等于 C60 时,宜采用标准试件,使用非标准尺寸试件时,换算系数由试验确定。

许多试验表明:当立方体抗压强度为 10 ~ 50MPa 时,轴心抗压强度与立方体抗压强度之比为 0.7 ~ 0.8。

3)弯拉强度(f_{cf})

水泥路面面层或机场跑道用水泥混凝土以弯拉强度为强度设计指标,抗压强度作为参考指标。水泥混凝土弯拉强度是以标准方法制备成 150mm × 150mm × 550mm 的梁形试件,在标准条件下,经 28d 养护后,按照图 4-4 所示的三分点加荷方式,测定其弯拉强度(f_{cf}),可按式(4-3)计算。

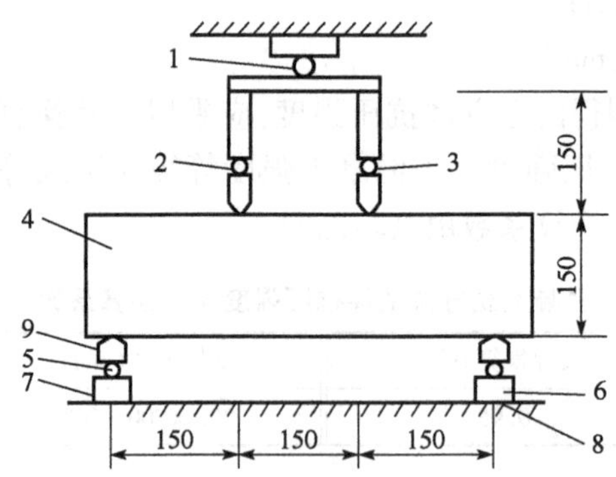

图 4-4 混凝土抗弯拉试验(尺寸单位:mm)

1、2- 一个钢球;3、5-两个钢球;4-试件;6-固定支座;7-活动支座;8-机台;9-活动船形垫块

$$f_{cf}=\frac{FL}{bh^2} \tag{4-3}$$

式中:f_{cf}——混凝土弯拉强度,MPa;

F——极限破坏荷载,N;

L——支座间距离,mm;

b——试件宽度,mm;

h——试件高度，mm。

采用 100mm × 100mm × 400mm 非标准试件时，按三分点加荷的试验方法同前，但所得的弯拉强度值应乘以尺寸换算系数 0.85。当混凝土强度等级大于或等于 C60 时，应采用标准试件。

4）劈裂抗拉强度（f_{ts}）

由于混凝土直接拉伸试验时难以对中，所以采用间接拉伸法（劈裂拉伸）来测定混凝土的抗拉强度，一般劈裂抗拉强度高于直接拉伸强度。在结构设计中，抗拉强度是确定混凝土抗裂性能的重要指标。

《公路工程水泥及水泥混凝土试验规程》（JTG 3420—2020）规定，在立方体或圆柱体试件中心平面内用钢垫条施加两个方向相反、均匀分布的压力，当压力增大至一定程度时试件就沿此平面劈裂破坏，这样测得的强度称为劈裂抗拉强度（f_{ts}），按下式计算：

$$f_{ts}=\frac{2F}{\pi A}=0.637\frac{F}{A} \tag{4-4}$$

式中：f_{ts}——混凝土劈裂抗拉强度，MPa；

F——极限破坏荷载，N；

A——试件劈裂面面积 mm^2。

对于立方体试件，劈裂面面积为试件横截面面积；对于圆柱体试件，劈裂面面积为试件截面的平均直径 × 平均长度。

5）影响水泥混凝土强度的因素

影响硬化后水泥混凝土强度的因素主要有组成材料、养护条件和龄期三方面。

3. 耐久性

混凝土耐久性是一项综合性能，包括抗渗、抗冻、抗侵蚀、抗碳化、碱集料反应以及混凝土中的钢筋锈蚀等多方面性能。

国外学者曾用“五倍定律”形象地描述了混凝土结构耐久性设计的重要性，即设计阶段对钢筋防护方面节省 1 美元，那么就意味着：发现钢筋锈蚀时，采取措施将追加维修费 5 美元；混凝土表面顺筋开裂时，采取措施将追加维修费 25 美元；严重破坏时，采取措施将追加维修费 125 美元❶。

目前检测混凝土耐久性的试验有抗冻试验、动弹性模量试验、抗水渗透试验、抗氯离子渗透试验、收缩试验、早期抗裂试验、受压徐变试验、碳化试验、混凝土中钢筋锈蚀试验、抗压疲劳变形试验、抗硫酸盐侵蚀试验、碱集料反应试验等。然而这些检测方法仍存在测得的数据相关性不好，不能综合、全面反映现场混凝土真实的长期性能。因此应以大数据分析、人工智能等先进技术为基础，加强对不同应用领域，整体结构的研究，综合多种影响因素，分析多因素的复合效应，建立起完整的理论、分析、检测、监测体系，并进行相应试验和数据分析，制订合理、经济的解决方案，以应对不同环境条件下的混凝土耐久性问题。

---

❶ 注：金伟良、赵羽习，《混凝土结构耐久性研究的回顾与展望》，浙江大学学报，2002.7。

任务 4-2 检验水泥混凝土

以“双碳”目标为指引,混凝土行业向工业化、智能化、绿色化发展,检验混凝土质量的技术也在不断发展,无损检测技术、在线检测技术得到了广泛的应用,如冲击回波法检测混凝土缺陷技术。

根据《公路水运工程试验检测机构等级标准》中试验检测能力基本要求及主要仪器设备(综合乙级)必须满足的试验检测参数要求,以下参数为水泥混凝土试验检测项目必须满足的试验检测参数,其余参数的试验检测可参照《公路工程水泥及水泥混凝土试验规程》(JTG 3420—2020)、《公路桥涵施工技术规范》(JTG/T 3650—2020)、《冲击回波法检测混凝土缺陷技术规程》(JGJ/T 411—2017)和《普通混凝土长期性能和耐久性能试验方法标准》(GB/T 50082—2009)等标准规范。

(一)水泥混凝土的拌和、取样、制件和养护方法

1. 材料

(1)所有材料均应符合有关要求,拌和前材料应放置在温度20℃ ±5℃的室内。

(2)为防止粗集料的离析,可将集料按不同粒径分开,使用时再按一定比例混合。试样从抽取至试验完毕过程中,不要风吹日晒,必要时应采取保护措施。

(3)拌和时保持室温20℃ ±5℃。

(4)拌合物的总量至少应比所需量高20%。拌制混凝土的材料用量应以质量计,称量的精确度:集料为 ±1%,水、水泥、掺合料和外加剂为 ±0.5%。

(5)粗集料、细集料均以干燥状态为基准,计算用水量时应扣除粗集料、细集料的含水率。

注:干燥状态是指含水率小于0.5%的细集料和含水率小于0.2%的粗集料。

(6)对于不溶于水或难溶于水且不含潮解型盐类外加剂,应先和一部分水泥拌和,以保证充分分散。对于不溶于水或难溶于水但含潮解型盐类外加剂,应先和细集料拌和。对于水溶性或液体外加剂,应先和水拌和。其他特殊外加剂,应遵守有关规定。

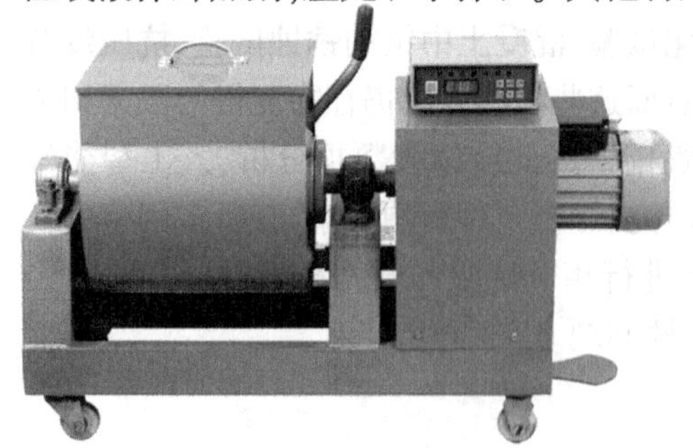

图 4-5 混凝土搅拌机

2. 拌和

(1)拌制混凝土的各种用具,如铁板、铁铲、抹刀,应预先用水润湿,使用完后必须清洗干净。

(2)使用搅拌机(图4-5)前,应先用少量砂浆进行涮膛,再刮出涮膛砂浆,以避免正式拌和混凝土时水泥砂浆黏附筒壁的损失。涮膛砂浆的水灰比及砂灰比,应与正式的混凝土配合比相同。

(3)用搅拌机拌和时,拌和量宜为搅拌机公称

容量的1/4～3/4。

(4)搅拌机搅拌。

按规定称好原材料，往搅拌机内按顺序加入粗集料、细集料、水泥。开动搅拌机，将材料拌和均匀，在拌和过程中徐徐加水，全部加料时间不宜超过2min。水全部加入后，继续拌和约2min，而后将拌合物倾倒在铁板上，再经人工翻拌1～2min，务必使混凝土拌合物均匀一致。

(5)人工拌和。

采用人工拌和时，先用湿布将铁板、铁铲润湿，再将称好的砂和水泥在铁板上拌匀，加入粗集料，再混合搅拌均匀。而后将此拌合物堆成长堆，中心扒成长槽，将称好的水倒入约一半，将其与拌合物仔细拌匀，再将材料堆成长堆，扒成长槽，倒入剩余的水，继续进行拌和，来回翻拌至少10遍。

(6)从试样制备完毕到开始做各项性能试验不宜超过5min(不包括成型试件)。

3. 取样

混凝土拌合物现场取样：凡由搅拌机、料斗、运输车以及从浇制的构件中抽取混凝土拌合物代表性样品时，均须从三处以上的不同部位抽取大致相同分量的代表性样品(不要抽取已经离析的混凝土)，集中用铁铲翻拌均匀，而后立即进行混凝土拌合物的试验。混凝土拌合物取样量应多于试验所需数量的1.5倍，其体积不小于20L。

为使取样具有代表性，宜采用多次采样的方法，从第一次取样到最后一次取样不宜超过15min。取回的混凝土拌合物应经过人工再次翻拌均匀，而后进行试验。

4. 制件

1)非圆柱体试件制作

成型前试模内壁涂一薄层矿物油。

取拌合物的总量至少应比所需量高20%，并取出少量混凝土拌合物代表样，在5min内进行坍落度或维勃试验，认为品质合格后，应在15min内开始制件或做其他试验。

当坍落度小于25mm时，可采用ϕ25mm的插入式振捣棒成型。将混凝土拌合物一次装入试模，装料时应用抹刀沿各试模壁插捣，并使混凝土拌合物高出试模口；振捣时捣棒距底板10～20mm，且不要接触底板。振动直到表面出浆为止，且应避免过振，以防止混凝土离析，一般振捣时间为20s。振捣棒拔出时要缓慢，拔出后不得留有孔洞。用刮刀刮去多余的混凝土，在临近初凝时，用抹刀抹平。试件抹面与试模边缘高度差不得超过0.5mm。

当坍落度大于25mm且小于90mm时，用标准振动台成型。将试模放在振动台上夹牢，防止试模自由跳动，将拌合物一次装满试模并稍有富余，开动振动台至混凝土表面出现乳状水泥浆时为止，振动过程中随时添加混凝土使试模常满，记录振动时间(为维勃秒数的2～3倍，一般不超过90s)。振动结束后，用金属直尺沿试模边缘刮去多余混凝土，用抹刀将表面初次抹平，待试件收浆后，再次用抹刀将试件仔细抹平，试件表面与试模边缘的高低差不得超过0.5mm。

当坍落度大于90mm时，用人工成型。拌合物分厚度大致相等的两层装入试模。捣固时按螺旋方向从边缘到中心均匀地进行。插捣底层混凝土时,捣棒应到达模底;插捣上层混凝土时,捣棒应贯穿上层后插入下层20~30mm处。插捣时应用力将捣棒压下,保持捣棒垂直,不得冲击,捣完一层后,用橡皮锤轻轻击打试模外端面10~15下,以填平插捣过程中留下的孔洞。每层插捣100cm^{2}面积内不少于12次。试件抹面与试模边缘高低差不得超过0.5mm。

当试样为自密实混凝土时,在混凝土拌合物不离析的状态下,将自密实混凝土搅拌均匀后直接倒入试模内,不得使用振动台和插捣方式成型,但可以采用橡皮锤辅助振动。试样一次填满试模后,可用橡皮锤沿着试模中线位置轻轻敲击6次/侧面。用抹刀将试件仔细抹平,使表面略低于试模边缘1~2mm。

2)圆柱体试件制作

成型前试模内壁涂一薄层矿物油。

圆柱体试件的制作参照非圆柱体试件,再用抹刀抹平,使表面略低于试模边缘1~2mm。

对端面应进行整平处理,但加盖层的厚度应尽量小。

(1)拆模前当混凝土具有一定强度后,用水洗去上表面的浮浆,并用干抹布吸去表面水之后,抹上干硬性水泥净浆,用压板均匀地盖在试模顶部。加盖层应与试件的纵轴垂直。为防止压板和水泥浆之间的黏结,应在压板下垫一层薄纸。

(2)对于硬化的试件端面的处理,可采用硬石膏或硬石膏和水泥的混合物,加水后平铺在端面,并用压板进行整平,也可采用下面任一方法。

①使用硫黄与矿质粉末的混合物(如耐火黏土粉、石粉等)在180~210℃间加热(温度更高时将使混合物烘成橡胶状,使强度变弱),摊铺在试件顶面,用试模钢板均匀按压,放置2h以上即可进行强度试验。

②用环氧树脂拌水泥,根据需要硬化时间加入乙二胺,将此浆膏在试件顶面大致摊平,在钢板面上垫一层薄塑料膜,再均匀地将浆膏压平。

③在有充分时间时,也可用水泥浆膏抹顶,使用矾土水泥的养护时间在18h以上,使用硅酸盐水泥的养护时间在3d以上。

(3)对于不采用端部整平处理的试件,可采用切割的方法达到端面和纵轴垂直。整平后的端面应与试件的纵轴相垂直,端面的平整度公差在±0.1mm以内。

5. 养护

试件成型后,用湿布覆盖表面(或其他保持湿度办法),在室温20℃±5℃,相对湿度大于50%的环境下,静放一个到两个昼夜,然后拆模并作第一次外观检查、编号,对有缺陷的试件应除去,或加工补平。

将完好试件放入标准养护室(图4-6)进行养护,标准养护室温度20℃±2℃,相对湿度在95%以上,试件宜放在铁架或木架上,间距至少10~20mm,试件表面应保持一层水膜,并避免用水直接冲淋。当无标准养护室时,将试件放入温度20℃±2℃的不流动的氢氧化钙饱和溶液中养护。

标准养护龄期为28d(以搅拌加水开始),非标准的龄期为1d、3d、7d、60d、90d、180d。

图 4-6　标准养护室

(二)水泥混凝土拌合物的稠度试验检测(坍落度仪法)

水泥混凝土拌合物稠度试验(坍落度仪法)

1. 试验检测原理

测量水泥混凝土拌合物在自重作用下坍落的垂直距离。

2. 目的与适用范围

本方法可以测定水泥混凝土拌合物的体积密度。

本方法可以测定水泥混凝土拌合物的坍落度,从而评价其工作性能。

本方法适用于坍落度大于 10mm,集料公称最大粒径不大于 31.5mm 的水泥混凝土坍落度测定。

3. 主要仪器设备

(1)坍落筒如图 4-7 所示,尺寸如表 4-3 和图 4-8 所示。

图 4-7　坍落筒

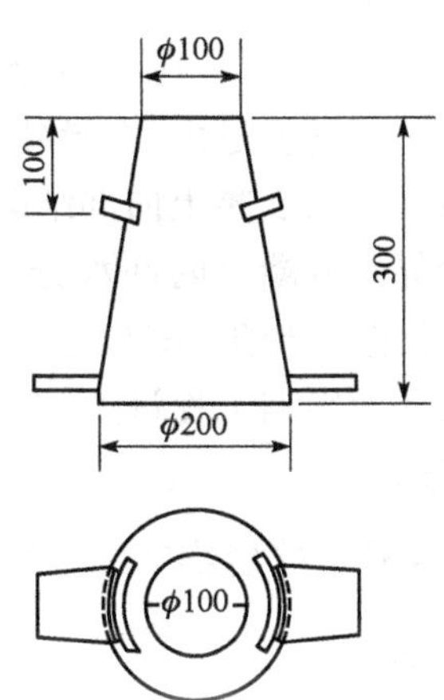

图 4-8　坍落筒尺寸(尺寸单位:mm)

(2)捣棒:直径 16mm、长约 600mm 的钢质圆棒。

(3)其他:小铲、木尺、小钢尺、镘刀和钢板等。

坍落筒尺寸表 表4-3

集料最大粒径(mm)	筒的名称	筒的内部尺寸(mm)		
		底面直径	顶面直径	高度
≤31.5	标准坍落筒	200±2	100±2	300±2

4. 试验操作及记录

参照对应的最新标准规范和《道路建筑材料试验检测手册》,在老师指导下完成,并将试验记录填写在《道路建筑材料试验检测手册》中。

5. 注意事项

(1)提起坍落筒时应垂直向上,不可产生横向力及扭力作用;提升速度不宜过快,控制在3~7s。

(2)整个试验应在150s内完成。

(3)当混凝土试样的一侧发生崩坍或一边剪切破坏时,则应重新取样另测。如果第二次仍发生上述情况,则表示混凝土工作性能不好,应记录。

(4)当混凝土拌合物的坍落度大于160mm时,用钢尺测量混凝土扩展后最终的最大直径和最小直径,在这两个直径之差小于50mm的条件下,用其算术平均值作为坍落扩展度值;否则,此次试验无效。

(5)测量坍落度的同时,还应评价水泥混凝土拌合物工作性能的其他指标,如棍度、黏聚性和保水性。

(6)混凝土拌合物坍落度和坍落扩展度值以毫米(mm)为单位,测量值精确至1mm,结果修约至5mm。

(7)试验结束后,应将所用设备整理干净,恢复原位并清理垃圾。

6. 试验结果应用分析

在评价水泥混凝土拌合物的稠度方面,坍落度是重要指标之一。对于流态混凝土的推广,还应增加坍落扩展度这个指标。

坍落度的选择应综合考虑建筑物的结构断面、钢筋含量、运输距离、浇注方法、振捣能力和气候等因素,坍落度过大,会导致混凝土中的水泥浆与集料之间的黏结力变弱,从而降低混凝土强度;会导致混凝土内部结构变松散,容易受到外界环境的侵蚀,从而使得降低混凝土耐久性;会导致混凝土内部水分变多,从而产生收缩裂缝;会导致混凝土流动性过大,从而产生流浆、漏浆等现象,增加施工难度。坍落度过小,会导致混凝土流动性变差,现场浇筑速度变慢,从而影响工程进度;会导致混凝土稠度变大,从而产生堵管、断桩等现象,严重影响工程质量。

(三)水泥混凝土拌合物的体积密度试验检测

1. 试验检测原理

测量一定捣实方式下的水泥混凝土拌合物的单位体积的质量。

2. 目的与适用范围

本方法可以测定水泥混凝土拌合物的体积密度。

本方法适用于各类水泥混凝土拌合物,以评价混凝土拌合物质量。

3. 主要仪器设备

(1)容量筒。容量筒(图4-9)为刚性金属制成的圆筒,筒外壁两侧应有提手。对于集料最大粒径不大于31.5mm的混凝土拌合物,宜采用容积不小于5L的容量筒,其内径与内高均为186mm±2mm,壁厚不应小于3mm。对于集料最大粒径大于31.5mm的混凝土拌合物所采用容量筒,其内径与内高均应大于集料最大粒径的4倍。容量筒上沿及内壁应光滑平整,顶面与底面应平行并应与圆柱体的轴垂直。

图4-9 容量筒

(2)捣棒:直径16mm,长约600mm,并具有半球形端头的钢质圆棒。

(3)磅秤(图4-10):量程不小于50kg,感量不大于10g。

(4)振动台(图4-11)。

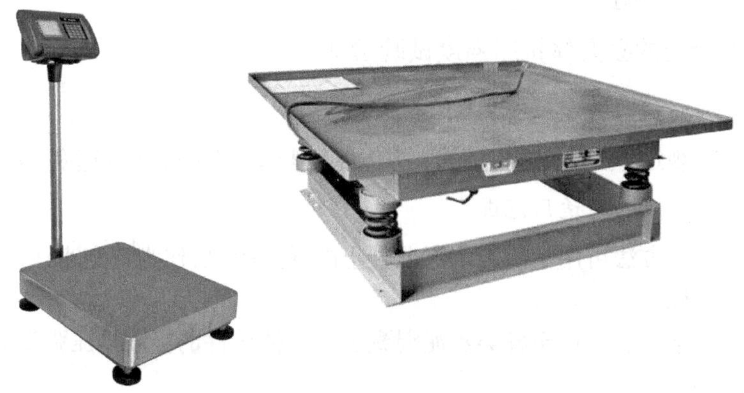

图4-10 磅秤　　图4-11 振动台

(5)其他:金属直尺、镘刀、玻璃板等。

4. 试验操作及记录

参照对应的最新标准规范和《道路建筑材料试验检测手册》,在老师指导下完成,并将试验记录填写在《道路建筑材料试验检测手册》中。

5. 注意事项

(1)试样不得重复使用。

(2)应经常校正容量筒容积,校正方法如下:

①应将干净容量筒与玻璃板一起称重,精确至10g。

②将容量筒装满水,缓慢将玻璃板从筒口一侧推到另一侧,容量筒内应充满水,且不应存在气泡,擦干容量筒外壁,再次称重。

③两次称重结果之差除以该温度下水的密度,则为容量筒的容积,常温下水的密度可取1000kg/m^3。

水泥混凝土拌合物表观密度试验

(3)以两次试验测值的算术平均值作为试验结果,结果精确至10kg/m^3。

(4)试验结束后,应将所用设备整理干净,恢复原位并清理垃圾。

6. 试验结果应用分析

体积密度是材料在包含实体积、开口和密闭孔隙状态下单位体积的质量。

注:《普通混凝土拌合物性能试验方法标准》(GB/T 50080—2016)等标准中仍用表观密度表示。一般来说,计算表观密度的质量是干质量,所以表观密度也被称为干表观密度;但是对于混凝土拌合物来说,水也是拌合物的一部分;硬化后的混凝土中含水就很少了,所以混凝土的表观密度有干表观密度和湿表观密度的说法,混凝土拌合物的表观密度应该是湿表观密度;同时,湿表观密度的计算也和这里所说的体积密度相一致。

水泥混凝土拌合物的密度实质为水泥混凝土拌合物的体积密度,其包含一定量孔隙。因试模的容积不宜校准,而且成型时试模边角粗集料的含量差异大,所以不应用试模测定拌合物体积密度。

试验结果可用于修正、核实水泥混凝土配合比计算中的材料用量。当已知所用原材料密度时,还可以算出拌合物近似含气量。

(四)水泥混凝土的立方体抗压强度试验检测

水泥混凝土立方体抗压强度试验

1. 试验检测原理

规定养护条件和龄期的立方体混凝土试件在一定加载速度下的最大破坏荷载。

2. 目的与适用范围

本方法可用于确定水泥混凝土的强度等级,作为评定水泥混凝土品质的主要指标。

本方法适用于各类水泥混凝土立方体试件的极限抗压强度试验。

3. 主要仪器设备

(1)压力机或万能试验机:压力机应符合现行《液压式万能试验机》(GB/T 3159)、《试验机通用技术要求》(GB/T 2611)中的要求,其测量精度为±1%,试件破坏荷载应大于压力机全量程的20%且小于压力机全量程的80%。同时应具有加荷速度指示装置或加荷速度控制装置。上下压板平整并有足够刚度,可以均匀地连续加荷、卸荷,可以保持固定荷载,开机、停机均灵活自如,能够满足试件破型吨位要求。

(2)球座:钢质坚硬,面部平整度要求在100mm距离内高低差值不超过0.05mm,球面及球窝粗糙度R_a=0.32μm,研磨、转动灵活。不应在大球座上做小试件破型,球座最好放置在试件顶面(特别是棱柱试件),并使凸面朝上,当试件均匀受力后,一般不宜再敲动球座。

(3)混凝土强度等级大于或等于 C60 时,试验机上、下压板之间应各垫一钢垫板,平面尺寸应不小于试件的承压面,其厚度至少为 25mm。钢垫板应机械加工,其平面度允许偏差 ±0.04mm;表面硬度大于或等于 55HRC;硬化层厚度约 5mm。试件周围应设置防崩裂网罩。

4. 试验操作及记录

参照对应的最新标准规范和《道路建筑材料试验检测手册》,在老师指导下完成,并将试验记录填写在《道路建筑材料试验检测手册》中。

5. 注意事项

(1)混凝土强度等级小于 C60 时,非标准试件的抗压强度应乘以尺寸换算系数(表 4-2),并应在报告中注明。当混凝土强度等级大于或等于 C60 时,宜用标准试件,使用非标准试件时,换算系数由试验确定。

(2)注意加荷速度。

(3)注意压力机操作安全。

(4)以三个试件测量值的算术平均值为测定值,结果精确至 0.1MPa。三个试件测量值的最大值或最小值中如有一个与中间值之差超过中间值的 15%,则取中间值为测定值;如最大值和最小值与中间值的差值均超过中间值的 15%,则该组试验结果无效。

(5)试验结束后,应将所用设备整理干净,恢复原位并清理垃圾。

6. 试验结果应用分析

水泥混凝土抗压强度常用于检验结构实体强度。采用标准养护试块强度是较为简便可行,但其不能完全代表结构实体的混凝土强度,因此工程中还有一种同条件养护试块强度。同条件养护试块是在施工现场抽取混凝土立方体试块,放置在与结构实体相同的条件下进行养护。同条件养护试块的养护条件与实际混凝土结构相同,其抗压强度试验结果比标准养护试块更接近结构实体的混凝土强度。但同条件养护试块在成型工艺、混凝土体积等方面与结构实体混凝土存在一定差异,需要通过试验建立同条件养护试块强度与结构实体混凝土强度的相关关系。

(五)水泥混凝土的抗弯拉强度试验检测

1. 试验检测原理

采用三分点加荷方式,使试件产生弯矩并破坏。

2. 目的与适用范围

本方法可以测定水泥混凝土抗弯拉强度,可作为评定混凝土路面品质的主要指标和确定抗弯拉弹性模量试验加荷标准。

本方法适用于各类水泥混凝土棱柱体试件。

3. 主要仪器设备

(1)压力机或万能试验机和混凝土抗弯拉试验装置(图 4-12)。

(2)直尺。

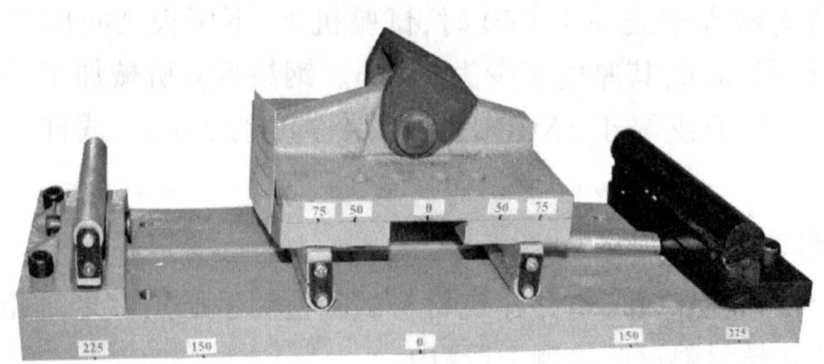

图4-12 抗弯拉试验装置

4. 试验操作及记录

参照对应的最新标准规范和《道路建筑材料试验检测手册》,在老师指导下完成,并将试验记录填写在《道路建筑材料试验检测手册》中。

5. 注意事项

(1)加荷速度应根据混凝土的强度等级进行选择。

(2)断面位置在试件断块短边一侧的底面中轴线上量取。

(3)加荷部件与试件要均匀接触,避免产生扭矩。

(4)以三个试件测量值的算术平均值为测定值。三个试件测量值的最大值或最小值中如有一个与中间值之差超过中间值的15%,则把最大值和最小值舍去,以中间值作为试件的弯拉强度。如有两个测量值与中间值的差值均超过15%,则该组试验结果无效。

(5)试验结束后,应将所用设备整理干净,恢复原位并清理垃圾。

6. 试验结果应用分析

在路面结构设计中,常用到抗弯拉强度指标。

混凝土的抗弯拉强度远小于抗压强度,一般采用掺入钢纤维、聚丙烯纤维等措施提高混凝土的抗弯拉强度。

(六)水泥混凝土的抗渗性试验检测

1. 试验检测原理

测量水从试件底部经混凝土内部孔隙渗到试件顶部所需的压力。

2. 目的与适用范围

本方法可测定水泥混凝土的抗渗性。

本方法适用于检测水泥混凝土硬化后的防水性能以及测定其抗渗等级或作为评价混凝土的耐久性指标之一。

3. 主要仪器设备

(1)水泥混凝土渗透仪(图4-13):应能使水压按规定方法稳定地作用在试件上。

(2)成型试模:上口直径175mm,下口直径185mm,高150mm的锥台,或上下直径与高度均为150mm的圆柱体。

(3)螺旋加压器、烘箱、电炉、浅盘、铁锅、钢丝刷等。

(4)密封材料:如石蜡,内掺松香约2%。

4. 试验操作及记录

参照对应的最新标准规范和《道路建筑材料试验检测手册》,在老师指导下完成,并将试验记录填写在《道路建筑材料试验检测手册》中。

5. 注意事项

(1)如在试验过程中,水从试件周边渗出,说明密封不好,要重新密封。

(2)当加压至设计抗渗等级,经8h后第三个试件仍不渗水,表明混凝土已满足设计要求,也可停止试验。

图4-13 水泥混凝土渗透仪

(3)若压力加至1.2MPa,经过8h,第三个试件仍未渗水,则停止试验,试件的抗渗等级以P12表示。

(4)采用石蜡密封时,在熔化石蜡时温度宜控制在60~65℃,过高容易着火。

(5)在滚涂石蜡时要注意安全,避免石蜡溅到皮肤。

(6)试验结束后,应将所用设备整理干净,恢复原位并清理垃圾。

6. 试验结果应用分析

根据混凝土试件在抗渗试验时所能承受的最大水压力,混凝土的抗渗等级可划分为P2、P4、P6、P8、P10和P12 6个等级。

(七)水泥混凝土的棱柱体抗压弹性模量试验检测

1. 试验检测原理

假定试件处于纯单向受压状态,测量应力和应变的关系。

2. 目的与适用范围

本方法可以测定水泥混凝土在静力作用下的抗压弹性模量,水泥混凝土的抗压弹性模量取1/3轴心抗压强度对应的弹性模量。

本方法适用于各类水泥混凝土的直角棱柱体试件。

3. 主要仪器设备

(1)压力机或万能试验机。

(2)球座。

(3)微变形测量仪(图4-14):符合《指示表检定规程》(JJG 34—2022)中的技术要求,分度值为0.001mm。

(4)微变形测量仪固定架两对,标距为150mm。

(5)钢尺(量程600mm,分度值为1mm)、502胶水、铅笔和秒表等。

图4-14 微变形测量仪

4. 试验操作及记录

参照对应的最新标准规范和《道路建筑材料试验检测手册》,在老师指导下完成,并将试验记录填写在《道路建筑材料试验检测手册》中。

5. 注意事项

(1)宜采用电脑联机的压力机,用程序来控制加压过程,并自动记录数据。

(2)不宜反复调整试件位置,避免试件产生疲劳破坏。

(3)注意压力机操作安全。

(4)以三根试件试验结果的算术平均值为测定值,结果精确至100MPa。如果其循环后的任一根轴心抗压强度与循环前轴心抗压强度之差超过后者的20%,则弹性模量值按另两根试件试验结果的算术平均值计算;如有两根试件试验结果超出规定,则试验结果无效。

(5)试验结束后,应将所用设备整理干净,恢复原位并清理垃圾。

6. 试验结果应用分析

混凝土弹性模量是反映混凝土抵抗弹性变形能力的指标,是表征刚度的一种指标。在工程中常把抗压强度和弹性模量作为双控指标。

(八)水泥混凝土拌合物含气量试验检测(混合式气压法)

1. 试验检测原理

混凝土受到一定压力时,通过测定其体积变化的大小,并使用波以耳(Boyle's)定律计算含气量。

2. 目的与适用范围

本方法可以采用混合式气压法测定水泥混凝土拌合物含气量。

本方法适用于集料最大粒径不大于31.5mm,含气量不大于10%且坍落度不为零的水泥混凝土拌合物。

3. 主要仪器设备

(1)含气量测定仪(图4-15)。

由容器及盖体两部分组成。容器应由硬质、不易被水泥浆腐蚀的金属制成,其内表面粗糙度不应大于3.2μm,内径与深度相等,容积为7L。盖体应用与容器相同的材料制成。盖体部分应包括有气室、水找平室、加水阀、排水阀、操作阀、进气阀、排气阀及压力表。压力表的量程为0.25MPa,分度值为0.01MPa。容器与盖体之间应设置密封垫圈,用螺栓连接,连接处不得有空气存留,并保证密闭。

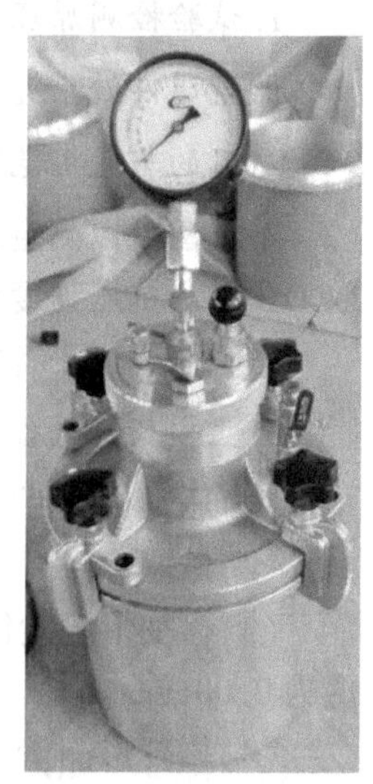
图4-15 含气量测定仪

(2)捣棒。

(3)振动台:应符合《混凝土试验用振动台》(JG/T 245—2009)中技术要求的规定。

(4)电子天平:量程不小于50kg,感量不大于10g。

(5)橡皮锤:应带有质量约250g的橡皮锤头。

4. 试验操作及记录

参照对应的最新标准规范和《道路建筑材料试验检测手册》,在老师指导下完成,并将试验记录填写在《道路建筑材料试验检测手册》中。

5. 注意事项

(1)应经常对混凝土含气量测定仪进行标定和率定。

(2)两次含气量差值不大于0.5%,取算术平均值作为含气量结果,若大于0.5%则重新试验。

(3)试验结束后,应将所用设备整理干净,恢复原位并清理垃圾。

6. 试验结果应用分析

混凝土含气量和气泡特征对混凝土的力学性能和耐久性能有较大的影响,特别是对有抗冻要求的混凝土。在混凝土拌合物中引入的适量微小气泡相互独立存在,可降低拌合物泌水率,提高混凝土拌合物工作性能,但是过量的含气量则会降低混凝土强度。

(九)水泥混凝土拌合物的凝结时间试验检测

1. 试验检测原理

通过一定横截面积的试杆贯入混凝土试样一定深度时受到的阻力来表征混凝土的凝结硬化程度,阻力越大,混凝土凝结硬化越完整。

2. 目的与适用范围

本方法可采用贯入阻力法测定水泥混凝土拌合物凝结时间。

本方法适用于从混凝土拌合物中筛出的砂浆用贯入阻力法测定坍落度不为零的混凝土拌合物的凝结时间。

图4-16 贯入阻力仪

3. 主要仪器设备

(1)贯入阻力仪(图4-16)。

贯入阻力仪应由加荷装置、测针、砂浆试样筒和标准筛组成,可以是手动的,也可以是自动的。贯入阻力仪应符合下列要求:

①加荷装置(贯入阻力仪):最大测量值不小于1000N,精确至±10N。

②测针:长约100mm,承压面积为100mm^2、50mm^2、20mm^{2}三种,在距离贯入端25mm处刻有一圈标记。

(2)砂浆试样筒:上口直径为160mm,下口直径为150mm,净高150mm,刚性不透水,并配有盖子。

(3)捣棒:直径16mm,长650mm。

(4)标准筛:孔径4.75mm。

(5)其他:铁制板、吸液管和玻璃片等。

4. 试验操作及记录

参照对应的最新标准规范和《道路建筑材料试验检测手册》,在老师指导下完成,并将试验记录填写在《道路建筑材料试验检测手册》中。

5. 注意事项

(1)注意测针的选择。

(2)稳定的测试环境是保证凝结时间测试精度的必要条件。如果试验室环境温度达不到要求,可以将砂浆试样筒放置在混凝土标准养护室内进行测试。

(3)从加水拌和时算起,常温下普通混凝土在2~3h后开始测定,以后每次间隔0.5h;掺早强剂的混凝土宜在1~2h后开始测定,以后每隔0.5h测一次;掺缓凝剂的混凝土宜在4~6h后开始测定,每隔2h测一次。在临近初凝、终凝时可增加测定次数。

(4)以3个试样的初凝时间和终凝时间的算术平均值作为此次试样初凝时间和终凝时间的试验结果,凝结时间用h:min表示,并精确至5min。3个测值中的最大值或最小值,若有一个与中间值之差超过中间值的10%,则应以中间值为试验结果;若最大值和最小值与中间值之差均超过中间值的10%,则此试验无效,应重新试验。

(5)试验结束后,应将所用设备整理干净,恢复原位并清理垃圾。

6. 试验结果应用分析

混凝土的凝结时间决定了是否易于浇注以及何时可以承受荷载。

任务4-3 水泥混凝土的技术要求

水泥混凝土应用非常广泛,一般应符合设计文件要求,无设计要求时应满足《混凝土结构设计规范》(GB 50010—2010)、《混凝土质量控制标准》(GB 50164—2011)和《混凝土强度检验评定标准》(GB/T 50107—2010)等标准规范的要求。一般来说,对水泥混凝土有工作性能、力学性能、体积稳定性和耐久性能等技术要求,如《混凝土质量控制标准》(GB 50164—2011)有如下拌合物工作性能要求的规定:

混凝土拌合物应在满足施工要求的前提下,尽可能采用较小的坍落度。泵送混凝土拌合物坍落度设计值不宜大于180mm;泵送高强混凝土的扩展度不宜小于500mm;自密实混凝土的扩展度不宜小于600mm。

混凝土拌合物的坍落度经时损失不应影响混凝土的正常施工。泵送混凝土拌合物的坍落度经时损失不宜大于30mm/h。

混凝土拌合物应具有良好的和易性,并不得离析或泌水。

混凝土拌合物的凝结时间应满足施工要求和混凝土性能要求。

任务 4-4 普通水泥混凝土的配合比设计

普通水泥混凝土配合比设计包括两大方面:原材料选择和原材料配合比。根据混凝土的强度等级、工作性能和工程所处环境条件,合理地选择水泥、粗集料、细集料、水、矿物掺合料和外加剂等材料的品种和等级,根据选定的材料按照《普通混凝土配合比设计规程》(JGJ 55—2011),进行初步配合比、基准配合比、试验室配合比和工地配合比设计计算,同时对混凝土拌合物的工作性能和硬化后混凝土的力学性能、体积稳定性、耐久性能(根据工程需求选择检验内容)等进行检验。

(一)配合比设计资料和要求

普通水泥混凝土配合比设计(上)

1. 混凝土配合比设计的基本资料

(1)混凝土设计强度等级;
(2)工程特性(工程所处环境、结构尺寸、钢筋最小净距等);
(3)耐久性要求(如抗冻性、抗侵蚀、耐磨和碱集料反应等);
(4)水泥品种和强度等级;
(5)粗细集料的种类、粗集料最大粒径和密度等;
(6)施工方法等。

2. 混凝土配合比表示方法

普通水泥混凝土配合比设计(下)

混凝土配合比表示方法有两种:单位用量表示法和相对用量表示法。

(1)单位用量表示法

以 1m^3混凝土中各种材料的用量表示。如:胶凝材料∶水∶细集料∶粗集料 = 300kg∶175kg∶720kg∶1200kg。掺入掺合料、外加剂等时,还应标明掺量。

(2)相对用量表示法

以胶凝材料质量为 1,并按胶凝材料、细集料、粗集料,水胶比的顺序表示。如 1∶2.14∶3.85,W/B = 0.45。掺入矿物掺合料、外加剂等时,还应标明掺量。

3. 配合比设计应满足的基本要求

公路工程用水泥混凝土的配合比设计,应满足下列四项基本要求。

(1)满足结构物设计强度的要求

不论是水泥混凝土路面、桥梁还是隧道,在设计时都会对不同的结构部位提出不同的"设计强度"要求。为了保证结构物的可靠性,采用一个比"设计强度"高的"配制强度",才能满足设计强度的要求。但是"配制强度"的设计一定要适宜,定得太低会导致结构物不安全,定得太高会造成浪费。

(2)满足施工工作性的要求

按照结构物尺寸和形状、配筋的疏密、施工方法和设备等合理确定混凝土拌合物的工作性能。

(3)满足环境耐久性的要求

根据结构物所处的环境条件,如严寒地区的路面、桥梁墩台处的水位升降范围等,为保证结构的耐久性,在设计水泥混凝土的配合比时,应考虑允许的“最大水灰(胶)比”和“最小水泥用量”。

(4)满足经济性的要求

在满足混凝土设计强度、工作性能和耐久性等的前提下,在进行配合比设计时要尽量减少高价材料的用量,节约水泥,合理使用当地材料和工业废料(如粉煤灰),以降低成本。

4. 混凝土配合比设计的三参数

由胶凝材料、水、细集料和粗集料组成的普通水泥混凝土配合比设计,其中有三个重要的参数,分别是水胶比、砂率和单位用水量。

5. 混凝土配合比设计的基本方法

(1)绝对体积法

该法是假定混凝土拌合物的体积等于各组成材料绝对体积与混凝土拌合物所含空气体积之和。

(2)假定体积密度法

该法是先假定混凝土的体积密度为一定值,每立方米水泥混凝土拌合物质量即为其体积密度。通常假定普通水泥混凝土的体积密度为2350~2450kg/m^3。

(3)查表法

根据大量试验结果进行整理,将各种配合比制成表格,使用时根据相应条件查表,选取适当的配合比。由于查表法是直接从工程实际中总结的经验数据,且使用方便,因此它在工程中应用较广泛。

(二)配合比设计流程

混凝土的配合比设计以普通混凝土配合比设计为基础,有特殊要求的混凝土,如抗渗混凝土、抗冻混凝土、泵送混凝土、高强混凝土和大体积混凝土等应充分考虑其特殊要求,在组成材料、水胶比、胶凝材料用量、砂率和掺合料用量等方面,给予充分的考虑。普通混凝土配合比设计流程如下。

1. 混凝土的设计强度等级小于C60

1)初步配合比的计算

(1)确定混凝土的配制强度$f_{cu,0}$

混凝土的配制强度$f_{cu,0}$,应根据设计要求的混凝土强度等级和施工单位质量管理水平,以及《普通混凝土配合比设计规程》(JGJ 55—2011)的规定,按下式计算:

$$f_{cu,0} \geqslant f_{cu,k} + 1.645\sigma \tag{4-5}$$

式中：$f_{cu,0}$——混凝土的配制强度，MPa；

$f_{cu,k}$——混凝土立方体抗压强度标准值，MPa；

σ——混凝土强度标准差，MPa。

混凝土强度标准差可根据近期(1～3个月)的同一品种和同一强度等级混凝土的强度资料求得，其试件组数不应少于30组。

对于强度等级不大于C30的混凝土，当强度标准差计算值小于3.0MPa时，计算配制强度时的标准差取3.0MPa。对于强度等级大于C30且不大于C60的混凝土，当强度标准差计算值小于4.0MPa时，计算配制强度时的标准差取4.0MPa。

当无近期统计资料时，混凝土强度标准差可根据强度等级按表4-4取用。

混凝土强度标准差 σ 表4-4

强度等级(MPa)	≤C20	C25～C45	C50～C55
强度标准差 σ(MPa)	4.0	5.0	6.0

(2)确定水胶比

混凝土水胶比按下式计算：

$$\frac{W}{B}=\frac{\alpha_a f_b}{f_{cu,0}+\alpha_a\alpha_b f_b} \tag{4-6}$$

式中：α_a、α_b——回归系数，若无试验统计资料时，取值见表4-5。

f_b——胶凝材料(水泥和掺合料)28d胶砂抗压强度实测值，MPa。

回归系数 α_a、α_b 选用表 表4-5

粗集料品种	回归系数	
	α_a	α_b
碎石	0.53	0.20
卵石	0.49	0.13

当胶凝材料28d胶砂抗压强度值(f_b)无实测值时，按下式计算：

$$f_b=\gamma_f\gamma_s f_{ce} \tag{4-7}$$

式中：γ_f、γ_s——粉煤灰影响系数和粒化高炉矿渣粉影响系数，可按表4-6选用。

f_{ce}——水泥28d胶砂抗压强度值，MPa，可实测，也可按公式计算。

粉煤灰影响系数和粒化高炉矿渣粉影响系数 表4-6

掺量(%)	粉煤灰影响系数 γ_f	粒化高炉矿渣粉影响系数 γ_s
0	1.00	1.00
10	0.85～0.95	1.00

续上表

掺量(%)	粉煤灰影响系数 γ_f	粒化高炉矿渣粉影响系数 γ_s
20	0.75~0.85	0.95~1.00
30	0.65~0.75	0.90~1.00
40	0.55~0.65	0.80~0.90
50	—	0.70~0.85

注:1. 采用Ⅰ级或Ⅱ级粉煤灰宜取上限值。

2. 采用S75级粒化高炉矿渣粉宜取下限值,采用S95级粒化高炉矿渣粉宜取上限值,采用S105级粒化高炉矿渣粉可取上限值加0.05。

3. 当超出表中的掺量时,粉煤灰和粒化高炉矿渣粉影响系数应经试验确定。

当水泥28d胶砂抗压强度(f_{ce})无实测值时,可按下式计算:

$$f_{ce}=\gamma_c f_{ce,g} \tag{4-8}$$

式中:γ_c——水泥强度等级值的富余系数,可按实际统计资料确定;当缺乏实际统计资料时,也可按表4-7选用。

$f_{ce,g}$——水泥强度等级值,MPa。

水泥强度等级值的富余系数γ_c 表4-7

水泥强度等级值	32.5	42.5	52.5
富余系数 γ_c	1.12	1.16	1.10

计算所得的水胶比,是按强度要求计算得到的结果。在确定采用的水胶比时,还应根据混凝土所处的环境条件,参考《公路桥涵施工技术规范》(JTG/T 3650—2020)要求的允许最大水胶比(表4-8)进行校核。

混凝土的最大水胶比和胶凝材料用量 表4-8

混凝土强度等级	最大水胶比	最小水泥用量(kg/m^3)	最大胶凝材料用量(kg/m^3)
C25	0.55	275	400
C30	0.55	280	
C35	0.50	300	
C40	0.45	320	450
C45	0.40	340	
C50	0.36	360	480
C55	0.32	380	500
C60	0.30	400	530

注:1. 表中数据适用于最大粗集料粒径为20mm的情况,粒径较大时可适当降低胶凝材料用量,粒径较小时可适当增加胶凝材料用量。

2. 大掺量掺合料混凝土的水胶比应不大于0.42。

3. 引气混凝土的胶凝材料用量与非引气混凝土要求相同。

4. 封底、垫层及其他临时工程的混凝土,可不受本表的限制。

(3)确定每立方米混凝土的用水量和外加剂用量

①水胶比在0.40~0.80范围的干硬性和塑性混凝土,根据粗集料的品种、最大粒径及施工要求的混凝土拌合物稠度,其用水量可按表4-9、表4-10选取。

干硬性混凝土的用水量(kg/m^3) 表4-9

拌合物稠度		卵石最大公称粒径(mm)			碎石最大公称粒径(mm)		
项目	指标	10.0	20.0	40.0	16.0	20.0	40.0
维勃稠度(s)	16~20	175	160	145	180	170	155
	11~15	180	165	150	185	175	160
	5~10	185	170	155	190	180	165

塑性混凝土的用水量(kg/m^3) 表4-10

拌合物稠度		卵石最大公称粒径(mm)				碎石最大公称粒径(mm)			
项目	指标	10.0	20.0	31.5	40.0	16.0	20.0	31.5	40.0
坍落度(mm)	10~30	190	170	160	150	200	185	175	165
	35~50	200	180	170	160	210	195	185	175
	55~70	210	190	180	170	220	205	195	185
	75~90	215	195	185	175	230	215	205	195

注:1. 本表用水量系采用中砂时的平均值。采用细砂时,每立方米混凝土用水量可增加5~10kg;采用粗砂时,每立方米混凝土用水量则可减少5~10kg。

2. 掺用各种外加剂或掺合料时,用水量应相应调整。

②水胶比小于0.40的干硬性和塑性混凝土以及用特殊成型工艺的混凝土用水量应通过试验确定。

③流动性和大流动性混凝土的用水量,则以表4-10中坍落度90mm的用水量为基础,按坍落度每增加20mm用水量增加5kg,计算出未掺外加剂时的混凝土用水量。

④掺外加剂时的混凝土用水量,按下式计算:

$$m_{w0} = m'_{w0}(1-\beta) \tag{4-9}$$

式中:m_{w0}——掺外加剂时每立方米混凝土的用水量,kg;

m'_{w0}——未掺外加剂时每立方米混凝土的用水量,kg;

β——外加剂的减水率,%,应经试验确定。

⑤每立方米混凝土中外加剂用量应按下式计算:

$$m_{a0} = m_{b0} \times \beta_a \tag{4-10}$$

式中:m_{a0}——每立方米混凝土的外加剂用量,kg;

m_{b0}——每立方米混凝土的胶凝材料用量,kg;

β_a——外加剂掺量,%,应经试验确定。

(4)计算单位胶凝材料、矿物掺合料和水泥用量

①每立方米混凝土的胶凝材料用量m_{b0}应按下式计算:

$$m_{b0}=m_{w0}\times\frac{B}{W} \tag{4-11}$$

②每立方米混凝土的矿物掺合料用量 m_{f0} 应按下式计算：

$$m_{f0}=m_{b0}\times\beta_f \tag{4-12}$$

式中：β_f——矿物掺合料掺量，%。

注：外加剂掺量和矿物掺合料掺量应明确是水泥质量的百分比还是胶凝材料质量的百分比；本书除特别注明外均按胶凝材料质量的百分比计算。

根据混凝土所处的环境条件、耐久性要求，普通水泥混凝土的最小水泥用量和最大胶凝材料用量，应不低于表 4-8 中的规定。

(5)砂率 β_s 的选定

当无历史资料可参考时，混凝土砂率的确定应符合下列规定。

①坍落度为 10～60mm 的混凝土砂率，可根据粗集料的品种、最大粒径及水胶比按表 4-11 选取。

混凝土的砂率 β_s(%) 表 4-11

水胶比(W/B)	卵石最大公称粒径(mm)			碎石最大公称粒径(mm)		
	10.0	20.0	40.0	16.0	20.0	40.0
0.40	26～32	25～31	24～30	30～35	29～34	27～32
0.50	30～35	29～34	28～33	33～38	32～37	30～35
0.60	33～38	32～37	31～36	36～41	35～40	33～38
0.70	36～41	35～40	34～39	39～44	38～43	36～41

注：1. 本表数值系中砂的选用砂率，对细砂或粗砂可相应地减少或增大砂率。
2. 采用机制砂配制混凝土时，砂率可适当增大。
3. 用一个单粒级粗集料配制混凝土时，砂率可适当增大。
4. 对薄壁构件，砂率宜取偏大值。

②坍落度大于 60mm 的混凝土砂率，可经试验确定，也可在表 4-11 的基础上，按坍落度每增大 20mm，砂率增大 1% 的幅度予以调整。

③坍落度小于 10mm 的混凝土，其砂率应经试验确定。

④有特殊要求的混凝土，砂率应符合相应的标准规范要求，如泵送混凝土，因考虑到水泥混凝土会堵管，在《普通混凝土配合比设计规程》(JGJ 55—2011)中规定，泵送混凝土的砂率宜为 35%～45%。

(6)计算每立方米混凝土粗、细集料的用量 m_{g0}、m_{s0}

计算每立方米混凝土粗、细集料的用量，可用质量法或体积法。质量法比较简单，不需要各组成材料的密度资料，如施工单位已积累当地常用材料所组成的混凝土假定体积密度资料，亦可得到准确的结果。体积法是根据各组成材料实测的密度来进行计算的，所以能获得较为精确的结果。

①质量法

质量法又称假定体积密度法，该法先假定混凝土的体积密度为一定值。在砂率值为已知的条件下，粗、细集料单位用量可按下式计算：

$$\begin{cases} m_{c0} + m_{f0} + m_{w0} + m_{s0} + m_{g0} = m_{cp} \\ \dfrac{m_{s0}}{m_{s0} + m_{g0}} \times 100 = \beta_s \end{cases} \tag{4-13}$$

式中：m_{c0}、m_{f0}、m_{w0}、m_{s0}、m_{g0}——每立方米混凝土水泥、掺合料、水、细集料和粗集料的用量，kg/m^3；

β_s——混凝土的砂率，%；

m_{cp}——每立方米混凝土拌合物的假定质量，kg/m^3，即假定的体积密度，其值可根据施工单位积累的试验资料确定，当缺乏资料时，可根据混凝土强度等级参考表4-12选定。

混凝土拌合物的体积密度参考表　　表4-12

混凝土强度等级	C20～C35	≥C40
假定体积密度（kg/m^3）	2350～2400	2450

②体积法。

体积法又称绝对体积法，该法假定混凝土拌合物的体积等于各组成材料绝对体积与混凝土拌合物所含空气体积之和。在砂率已知的条件下，粗、细集料单位用量可按下式计算：

$$\begin{cases} \dfrac{m_{c0}}{\rho_c} + \dfrac{m_{f0}}{\rho_f} + \dfrac{m_{w0}}{\rho_w} + \dfrac{m_{g0}}{\rho_g} + \dfrac{m_{s0}}{\rho_s} + 10\alpha = 1000 \\ \dfrac{m_{s0}}{m_{g0} + m_{s0}} \times 100 = \beta_s \end{cases} \tag{4-14}$$

式中：ρ_c、ρ_f——水泥密度和掺合料密度，g/cm^3，应按《水泥密度测定方法》（GB/T 208—2014）测定；

ρ_w——水的密度，g/cm^3，可取 $1.0g/cm^3$；

ρ_s、ρ_g——细集料和粗集料的表观密度，g/cm^3；

α——混凝土的含气量百分数，在不使用引气型外加剂时，取值为1。

通过以上六个步骤计算，可将水泥、掺合料、水、细集料和粗集料的用量全部求出，得到混凝土的初步配合比，而以上各项计算多数是利用经验公式或经验资料获得，不一定符合实际要求，因此应对初步配合比进行试配、调整和确定。

2）试配调整提出试拌配合比

（1）试配

①试配材料要求。

试配混凝土所用各种原材料，要与实际工程使用的材料相同，粗、细集料的称量均以干燥状态为基准，细集料含水率应小于0.5%，粗集料含水率应小于0.2%。如不是用干燥集料配制，称料时应在用水量中扣除集料中的水，集料称量相应增加。但在以后试配调整时配合比仍应取原计算值，不计该项增减数值。

②搅拌方法和拌合物数量。

混凝土搅拌方法宜与生产时相同。试拌时,每盘混凝土数量一般不少于表4-13中的最小搅拌量。如需要进行抗弯拉强度试验,则应根据实际需要计算拌和用量。采用机械搅拌时,拌和量不应小于搅拌机额定搅拌量的1/4。

混凝土试配的最小搅拌量　　表4-13

粗集料最大公称粒径(mm)	拌合物数量(L)
≤31.5	20
40	25

(2)校核工作性能,确定基准配合比

按初步配合比计算出试配所需的材料用量,配制混凝土拌合物。测定混凝土拌合物的稠度,同时观察拌合物的棍度、黏聚性和保水性。当不符合要求时,应进行调整。

调整的基本原则:在水胶比不变的条件下增减水泥浆用量或砂率,相应减增粗、细集料的用量,直到符合要求为止。此时,工作性能满足要求的配合比称为基准配合比。当试拌调整工作完成后,应测出混凝土拌合物的实际体积密度。

3)检验强度,确定试验室配合比

(1)制作试件、检验强度

工作性能满足要求的基准配合比,混凝土的强度不一定符合要求,所以应对混凝土强度进行检验。对混凝土强度进行检验时至少采用三个不同的配合比。其中一个是基准配合比,另两个配合比的水胶比则分别增加、减少0.05,用水量应与基准配合比相同,砂率可分别增加、减少1%。制作混凝土强度试件时,应检验其余两个配合比混凝土拌合物的工作性能和实际体积密度,并以此结果作为代表相应配合比的混凝土拌合物性能。

为检验混凝土强度,每个配合比至少制作一组试件,在标准条件下养护至28d或设计强度要求的时间测定其抗压强度;也可同时多制作几组试件,按早期推定混凝土强度,但最终应满足标准养护28d或设计规定龄期的要求强度。根据试验得出的混凝土强度与其相对应的水胶比关系,用作图法或计算法求出混凝土配制强度对应的水胶比。

(2)确定试验室配合比

①根据强度检验结果修正配合比。

混凝土用水量应在基准配合比用水量的基础上,根据制作强度试件时测得的稠度值加以适当调整;胶凝材料用量取用水量除以图解法或插值法求出的水胶比计算得出;粗、细集料的用量应在用水量和胶凝材料用量调整的基础上进行相应的调整。

②根据混凝土拌合物体积密度修正配合比。

强度复核之后的配合比,还应根据拌合物的体积密度实测值$\rho_{c,t}$进行修正,以确定混凝土中各种组成材料的用量。混凝土拌合物的体积密度计算值$\rho_{c,c}=m_c+m_f+m_w+m_s+m_g$,按下式计算混凝土配合比校正系数$\delta$:

$$\delta=\frac{\rho_{c,t}}{\rho_{c,c}} \tag{4-15}$$

式中:$\rho_{c,t}$——每立方米混凝土拌合物的体积密度实测值,kg/m^3;

$\rho_{c,c}$——每立方米混凝土拌合物的体积密度计算值，kg/m³。

当混凝土拌合物的体积密度实测值与计算值之差的绝对值不超过体积密度计算值的2%时，按以上原则确定的配合比即为试验室配合比；当超过体积密度计算值的2%时，应将配合比中各项材料用量乘以校正系数δ。

配合比调整后，应测定混凝土拌合物水溶性氯离子含量，并对设计要求的混凝土耐久性能进行试验，符合设计规定的水溶性氯离子含量和耐久性能要求的配合比为试验室配合比。

4）施工配合比的确定

最后确定的试验室配合比，是按粗、细集料均以干燥状态为基准计算的。而施工现场的粗、细集料材料大多为露天堆放，都含有一定的水分。因此，施工现场应根据现场粗、细集料的实际含水率，将试验室配合比换算为施工配合比。

假设施工现场实测细集料含水率为$a\%$，粗集料含水率为$b\%$，则每立方米混凝土各种材料用量为：

$$\begin{cases} m_c = m_{cb} \\ m_f = m_{fb} \\ m_s = m_{sb}(1 + a\%) \\ m_g = m_{gb}(1 + b\%) \\ m_w = m_{wb} - (m_{sb} \times a\% + m_{gb} \times b\%) \end{cases} \tag{4-16}$$

式中：m_{cb}、m_{fb}、m_{sb}、m_{gb}、m_{wb}——每立方米混凝土试验室配合比确定的水泥、掺合料、细集料、粗集料和水的用量，kg/m³；

m_c、m_f、m_s、m_g、m_w——每立方米混凝土施工配合比确定的水泥、掺合料、细集料、粗集料和水的用量，kg/m³。

遇有下列情况之一时，应重新进行配合比设计：

①对混凝土性能有特殊要求时。

②水泥、外加剂或矿物掺合料等原材料品种、质量有显著变化时。

③该配合比的混凝土生产间断半年以上时。

2. 混凝土的设计强度等级等于或大于C60

（1）混凝土的配制强度按$f_{cu,0} \geq 1.15 f_{cu,k}$计算。

（2）应选用硅酸盐水泥或普通硅酸盐水泥。

（3）粗集料最大公称粒径不宜大于25.0mm，针片状颗粒含量不宜大于5.0%；含泥量不应大于0.5%，泥块含量不应大于0.2%。

（4）细集料的细度模数宜为2.6～3.0，含泥量不应大于2.0%，泥块含量不应大于0.5%。

（5）宜采用减水率不小于25%的高性能减水剂。

（6）宜复合掺用粒化高炉矿渣粉、粉煤灰和硅灰等掺合料；粉煤灰不应低于Ⅱ级；强度等级不低于C80的高强混凝土宜掺用硅灰。

（7）高强混凝土配合比应经试验确定。在缺乏试验依据的情况下，高强混凝土配合比设计宜符合下列要求：

①水胶比、胶凝材料用量和砂率可按表4-14选取，并应经试配确定。

高强混凝土水胶比、胶凝材料用量和砂率　　表 4-14

强度等级	水胶比	胶凝材料用量(kg/m^3)	砂率(%)
>C60，<C80	0.28～0.33	480～560	35～42
≥C80，<C100	0.26～0.28	520～580	
C100	0.24～0.26	550～600	

②外加剂和掺合料的品种、掺量，应通过试配确定；掺合料掺量宜为25%～40%；硅灰掺量不宜大于10%。

③水泥用量不宜大于500kg/m^3。

(8)在试配过程中，应采用三个不同的配合比进行混凝土强度试验，其中一个可为依据表3-14计算后调整拌合物的基准配合比，另外两个配合比的水胶比，宜较基准配合比分别增加和减少0.02。

(9)高强混凝土设计配合比确定后，尚应用该配合比进行不少于三盘混凝土的重复试验，每盘混凝土应至少成型一组试件，每组混凝土的抗压强度不应低于配制强度。

(10)高强混凝土抗压强度宜采用标准试件通过试验测定；使用非标准尺寸试件时，尺寸折算系数应由试验确定。

3. 案例

京沪高速铁路土建工程A标段的混凝土配合比设计实例：

1)配合比设计技术条件

(1)使用部位：A标段桥梁工程承台、墩身。

(2)拌和及捣实方法：机械拌和、人工捣实。

(3)要求坍落度：160～200mm。

(4)设计强度等级：C40泵送。

(5)环境类别：Ⅰ类。

(6)外加剂掺量：1.00%(其值为水泥质量的百分比，由试验决定)。

2)材料使用情况

(1)水泥：某有限公司生产的P·O42.5。

(2)细集料：某有限公司生产的中砂。

(3)粗集料：某有限公司生产的5～31.5mm碎石，最大公称粒径为31.5mm。

(4)粉煤灰：某有限公司生产的粉煤灰，等级Ⅰ级，掺量30%(其值为水泥质量的百分比，由试验决定)。

(5)矿渣：某有限公司生产的粒化高炉矿渣，等级S95，掺量10%(其值为水泥质量的百分比，由试验决定)。

(6)外加剂：某有限公司生产的聚羧酸高效减水剂，减水率20%(由试验决定)。

(7)水：河水。

3)初步配合比计算

在初步配合比计算前应分别检测各材料性能，确保各材料性能均符合规范要求。初步配合比计算过程如下：

(1)确定混凝土配制强度$f_{cu,0}$

由题意已知:设计要求混凝土强度为40MPa,强度标准差为5.0MPa,则混凝土配制强度为

$$f_{cu,0}=f_{cu,k}+1.645\sigma=40+1.645\times5=48.225(\mathrm{MPa})$$

(2)计算水胶比W/B

①按强度要求计算水胶比。

按无混凝土强度回归系数统计资料处理,查表4-5得到回归系数$\alpha_a=0.53$、$\alpha_b=0.20$。

按无水泥富余系数统计资料处理,查表4-7得到富余系数$\gamma_c=1.16$。

查表4-6得到粉煤灰影响系数取0.75;粒化高炉矿渣粉影响系数取1.00。

则胶凝材料(水泥和掺合料)28d胶砂抗压强度实测值为

$$f_b=\gamma_f\gamma_s\gamma_c f_{ce,g}=0.75\times1.00\times1.16\times42.5=36.98(\mathrm{MPa})$$

则水胶比为

$$\frac{W}{B}=\frac{\alpha_a f_b}{f_{cu,0}+\alpha_a\alpha_b f_b}=\frac{0.53\times36.98}{48.225+0.53\times0.20\times36.98}=0.38$$

②按耐久性校核水胶比。

根据混凝土所处环境级别属于Ⅰ,查表4-8,允许最大水胶比为0.45,按强度计算的水胶比能满足耐久性要求,所以水胶比采用0.38。

(3)选用单位用水量m_{w0}

已知要求混凝土拌合物坍落度为160~200mm,碎石最大公称粒径为31.5mm。在查表的基础上通过试验调整单位用水量。

要求坍落度按设计要求的中值180mm算,查表4-10得到坍落度90mm的单位用水量是205kg/m^3,按"坍落度90mm的用水量为基础,按坍落度每增加20mm用水量增加5kg"的要求,计算得到坍落度180mm的单位用水量是227.5kg/m^3。已知减水剂的减水率为20%,则掺入减水剂后的单位用水量为$227.5\times(1-0.20)=182$kg/m^3。最终确定单位用水量为182kg/m^3。

(4)计算单位胶凝材料用量m_{b0}

①按强度计算单位胶凝材料用量。

已知混凝土单位用水量为182kg/m^3,水胶比为0.38,混凝土单位胶凝材料用量为

$$m_{b0}=\frac{m_{w0}}{\frac{W}{B}}=\frac{182}{0.38}=479(\mathrm{kg/m^3})$$

②按耐久性校核单位水泥用量。

根据混凝土所处环境级别属于Ⅰ,查表4-8,最小水泥用量不得小于320kg/m^3,最大胶凝材料用量为450kg/m^3。按此要求胶凝材料用量为450kg/m^3,并计算单位水泥用量[$450\div(1+0.30+0.10)=321$kg/m^3],符合耐久性要求。最后确定单位凝胶材料用量为450kg/m^3。

(5)选定砂率β_s

按已知集料用碎石,最大公称粒径31.5mm,水胶比为0.38和泵送混凝土要求砂率宜为35%～45%,最后确定砂率为40%。

(6)计算砂石用量

采用质量法:已知单位胶凝材料用量为450kg/m³,单位用水量为182kg/m³,假定混凝土拌合物体积密度为2450kg/m³,砂率为0.40,得

$$\begin{cases} m_{s0}+m_{g0}+m_{b0}+m_{w0}=\rho_{cp}=2450\text{kg/m}^3 \\ \dfrac{m_{s0}}{m_{s0}+m_{g0}}=\beta_s=0.40 \end{cases}$$

解得 $m_{s0}=727\text{kg/m}^3$,$m_{g0}=1091\text{kg/m}^3$。

按质量法计算得到初步配合比为 $m_{c0}:m_{w0}:m_{s0}:m_{g0}=450:182:727:1091$。

其中水泥321,外加剂321×1%=3.21,粉煤灰321×30%=96.3,矿渣321×10%=32.1(单位:kg/m³)。

用体积法需测得各材料的相对密度,一般情况下,得出的结果和质量法相差不大。

4)试拌配合比

在计算配合比的基础上进行试拌。计算水胶比宜保持不变,并通过调整配合比其他参数使混凝土拌合物工作性能符合设计和施工要求,然后修正计算配合比,提出基准配合比。

试拌混凝土实测坍落度是195mm,符合要求,即基准配合比如下:

水泥:粉煤灰:矿渣:粗集料:细集料:水:减水剂=321:96.3:32.1:1091:727:182:3.21

5)试验室配合比

混凝土强度试验应采用的三个不同配合比,砂率可增减1%,也可保持不变。单位用水量保持不变,水胶比增减0.05。各材料每立方米用量见表4-15。

混凝土材料用量(kg/m³) 表4-15

序号	水泥	粉煤灰	矿渣	粗集料	细集料	水	减水剂	水胶比
1	321	96.3	32.1	1091	727	182	3.21	0.38
2	394	118.2	39.4	1030	687	182	3.94	0.33
3	302	121	30.2	1107	738	182	3.02	0.43

每个配合比制作一组立方体抗压强度标准试件,标准养护28d后进行抗压强度试验,抗压强度值见表4-16。

抗压强度值(MPa) 表4-16

序号	水胶比	试件1	试件2	试件3	测定值
1	0.33	53.1	53.6	53.0	53.8
2	0.38	50.2	51.3	50.8	50.7
3	0.43	43.4	45.1	45.5	44.7

绘制抗压强度和水胶比的线性关系图,见图4-17(宜采用Excel或专业软件绘制),确定略大于配制强度对应的水胶比。

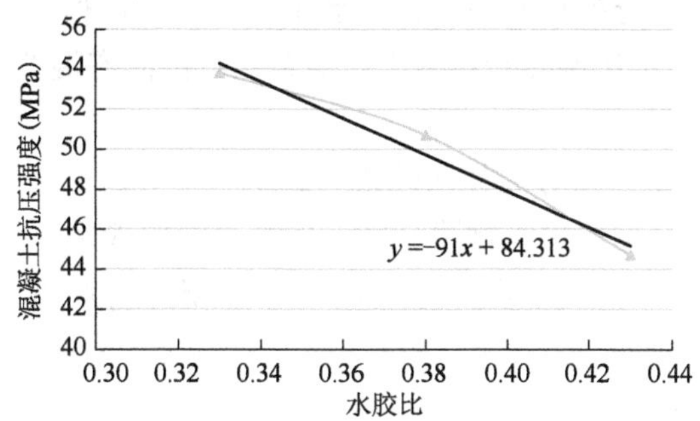

图4-17 抗压强度和水胶比的线性关系图

确定配制强度对应的水胶比:$48.225=-91x+84.313$,计算得 $x=0.40$。

试验室配合比为胶凝材料:水:粗集料:细集料 = 455:182:1088:725(假定体积密度2450不变,砂率0.40不变,用水量182不变,水胶比为0.4)。

其中水泥:$455\div(1+0.3+0.1)=325$。外加剂:$325\times1\%=3.25$。粉煤灰:$325\times30\%=97.5$。矿渣:$325\times10\%=32.5$(单位:kg/m^3)。

6)校正系数计算

根据试验室配合比拌制混凝土拌合物,测定其坍落度和体积密度。测得坍落度为195mm,体积密度为2430kg/m^3。因混凝土拌合物的体积密度实测值与计算值之差的绝对值不超过体积密度计算值的2%,所以以上确定的配合比即为试验室配合比。

从试验室配合比结论可以看出,胶凝材料用量比"最大胶凝材料用量450kg/m^3"略高,显然这样的试验室配合比还可以根据工程实际情况进行微调。水泥混凝土配合比不仅要通过科学计算,还要综合考虑实际工程项目的结构设计强度、工作性能和耐久性等因素不断优化。

任务4-5 认识建筑砂浆

建筑砂浆是由无机胶凝材料、细集料、掺合料、水以及根据性能确定的各种组分按适当比例配合、拌制并经硬化而成的工程材料。

(1)按生产场地不同,建筑砂浆可分为施工现场拌制的砂浆或由专业生产厂生产的商品砂浆。

施工现场拌制的砂浆是指由水泥、细集料和水,以及根据需要加入的石灰、活性掺合料或外加剂在现场配制成的砂浆,分为水泥砂浆和水泥混合砂浆。

商品砂浆是指由专业生产厂生产的湿拌砂浆和干混砂浆。

湿拌砂浆是指水泥、细集料、保水增稠材料、外加剂和水以及根据需要掺入的矿物掺合料等组分按一定比例,在搅拌站经计量、拌制后,采用搅拌运输车运送至使用地点,放入专用容器储存,并在规定时间内使用完毕的砂浆拌合物。

干混砂浆是指经干燥筛分处理的细集料与水泥、保水增稠材料以及根据需要掺入的外加剂、矿物掺合料等组分按一定比例在专业生产厂混合而成的固态混合物,在使用地点按规定比例加水或配套液体拌和使用。

(2)根据用途,建筑砂浆还可分为抹灰砂浆和砌筑砂浆等。

抹灰砂浆是指大面积涂抹于建筑物墙、顶棚、柱等表面的砂浆。

砌筑砂浆是指将砖、石、砌块等块材经砌筑成为砌体,起黏结、衬垫和传力作用的砂浆。

(一)建筑砂浆的组成

建筑砂浆除了不含粗集料外,基本上与混凝土的组成材料要求相同,但亦有差异。

1. 水泥

建筑砂浆用水泥宜采用通用硅酸盐水泥或砌筑水泥,且应符合现行《通用硅酸盐水泥》(GB 175)和《砌筑水泥》(GB/T 3182)的规定。

水泥强度等级应根据砂浆品种及强度等级的要求进行选择。M15 及以下强度等级的砌筑砂浆,宜选用强度等级 32.5 的通用硅酸盐水泥或砌筑水泥;M15 以上强度等级的砌筑砂浆宜选用强度等级 42.5 的通用硅酸盐水泥。M20 及以下的抹灰砂浆,宜选用强度等级 32.5 的通用硅酸盐水泥或砌筑水泥;M20 以上的抹灰砂浆,宜用强度等级不低于 42.5 级的通用硅酸盐水泥。

2. 掺合料

为提高建筑砂浆的和易性,除水泥外,还掺加各种掺合料(如石灰膏、黏土和粉煤灰等)作为结合料制成混合砂浆。

对于砌筑砂浆,掺入的生石灰熟化成石灰膏时,应用孔径不大于 3mm × 3mm 的网过滤,熟化时间不得少于 7d;磨细生石灰粉的熟化时间不得少于 2d。沉淀池中储存的石灰膏,应采取防止干燥、冻结和污染的措施。严禁使用脱水硬化的石灰膏。消石灰粉不应直接用于砌筑砂浆中。

采用通用硅酸盐水泥的抹灰砂浆,可掺入适量的石灰膏、粉煤灰、粒化高炉矿渣粉、沸石粉等,不应掺入消石灰粉。采用砌筑水泥的抹灰砂浆,不应再掺加粉煤灰等矿物掺合料。

3. 砂

建筑砂浆宜选用中砂,应符合现行《普通混凝土用砂、石质量及检验方法标准》(JGJ 52)的规定,且应全部通过 4.75mm 的筛孔。

4. 水

建筑砂浆用水与水泥混凝土用水相同,应符合现行《混凝土用水标准》(JGJ 63)的规定。

5. 外加剂

为改善建筑砂浆的性能,节约结合料的用量,可在建筑砂浆中掺加减水剂、膨胀剂、微沫剂等外加剂。

6. 保水增稠材料

为改善建筑砂浆可操作性及保水性,可在建筑砂浆中掺入非石灰类材料即保水增稠材料,并应在使用前进行试验。

(二)建筑砂浆的技术性质

新拌砂浆应具有良好的和易性,硬化后有足够的强度、黏结力和耐久性。

1. 新拌砂浆的和易性

砂浆的组成中没有粗集料,因此和易性包括流动性及保水性两方面要求。

(1)流动性

流动性是指新拌砂浆在自重或外力作用下,易于产生流动的性质。

砂浆的流动性用稠度表示。砂浆的稠度采用砂浆稠度仪测定。

砂浆的流动性主要取决于用水量以及胶结材料的种类和用量,细集料的种类、颗粒形状及粗糙程度和级配等。

应根据砌体种类、用途、气候条件和施工方法等因素选择砂浆稠度,如砌筑砂浆的施工稠度可按表4-17的规定选用。

砌筑砂浆的施工稠度 表4-17

砌体种类	施工稠度(mm)
烧结普通砖砌体、粉煤灰砖砌体	70~90
混凝土砖砌体、普通混凝土小型空心砌块砌体、灰砂砖砌体	50~70
烧结多孔砖、烧结空心砖砌体、轻集料混凝土小型空心砌块砌体、蒸压加气混凝土砌块砌体	60~80
石砌体	30~50

(2)保水性

保水性是指新拌砂浆在运输和施工过程中保持水分不流失和各组分不分离的能力。保水性差的砂浆不仅易引起泌水、流浆现象,而且会影响砂浆和砌筑材料的黏结和砂浆的硬化,降低砌体的强度。

砂浆的保水性用保水率表示。砂浆保水率就是吸水处理后砂浆中保留的水的质量除以砂浆中原始用水量的质量,用百分数来表示。

影响保水性的主要因素是胶结材料的种类、用量和用水量,以及砂的品种、细度和用量等。掺有石灰膏和黏土浆的混合砂浆具有较好的保水性。

如砌筑砂浆的保水率应符合表4-18的规定。

砌筑砂浆的保水率 表4-18

砂浆品种	保水率(%)
水泥砂浆	≥80
水泥混合砂浆	≥84
预拌砌筑砂浆	≥88

2. 硬化后砂浆的性质

(1)强度

砂浆硬化后应具有足够的强度。砂浆在圬工砌体中,主要是传递压力,所以要求砌筑砂浆应具有一定的抗压强度。砂浆抗压强度是确定其强度等级的重要依据。

砂浆抗压强度等级是以 70.7mm × 70.7mm × 70.7mm 的立方体试件,在标准条件(温度 20℃ ±3℃,相对湿度:水泥混合砂浆 60% ~80%,水泥砂浆 90% 以上)下,用标准试验方法测得的养护 28d 龄期的抗压强度来确定。水泥砂浆及预拌砌筑砂浆的强度等级可分为 M5.0、M7.5、M10、M15、M20、M25、M30 七个等级,水泥混合砂浆的强度等级可分为 M5.0、M7.5、M10、M15 四个等级。

影响砂浆强度的因素较多,当材料质量一定时,对砌筑密实基底时砂浆的强度主要受水泥的强度和水灰比影响;对砌筑多孔吸水基底时砂浆的强度主要受水泥的强度和水泥用量影响。

(2)黏结力

砂浆应具有较强的黏结力,以便将砌体材料牢固黏结成为一个整体。砂浆的黏结力与其强度密切相关,通常砂浆强度越高则黏结力越大。此外,砖石表面状态、清洁程度、湿润情况及施工养护条件也对黏结力有一定的影响。

(3)耐久性

圬工砂浆经常受环境水的作用,故除强度外,还应考虑抗渗、抗冻、抗侵蚀等性能。提高砂浆的耐久性,主要是提高其密实度。

任务 4-6 检验建筑砂浆

砂浆的质量通病有塑性开裂、结块成团、凝结时间短和易掉落、黏不住等问题,在设计、生产和施工时,应严格控制砂浆质量指标。

根据《公路水运工程试验检测机构等级标准》中试验检测能力基本要求及主要仪器设备(综合乙级)必须满足的试验检测参数要求,以下参数为砂浆试验检测项目必须满足的试验检测参数,其余参数的试验检测可参照《建筑砂浆基本性能试验方法标准》(JGJ/T 70—2009)、《砌体结构工程施工质量验收规范》(GB 50203—2011)等标准规范。

(一)建筑砂浆的取样方法及试样的制备

1. 取样

(1)建筑砂浆试验用料应从同一盘砂浆或同一车砂浆中取样。取样量应不少于试验所需量的 4 倍。

(2)施工中取样进行砂浆试验时,其取样方法和原则应按相应的施工验收规范执行。一般在使用地点的砂浆槽、砂浆运送车或搅拌机出料口,至少从三个不同部位取样。现场取来的试样,试验前应人工搅拌均匀。

(3)从取样完毕到开始进行各项性能试验不宜超过15min。

2. 试样的制备

(1)在试验室制备砂浆拌合物时,所用材料应提前24h运入室内。拌和时试验室的温度应保持在(20±5)℃。

注:需要模拟施工条件下所用的砂浆时,所用原材料的温度宜与施工现场保持一致。

(2)试验所用原材料应与现场使用材料一致。砂应通过4.75mm筛。

(3)试验室拌制砂浆时,材料用量应以质量计。称量精度:水泥、外加剂、掺合料等为±0.5%;砂为±1%。

(4)在试验室搅拌砂浆时应采用机械搅拌,砂浆搅拌机(图4-18)应符合《试验用砂浆搅拌机》(JG/T 3033—1996)的规定,搅拌的用量宜为搅拌机容量的30%~70%,搅拌时间不应少于120s。掺有掺合料和外加剂的砂浆,其搅拌时间不应少于180s。

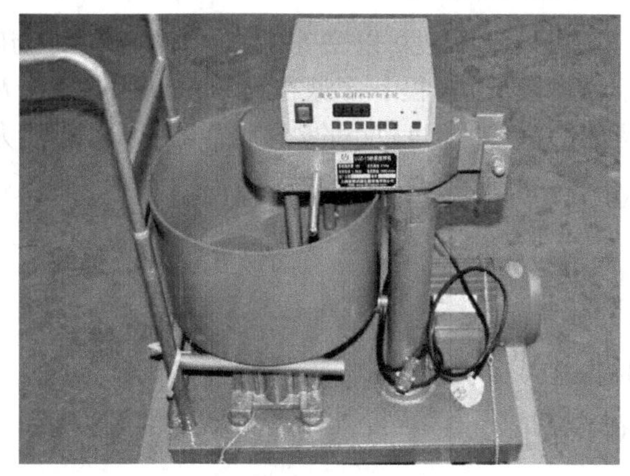

图4-18 砂浆搅拌机

(二)建筑砂浆的稠度试验检测

砂浆稠度试验

1. 试验检测原理

测量试锥沉入砂浆的深度。沉入深度越大,砂浆的稠度越大,表示砂浆越稀。

2. 目的与适用范围

本方法可以测定砂浆的稠度。

本方法适用于水泥砂浆及指定采用本方法的其他材料,稠度试验适用于稠度小于120mm的砂浆。

3. 主要仪器设备

(1)砂浆稠度仪(图4-19):由试锥、容器和支座三部分组成。试锥由钢材或铜材制成,试锥高度为145mm,锥底直径为75mm,试锥连同滑杆的质量应为300g±2g;盛砂浆容器由钢板制成,筒高为180mm,锥底内径为150mm,体积约为1060mL;支座分底座、支架及刻度显示三部分,由铸铁、钢或其他金属制成。

图4-19 砂浆稠度仪

(2)钢制捣棒:直径10mm,长350mm,端部磨圆。

(3)秒表等。

4. 试验操作及记录

参照对应的最新标准规范和《道路建筑材料试验检测手册》,在老师指导下完成,并将试验记录填写在《道路建筑材料试验检测手册》中。

5. 注意事项

(1)锥形容器内的砂浆,只允许测定一次稠度,重复测定时应重新取样测定。

(2)两次试验值之差如大于10mm,则应另取砂浆搅拌后重新测定。

(3)试验结束后,应将所用设备整理干净,恢复原位并清理垃圾。

6. 试验结果应用分析

控制砂浆的稠度可以控制用水量。砂浆稠度是与砂浆可泵性密切相关的指标,在砂浆泵送过程中,砂浆在压力的推动作用下沿着管道流动,其流动阻力与稠度密切相关,稠度过小的砂浆将会无法泵送,或者大大增加设备负荷。

(三)建筑砂浆的立方体抗压强度试验检测

1. 试验检测原理

测量规则形状试件的破坏荷载。

2. 目的与适用范围

本方法可以测定水泥砂浆抗压极限强度,以确定水泥砂浆的强度等级,作为评定水泥砂浆品质的主要指标。

本方法适用于各类水泥砂浆的70.7mm×70.7mm×70.7mm立方体试件。

3. 主要仪器设备

(1)试模:70.7mm×70.7mm×70.7mm立方体有底试模,具有足够的刚度且拆装方便。试模的内表面应机械加工,其不平度应为每100mm不超过0.05mm,组装后各相邻面的不垂直度不应超过±0.5°。

(2)捣棒:直径10mm、长350mm的钢棒,端部磨圆。

(3)压力试验机:应符合《液压式万能试验机》(GB/T 3159—2008)的规定。

(4)垫板:试验机上、下压板及试件之间可垫钢垫板,垫板的尺寸应大于试件的承压面,其不平度应为每100mm不超过0.2mm。

(5)钢尺:量程为500mm,分度值为1mm。

4. 试验操作及记录

参照对应的最新标准规范和《道路建筑材料试验检测手册》,在老师指导下完成,并将试验记录填写在《道路建筑材料试验检测手册》中。

5. 注意事项

(1)注意加荷速度的控制。

(2)每组试块是3块,而不是6块。

(3)试件成型时应注意成型方式的选择。

(4)以三个试件测值的算术平均值作为该组试件的砂浆立方体试件抗压强度平均值;当三个测值的最大值或最小值中有一个与中间值的差值超过中间值的15%时,则把最大值及最小值一并舍去,取中间值作为该组试件的抗压强度值;当有两个测值与中间值的差值均超过中间值的15%时,则该组试件的试验结果无效。

(5)当采用无底试模时,由于普通黏土砖的吸水对砂浆抗压强度值产生影响,所以砂浆立方体抗压强度需乘以换算系数1.35。本方法采用的是有底试模,无须对结果进行修正,否则会降低强度指标要求。

(6)试验结束后,应将所用设备整理干净,恢复原位并清理垃圾。

6. 试验结果应用分析

砂浆强度是表征砌体质量及墙面、地面等表面质量的一项重要依据。

对于孔道压浆料、快速修补料等,除采用本方法进行立方体抗压强度试验外,亦可采用40mm×40mm×160mm的长条试件。

(四)建筑砂浆的保水性试验

1. 试验检测原理

利用滤纸的吸水来测得砂浆保留的水量与吸水前含水量的比值。

2. 目的与适用范围

本方法可以测定砂浆保水率。

本方法适用于测定砂浆保水性,以判定砂浆拌合物在运输及停放时内部组分的稳定性。

3. 主要仪器设备

(1)金属或硬塑料圆环试模(图4-20):内径100mm,内部高度25mm。

(2)可密封的取样容器,应清洁、干燥。

(3)2kg的重物。

(4)医用棉纱:尺寸为110mm×110mm,宜选用纱线稀疏、厚度较小的棉纱。

(5)超白滤纸:符合《化学分析滤纸》(GB/T 1914—2017)中速定性滤纸。直径为110mm,单位面积质量为200g/m^2。

图4-20 圆环试模

(6)2片金属或玻璃的方形或圆形不透水片,边长或直径大于110mm。

(7)天平:量程200g,感量0.1g;量程2000g,感量1g。

(8)烘箱。

(9)金属滤网:网格尺寸45μm,圆形,直径为110mm±1mm。

4. 试验操作及记录

参照对应的最新标准规范和《道路建筑材料试验检测手册》,在老师指导下完成,并将试验记录填写在《道路建筑材料试验检测手册》中。

5. 注意事项

(1)取两次试验结果的平均值作为最终结果,如两个测定值之差超过2%,则此组试验结果无效。

(2)试验结束后,应将所用设备整理干净,恢复原位并清理垃圾。

6. 试验结果应用分析

砂浆保水的主要作用是保证砂浆在凝结硬化前,砂浆中的水不被基层吸收,不因失水过快而导致砂浆中的水泥没有水分水化,从而降低砂浆本身强度和砂浆与基层的黏结强度。

一般来说,砂浆用水量大大超过了砂浆中水泥水化所需的水分,而超过的水分主要是为了满足施工需要。所以,只要砂浆的保水性能保证砂浆可操作性和砂浆中水泥水化所需水分即可。如果砂浆保水性太好,那么砂浆中实际所保留的水分就多,砂浆真实水灰比就大,砂浆的实际强度就低,与块材黏结强度也相应低;另外砂浆保水性太好,水分不容易被基层吸收,也会影响砂浆与基层的黏结,并将延长砂浆的凝结时间,产生表干内湿的"结皮"现象,从而影响施工进度,并增加施工难度。

任务4-7 砂浆的技术要求

砂浆种类繁多,有设计要求的应符合设计要求,无设计要求时可参照《预拌砂浆》(GB/T 25181—2019)、《预拌砂浆应用技术规程》(JGJ/T 223—2010)和《抹灰砂浆技术规程》(JGJ/T 220—2010)等标准规范的要求。一般来说,对砂浆有外观、稠度、保塑性能和力学性能等技术要求,如《预拌砂浆应用技术规程》(JGJ/T 223—2010)有如下规定:

湿拌砂浆应外观均匀,无离析、泌水现象。散装干混砂浆应外观均匀,无结块、受潮现象。袋装干混砂浆应包装完整,无受潮现象。

湿拌砂浆稠度允许偏差应符合表4-19的要求。

湿拌砂浆稠度偏差 表4-19

规定稠度(mm)	允许偏差(mm)
50、70、90	±10
110	+5,-10

任务4-8 建筑砂浆的配合比设计

不同的砂浆种类有相应的配合比设计方法,如《抹灰砂浆技术规程》(JGJ/T 220—2010)

中有抹灰砂浆的配合比设计规定。以下内容是有关砌筑砂浆的配合比设计。

（一）现场配制水泥混合砂浆的配合比设计

现场配制水泥混合砂浆的配合比按下列步骤进行设计：

1. 砂浆试配强度计算

砂浆试配强度（$f_{m,0}$）按下式计算：

$$f_{m,0}=kf_2 \tag{4-17}$$

式中：$f_{m,0}$——砂浆的试配强度，MPa，精确至0.1MPa；

f_2——砂浆抗压强度平均值，MPa，精确至0.1MPa；

k——系数，按表4-20取值。

砂浆强度标准差 σ 及 k 值　　表4-20

施工水平	砂浆强度标准差 σ（MPa）							k
	M5	M7.5	M10	M15	M20	M25	M30	
优良	1.00	1.50	2.00	3.00	4.00	5.00	6.00	1.15
一般	1.25	1.88	2.50	3.75	5.00	6.25	7.50	1.20
较差	1.50	2.25	3.00	4.50	6.00	7.50	9.00	1.25

注：当无统计资料时，砂浆强度标准差可按该表取值。

2. 每立方米砂浆中的水泥用量（Q_c）的计算

（1）每立方米砂浆中的水泥用量按下式计算：

$$Q_c=\frac{1000f_{m,0}-\beta}{\alpha\times f_{ce}} \tag{4-18}$$

式中：Q_c——每立方米砂浆中的水泥用量，kg，精确至1kg；

$f_{m,0}$——砂浆的试配强度，MPa，精确至0.1MPa；

f_{ce}——水泥的实测强度，MPa，精确至0.1MPa；

α、β——砂浆的特征系数，其中 $\alpha=3.03$，$\beta=-15.09$。各地区也可用本地区试验资料确定 α、β 值，统计用的试验组不得少于30组。

（2）在无法取得水泥的实测强度 f_{ce} 时，可按下式计算：

$$f_{ce}=\gamma_c\times f_{ce,k} \tag{4-19}$$

式中：$f_{ce,k}$——水泥强度等级对应的强度值，MPa；

γ_c——水泥强度等级值的富余系数，该值应按实际统计资料确定。无统计资料时取 $\gamma_c=1.0$。

3. 每立方米砂浆中石灰膏用量（Q_D）的计算

水泥混合砂浆的石灰膏用量应按下式计算：

$$Q_D=Q_A-Q_c \tag{4-20}$$

式中：Q_D——每立方米砂浆的石灰膏用量，kg，精确至1kg，石灰膏、黏土膏使用时的稠度为120mm±5mm；

Q_c——每立方米砂浆的水泥用量,kg,精确至1kg;

Q_A——每立方米砂浆中水泥和石灰膏的总量,kg,精确至1kg,可为350kg。

砌筑砂浆中的水泥和石灰膏、电石膏等材料的最少用量可按表4-21取值。

每立方米砌筑砂浆的材料用量 表4-21

砂浆材料	材料用量(kg)
水泥砂浆	≥200
水泥混合砂浆	≥350
预拌砌筑砂浆	≥200

注:1. 水泥砂浆中的材料用量是指水泥用量。

2. 水泥混合砂浆中的材料用量是指水泥和石灰膏、电石膏的材料总量。

3. 预拌砌筑砂浆中的材料用量是指胶凝材料用量,包括水泥和替代水泥的粉煤灰等活性矿物掺合料。

4. 每立方米砂浆中的砂用量(Q_s)的确定

应以干燥状态(含水率小于0.5%)的堆积密度作为计算值(kg)。

5. 按砂浆稠度选用每立方米砂浆用水量(Q_w)

可根据砂浆稠度要求选用210~310kg;混合砂浆中的用水量,不包括石灰膏或黏土膏中的水;当采用细砂或粗砂时,用水量分别取上限或下限;稠度小于70mm时,用水量可小于下限;施工现场气候炎热或干燥,可酌量增加水量。

(二)现场配制水泥砂浆的配合比设计

现场配制水泥砂浆各种材料用量可按照表4-22选用。

每立方米水泥砂浆的材料用量 表4-22

强度等级	水泥用量(kg)	砂用量(kg)	用水量(kg)
M5	200~230	1m³干燥状态下砂的堆积密度值	270~330
M7.5	230~260		
M10	260~290		
M15	290~330		
M20	340~400		
M25	360~410		
M30	430~480		

注:1. M15及以下强度等级的砌筑砂浆宜选用32.5级的水泥,M15以上强度等级的砌筑砂浆宜选用42.5级的水泥。

2. 试配强度应按式(4-17)计算。

3. 当采用细砂或粗砂时,用水量分别取上限或下限。

4. 稠度小于70mm时,用水量可小于下限。

5. 施工现场气候炎热或干燥,可酌量增加用水量。

(三)现场配制水泥粉煤灰砂浆的配合比设计

现场配制水泥粉煤灰砂浆各种材料用量可按照表4-23选用。

每立方米水泥粉煤灰砂浆的材料用量 表4-23

强度等级	水泥和粉煤灰总量(kg)	粉煤灰用量(kg)	砂用量(kg)	用水量(kg)
M5	210~240	可占胶凝材料总量的15%~25%	$1m^3$干燥状态下砂的堆积密度值	270~330
M7.5	240~270			
M10	270~300			
M15	300~330			

注:1. 宜选用32.5级的水泥。
2. 试配强度应按式(4-17)计算。
3. 当采用细砂或粗砂时,用水量分别取上限或下限。
4. 稠度小于70mm时,用水量可小于下限。
5. 施工现场气候炎热或干燥,可酌量增加用水量。

(四)预拌砌筑砂浆的配合比设计

(1)在确定湿拌砌筑砂浆稠度时应考虑砂浆在运输和储存过程中的稠度损失。

(2)湿拌砌筑砂浆应根据凝结时间要求确定外加剂掺量。

(3)干混砌筑砂浆应明确拌制时的加水量范围。

(4)预拌砌筑砂浆生产前应进行试配,试配强度按式(4-17)计算,试配时稠度取70~80mm。

(5)预拌砌筑砂浆中可掺入保水增稠材料和外加剂等,掺量应经试配后确定。

(五)砌筑砂浆配合比的调整与确定

(1)试配时至少应采用三个不同的配合比,其中一个配合比应为按上述方法得出的基准配合比,其余两个配合比的水泥用量应按基准配合比分别增加及减少10%。在保证稠度、保水率合格的条件下,可将用水量及石灰膏、保水增稠材料或粉煤灰等活性掺合料用量作相应调整。

(2)砌筑砂浆试配时稠度应满足施工要求,并应按《建筑砂浆基本性能试验方法标准》(JGJ/T 70—2009)分别测定不同配合比砂浆的体积密度及强度;并应选定符合试配强度及和易性要求、水泥用量最低的配合比作为砂浆试配的配合比。

(3)砌筑砂浆试配的配合比尚应按下列步骤进行校正:

首先根据砂浆配合比材料用量,按下式计算砂浆的理论体积密度值:

$$\rho_t = Q_c + Q_D + Q_s + Q_w \tag{4-21}$$

式中:ρ_t——砂浆的理论体积密度值,kg/m^3,应精确至$10kg/m^3$。

接着按下式计算砂浆配合比校正系数δ:

$$\delta = \frac{\rho_c}{\rho_t} \tag{4-22}$$

式中:ρ_c——砂浆的实测体积密度值,kg/m^3,应精确至$10kg/m^3$。

当砂浆的实测体积密度值与理论体积密度值之差的绝对值不超过理论值的2%时,可将上述得出的试配配合比确定为砂浆设计配合比;当超过2%时,应将试配配合比中每项材料用量均乘校正系数δ后,确定为砂浆设计配合比。

模块五
CHAPTER FIVE

无机结合料稳定材料

知识目标

(1)掌握无机结合料稳定材料的性质、试验检测原理和方法。

(2)熟悉无机结合料稳定材料、石灰及工业废渣的质量评价方法。

(3)熟悉无机结合料稳定材料、石灰及工业废渣相关的国家标准和行业规范。

能力目标

(1)具备基本的材料试验与检测能力,能够完成以下试验检测工作:无机结合料稳定材料的击实试验、无机结合料稳定材料的试件制作(圆柱形)、无机结合料稳定材料的养生、无机结合料稳定材料的无侧限抗压强度试验、水泥或石灰稳定材料中的水泥或石灰剂量测定试验(EDTA 滴定法)、石灰中有效氧化钙和氧化镁含量试验(简易测定法)等。

(2)能对上述试验检测工作中产生的问题进行分析和解决。

(3)能参与无机结合料稳定材料配合比设计工作。

(4)能规范填写试验检测原始记录表和编制试验检测报告。

注:试验数据计算中的数值修约应按附录 A 执行,试验检测原始记录表和试验检测报告的编写应按附录 B 执行。

任务 5-1 认识无机结合料稳定材料

无机结合料稳定材料是在粉碎的或原状松散的土中掺入一定量的无机结合料(包括水泥、石灰或工业废渣等)和水,经拌和得到的混合料在压实与养生后,其抗压强度符合规定要求的材料。

按照土中单个颗粒(指碎石、砾石、砂和土颗粒)的粒径大小和组成,将粉碎的或原状松散的土分成细粒土、中粒土和粗粒土。不同的土与无机结合料拌和得到不同的稳定材料，例如石灰土、水泥土、水泥砂砾、石灰粉煤灰碎石等。

(一)无机结合料稳定材料的分类

1. 水泥稳定材料

在破碎或原状松散的土(包括各种粗、中、细粒土)中，掺入适量的水泥和水，经拌和得到的混合料，在压实和养护后，其抗压强度符合规定要求的混合料称为水泥稳定材料。根据土的颗粒组成不同，可以将水泥稳定材料分为以下几类：

水泥稳定粗粒土，是指被水泥稳定颗粒的最大公称粒径大于19mm且不大于37.5mm的土或集料；水泥稳定中粒土是指被水泥稳定颗粒的最大公称粒径大于2.36mm且不大于19mm的土或集料；水泥稳定细粒土是指被水泥稳定颗粒的最大公称粒径大于2.36mm的土或集料。

用水泥稳定细粒土得到的强度符合要求的混合料称为水泥土、水泥砂或水泥石屑等；用水泥稳定中粒土和粗粒土得到的强度符合要求的混合料称为水泥碎石、水泥砂砾等；同时用水泥和石灰稳定某种土得到的强度符合要求的混合料称为综合稳定材料。

水泥稳定材料是一种经济、实用的筑路材料，具有优良的性能，可用于各种道路的基层和底基层。由于以水泥为主要胶结材料，通过水泥的水化、硬化将集料黏结起来，因此水泥稳定材料具有良好的力学性能和板体性；其强度随养护龄期的增加而提高，并且早期的强度较高；同时其强度的可调范围较大，由几个兆帕到十几个兆帕。水泥稳定材料的水稳定性和抗冻性也较其他稳定材料好。不足的是，水泥稳定材料在温度、湿度变化时，易产生裂缝而影响面层的稳定性；当细颗粒含量高、水泥用量大时开裂更为严重。

2. 石灰稳定材料

在粉碎或原状松散的土(包括各种粗、中、细粒土)中，掺入足量的石灰和水，经拌和得到的混合料，在压实及养生后，其抗压强度符合规定要求的混合料称为石灰稳定材料。

用石灰稳定细粒土得到的混合料简称石灰土。

用石灰稳定中粒土和粗粒土得到的混合料，视所用原材料而定：原材料为天然砂砾土时简称石灰稳定砂砾土；原材料为天然碎石土时简称石灰稳定碎石土；用石灰稳定级配砂砾(砂砾中无土)和级配碎石(包括未筛分碎石)时，也分别简称石灰稳定砂砾土和石灰稳定碎石土；仅使用少量石灰改善级配砾石的塑性指数或提高级配砾石的强度，使其能适应做轻交通道路上沥青面层的基层，但达不到规范规定的石灰稳定材料的强度要求时，这种材料称作石灰改善土。

石灰土在我国道路上的应用已有几十年历史。在缺乏砂石材料地区，广泛应用石灰土作为各种路面的基层和底基层。

石灰稳定材料具有良好的力学性能，并有较好的水稳性和一定程度的抗冻性，它的初期强度和水稳性较低，后期强度较高。由于干缩、温缩系数较大，易产生裂缝，石灰稳定材料适用于各级公路路面的底基层，可用作二级和二级以下公路的基层，但石灰土不应用作高级路面的基层。在冰冻地区，当石灰土用于潮湿路段时，冬季石灰土层中可能产生聚冰现象，从而使石灰土的结构遭到破坏，强度明显下降，使沥青路面产生过早破坏。在非冰冻地区，如石灰土经常处于过分潮湿状态，也不易形成较高强度的板体。因此，在冰冻地区的潮湿路段以及其他地区的过分潮湿路段,不宜采用石灰土做基层。当只能采用石灰土时,应采取措施防止水分侵入石灰土层。

此外,石灰常与其他结合料(如水泥)一起作为综合稳定材料,此时,石灰起着一种活化剂的作用。有时,在加石灰的同时,还掺加工业废渣(粉煤灰、煤渣等)或少量的化学添加剂(如$CaCl_2$、NaOH、Na_2CO_3等)以改善石灰和土之间的相互作用以及石灰稳定材料的硬化条件。

3. 综合稳定材料

在经过粉碎的或原来松散的材料中,掺入两种或两种以上适量的无机结合料和水,经拌和、压实和养生后,抗压强度符合规定的要求时所拌和的混合料称为综合稳定材料。其中的无机结合料是指水泥、石灰和粉煤灰、高炉矿渣、煤渣、钢渣等具有一定活性的工业废渣。

综合稳定材料是一种经济、实用的筑路材料,具有较优良的性能,可用于各级公路的基层和底基层。但二灰土不应用作高级沥青路面的基层,而只用作底基层。在高速和一级公路上的水泥混凝土面板下,二灰土也不应用作基层。

(二)无机结合料稳定材料的组成材料

1. 土

土的矿物成分对无机结合料稳定材料性质有重要影响。试验表明,除有机质或硫酸盐含量高的土以外,各类砂砾土、砂土、粉土和黏土都可用无机结合料稳定;一般规定土的液限不大于40%,塑性指数不大于20%。级配良好的土用无机结合料稳定时,既可节约无机结合料用量,又可取得满意的效果。重黏土中黏土颗粒含量多,不易粉碎与拌和,用石灰稳定时,容易使路面产生缩裂。用水泥稳定重黏土时,也不易粉碎与拌和,会造成水泥用量过高,经济性差。所以级配良好的砾石、砂和黏土的稳定效果最佳。

2. 无机结合料

(1)水泥

各种类型的水泥均可用于稳定材料。对于同一种土,硅酸盐水泥比铝酸盐水泥稳定效果好。稳定材料的强度还与水泥的用量有关,不存在最佳水泥用量,而存在一个经济用量。通常在保证土的性质能起根本变化,且能保证稳定材料达到标准规定的强度和稳定性的前提下,取尽可能低的水泥用量。一般水泥用量为4%~6%较为合理。

水泥的作用是在水泥加入塑性土中后,能大大降低土的塑性,增加土的强度和稳定性。

水泥稳定材料的强度随水泥用量增加而增加。

(2)石灰

各种化学组成的石灰均可用于稳定材料。在剂量不大的情况下,钙质石灰稳定材料比镁质石灰稳定材料的初期强度高。镁质石灰稳定材料在剂量较大时后期强度优于钙质石灰稳定材料。对于石灰的剂量,黏性土和粉性土为干土质量的8%~16%,砂性土为干土质量的10%~18%。

石灰可使土粒胶结成整体,提高密实性、水稳定性和强度。

(3)粉煤灰

粉煤灰本身很少或没有黏结性,但它以细分散状态与水和石灰或水泥混合,可以发生反应形成具有黏结性的化合物。粉煤灰加入土中能起填充作用,与石灰或水泥反应的产物也起胶结作用,从而达到改善稳定材料的水稳定性、提高强度与密实度的目的。

3. 水

水是用来满足稳定材料形成强度的需要,同时使稳定材料在压实时具有一定的塑性,以达到所需要的压实度。水便于土的粉碎、拌和与压实,并且有利于养生。

不同的无机结合料稳定材料有不同的最佳含水率,最佳含水率可通过击实试验确定。

(三)无机结合料稳定材料的特性

无机结合料稳定材料的特性主要包括力学特性、干缩特性和温缩特性等。

1. 力学特性

无机结合料稳定材料的重要特点之一是强度和模量随龄期的增长而不断增长。一般规定水泥稳定材料设计龄期为 3 个月,石灰或石灰粉煤灰稳定材料设计龄期为 6 个月。

无机结合料稳定材料应力-应变特性试验方法有顶面法、粘贴法、夹具法和承载板法等。试件有圆柱体试件和梁式(分大、中、小梁)试件。试验内容有抗压强度、抗压回弹模量、劈裂强度、劈裂模量、抗弯拉强度和抗弯拉模量等。

材料的变异性和试验过程的不稳定性,使同一种材料不同的试验方法、同一种试验方法不同的材料及同一种试验方法不同龄期试验结果存在差异性。通过各种试验方法的综合比较,一般认为抗压试验和劈裂试验比较符合实际。表 5-1 给出了某工程的水泥稳定碎石抗压强度(R)、抗压回弹模量(E_p)、劈裂强度(σ_{sp})和劈裂模量(E_{sp})与龄期之间的关系,表 5-2 则为石灰粉煤灰稳定碎石的力学特性指标与龄期的关系,这两个表的数据可供初次试验的人员做参考。

水泥稳定碎石的力学特性指标与龄期的关系 表 5-1

力学特性指标(MPa)	28d	90d	180d	28d/180d	90d/180d
R	4.49	5.57	6.33	0.71	0.88
E_p	2093	3097	3872	0.54	0.80
σ_{sp}	0.413	0.634	0.813	0.51	0.78
E_{sp}	533	926	1287	0.41	0.72

石灰粉煤灰稳定碎石的力学特性指标与龄期的关系 表 5-2

力学特性指标(MPa)	28d	90d	180d	28d/180d	90d/180d
R	3.10	5.75	8.36	0.37	0.69
E_p	1086	1993	2859	0.38	0.70
σ_{sp}	0.219	0.536	0.913	0.24	0.59
E_{sp}	359	960	1720	0.21	0.56

材料从开始至出现疲劳破坏的荷载作用次数称为材料的疲劳寿命。无机结合料稳定材料的疲劳寿命主要取决于重复应力与极限应力之比,原则上当重复应力与极限应力之比小于 50% 时,无机结合料稳定材料可经受无限次重复加荷而无疲劳破裂,但是,由于材料具有变异

性,实际试验时其疲劳寿命要小得多。

在一定的应力条件下,材料的疲劳寿命取决于材料的强度和刚度。强度越大、刚度越小,其疲劳寿命就越长。试验表明,石灰粉煤灰稳定材料的抗疲劳性能优于水泥砂砾。

无机结合料稳定材料的力学特性与原材料的性质、结合料的性质和剂量及密实度、含水率、龄期、温度等有关。

2. 干缩特性

无机结合料稳定材料经拌和压实后,由于水分挥发和混合料内部的水化作用,混合料的水分会不断减少。由此发生的毛细管作用、吸附作用、分子间力的作用、材料矿物晶体或凝胶体间层间水的作用和碳化收缩作用等会引起无机结合料稳定材料收缩。

描述材料干缩特性的指标主要有干缩应变、干缩系数、干缩量、失水量、失水率。

干缩应变是水分损失引起的试件单位长度的收缩量($\times10^{-6}$)。

干缩系数是某失水量时,试件的干缩应变与试件的失水率之比($\times10^{-6}$)。

干缩量是水分损失时试件的收缩量(10^{-3}mm)。

失水量是试件失去水分的质量(g)。

失水率是试件单位质量的失水量(%)。

无机结合料稳定材料的干缩特性与结合料的类型、剂量、被稳定材料的类别、粒料含量、小于0.5mm的细颗粒的含量、试件含水率和龄期等有关。

对于稳定粒料类材料,三类材料的干缩特性的大小次序为:石灰稳定类材料 > 水泥稳定类材料 > 石灰粉煤灰稳定类材料。

对于稳定细粒土,三类材料的干缩特性的大小排列为:石灰土 > 水泥土和水泥石灰土 > 石灰粉煤灰土。

3. 温缩特性

无机结合料稳定材料是由固相(组成其空间骨架的原材料的颗粒和其间的胶结物)、液相(存在于固相表面与空隙中的水和水溶液)和气相(存在于空隙中的气体)组成的。所以,无机结合料稳定材料的外观胀缩性是三相的不同的温度胀缩性的综合效应的结果。一般气相大部分与大气贯通,在综合效应中影响较小,可以忽略;原材料中砂粒以上颗粒的温度收缩系数较小,粉粒以下颗粒的温度收缩系数较大。

无机结合料稳定材料温度收缩特性与结合料类型和剂量、被稳定材料的类别、粒料含量、龄期等有关。

任务5-2 认识石灰

石灰是不同化学组成和物理形态的生石灰、消石灰、水硬性石灰与气硬性石灰的统称。水硬性石灰有天然水硬性石灰和人造水硬性石灰之分,人造水硬性石灰很少生产,而天然水硬性石灰是一种以泥质或硅质石灰石为原料,经煅烧、研磨、熟化等工艺过程制成的水硬性胶凝材料，常被用作石质文物修复材料，因其兼具石灰和水泥的双重特性（透气、透水、强度适中、自愈合等优异性能），在其他领域应用前景也很广。

本书介绍的石灰是用于公路工程中的生石灰、消石灰和气硬性石灰。

注：水硬性是指不仅能在空气中硬化，还能在水中硬化；气硬性是指只能在空气中硬化。

（一）石灰的生产

用于煅烧石灰的原料以富含氧化钙的岩石（如石灰石、白云石、白垩等）为主，亦可应用含有氧化钙和部分氧化镁的岩石。

石灰石在煅烧过程中，碳酸钙的分解需要吸收热量，通常需加热至900℃以上，其化学反应可表示如下：

$$CaCO_3 \xrightarrow[178kJ/mol]{900℃} CaO + CO_2\uparrow$$

碳酸钙在分解时，每100份质量的$CaCO_3$，失去44份质量的CO_2，而得到56份质量的CaO。但煅烧后得到的生石灰（CaO）体积，仅比原来石灰石（$CaCO_3$）的体积减小10%～15%，所以石灰是一种多孔材料。

优质的石灰色泽洁白或略带灰色，质量较轻，其堆积密度为800～1000kg/m^3。石灰在烧制过程中，往往由于石灰石原料的尺寸过大或窑中温度不匀等，会生成“欠火石灰”。欠火石灰的颜色发青，内部含有未烧透的内核，未消化残渣含量高，有效氧化钙和氧化镁含量低，使用时缺乏黏结力。另外，由于煅烧温度过高或时间过长，会生成“过火石灰”。过火石灰呈灰黑色，表面出现裂缝或玻璃状的外壳，体积收缩明显，块体密度大，消化缓慢。过火石灰用于工程中，可能在石灰浆硬化以后才发生水化反应，导致已成型的结构物体积膨胀，表面局部隆起、剥落或产生裂缝，严重影响工程质量。因此，在生产中要严格控制煅烧质量，使用时应提前对过火石灰进行处理。

煅烧石灰的岩石常常会含有少量碳酸镁，碳酸镁在650℃时会分解生成氧化镁和排出CO_2，因此石灰中含有氧化镁。石灰按氧化镁含量不同分为钙质石灰和镁质石灰，其分类见表5-3。

钙质石灰和镁质石灰分类表 表5-3

品种	MgO含量（%）	
	钙质石灰	镁质石灰
生石灰	≤5	>5
生石灰粉	≤5	>5
消石灰粉	≤4	>4

此外，根据加工方法的不同将石灰进行分类，见表5-4。

石灰产品分类表 表5-4

石灰产品的名称	产品状态	加工方式	主要成分
块状生石灰	块状	原料煅烧	CaO
生石灰粉	粉状	块状生石灰磨细	CaO

续上表

石灰产品的名称	产品状态	加工方式	主要成分
消石灰粉(亦称熟石灰)	粉状	生石灰用适量的水消化、干燥	$Ca(OH)_2$
石灰浆(亦称石灰膏)	膏状	生石灰加多量的水(为石灰体积的3～4倍)消化而成的可塑性浆体	$Ca(OH)_2$和水
石灰乳	乳状	生石灰加较多的水消化而得的白色悬浮液	$Ca(OH)_2$和水

(二)石灰的消化

块状生石灰在使用时必须加水使其消解成为粉末状的"消石灰",这一过程称为"消化"或"熟化",故"消石灰"亦称"熟石灰"。其化学反应如下:

$$CaO + H_2O \longrightarrow Ca(OH)_2 + 64.9kJ/mol$$

消石灰的主要化学成分为氢氧化钙[$Ca(OH)_2$]。石灰加水后,放出大量的热,体积膨胀,质地纯且煅烧良好的石灰体积可增大1～2.5倍。

消化速度是反映生石灰水化速度的一个指标,通常以生石灰加入一定量水后放出热量,达到最高温度时所需要的时间来表示。根据消化速度的快慢,石灰有快熟、中熟和慢熟三种。快熟石灰10min就完成消化,中熟石灰10～30min完成消化,慢熟石灰则需30min以上的时间才能完成消化。

生石灰熟化时,应严格控制加水速度和加水量。对于快熟石灰,熟化快,放热量大,加水量应大,加水速度应较快,并搅拌帮助散热,以防已消化的石灰颗粒生成$Ca(OH)_2$包围于未消化颗粒周围,使内部石灰不易消化,这种现象称为"过烧"现象;对于慢熟石灰,加水量应少而慢,保持较高温度,以防止反应发热量少,水温过低,增加了未消化颗粒,这种现象称为"过冷"现象。生石灰消化的理论需水量为石灰质量的32.13%,但由于消化过程中水分损失,实际加水量通常为理论加水量的2～3倍。

石灰中含有过火石灰时,因过火石灰消化慢,在正常石灰已经硬化后,过火石灰颗粒才逐渐消化,体积膨胀,从而引起结构物隆起和开裂。为了消除过火石灰的危害,石灰消化后要"陈伏"两个星期,给予充分消化,然后才能使用。"陈伏"期间,石灰浆表面应有一层水分,使之与空气隔绝,以免碳化。

工地上根据熟石灰的用途不同有两种消化方法:

(1)消化成石灰膏——用于调制石灰砂浆或抹灰砂浆。

一般把生石灰放在化灰池中加水消化成含水率较大的石灰乳,然后通过筛网流入储灰池中,经沉淀除去上层水分即为石灰膏。

(2)消化成熟石灰粉——用于拌制石灰土(石灰、黏土)、三合土(石灰、黏土、砂石或炉渣)。

将适量的水加入生石灰中,加水量以充分消化而又不过湿成团为度。工地上常采用分层淋灰法进行消化,目前多在工厂中用机械法将生石灰熟化成消石灰粉。

用上述两种方法得到的消石灰在使用前均需"陈伏"两周以上,以消除过火石灰的危害。

(三)石灰的储存与运输

生石灰在空气中存放过久,会吸收空气中的水分自行消化成熟石灰。熟石灰粉又与空气中的CO_2结合而还原为$CaCO_3$,碳化后的石灰失去了水化作用的能力,不宜在工程上使用。石灰在储存、运输中应注意以下事项：

①新鲜块灰应设法防潮、防水，运到工地后最好储存在密闭的仓库中，存期不宜过久，一般以一个月为限。

②如必须长期储存，最好将生石灰先在消化池内消化成石灰浆，然后用砂、草席等覆盖，并且时常加水使灰浆表面有水与空气隔绝，这样可较长期储存而不变质。

③块灰在运输时，应尽量用带盖的车船或用帆布盖好，以防中途水分浸入自行消化或放热过多，造成火灾。

④石灰能侵蚀呼吸器官及皮肤，所以在进行施工和装卸石灰时，应注意安全防护，佩戴必要的防护用品。

(四)石灰的应用

在公路工程中，石灰的主要应用如下：

(1)拌制石灰砂浆。石灰砂浆主要用于地面以上部分的砌筑工程，并可用于抹面等装饰工程。

(2)加固软土地基。在软土地基中打入生石灰桩，可利用生石灰吸水产生膨胀对桩周土壤起挤密作用，利用生石灰和黏土矿物间产生的胶凝反应使周围的土固结，从而达到提高地基承载力的目的。

(3)作为无机结合料稳定材料的结合料。在道路工程中，随着无机结合料稳定层在高等级路面中的应用，石灰稳定材料、石灰粉煤灰稳定材料及其稳定碎石等广泛用于路面基层。

(4)在桥梁工程中，石灰砂浆、石灰水泥砂浆、石灰粉煤灰砂浆广泛用于圬工砌体和桥涵台背回填土。

在其他工程中，石灰的用途也很广泛，如建筑工程中用于室内粉刷，水泥行业中用于生产水泥等。

在生活中，石灰可用于刷墙、消毒杀菌、改底除臭、处理黑臭、杀灭害藻等。

(五)石灰的技术性质

用于公路工程的石灰，应符合下列技术性质：

(1)有效氧化钙和氧化镁含量

石灰中产生黏结性的有效成分是活性氧化钙和氧化镁，它们的含量是评价石灰质量的主要指标。石灰中有效氧化钙和氧化镁的含量越高，石灰的活性越高，质量越好，黏结性也越强。

有效氧化钙含量是石灰中活性的游离氧化钙占石灰试样的质量百分率，用中和滴定法测定；氧化镁含量是石灰中氧化镁占石灰试样的质量百分率，用络合滴定法测定。

(2)生石灰产浆量和未消化残渣含量

产浆量是单位质量(1kg)的生石灰经消化后所产石灰浆体的体积(L)。石灰产浆量越高，则表示其质量越好。

未消化残渣含量是生石灰消化后，未能消化而存留在5mm圆孔筛上的残渣占试样的百分率。未消化残渣含量越多，石灰质量越差，须加以限制。

(3)二氧化碳含量

控制生石灰或生石灰粉中的CO_2含量指标，是为了检测石灰石在煅烧时“欠火”造成产品中未分解完成的碳酸盐的含量。CO_2含量越高,表示未分解完全的碳酸盐含量越高,则(CaO + MgO)含量相对降低,导致石灰的胶结性能下降。

(4)消石灰粉游离水含量

游离水含量是指除化学结合水以外的含水率。生石灰在消化过程中加入的水是理论需水量的2~3倍,除部分水被石灰在消化过程中放出的热蒸发外,多加的水分残留于氢氧化钙(结合水除外)中。残余水分蒸发后,留下孔隙会加剧消石灰粉的碳化作用,以致影响石灰的质量,因此对消石灰粉的游离水含量必须加以限制。

(5)消石灰粉的细度

细度是指消石灰粉颗粒的粗细程度。以消石灰粉在0.60mm和0.15mm的筛余百分率控制。石灰越细,其活性越大。过量的筛余物直接影响石灰的黏结性,筛余物包括未消化的过火石灰和欠火石粒,以及含有大量钙盐的石灰颗粒或未燃尽的煤渣等。

(六)石灰的技术要求

在公路工程中,石灰技术指标应符合《公路路面基层施工技术细则》(JTG/T F20—2015)的规定,如表5-5所示。

石灰的技术指标　表5-5

项目		钙质生石灰			镁质生石灰			钙质消石灰			镁质消石灰		
		等级											
		Ⅰ	Ⅱ	Ⅲ	Ⅰ	Ⅱ	Ⅲ	Ⅰ	Ⅱ	Ⅲ	Ⅰ	Ⅱ	Ⅲ
有效氧化钙和氧化镁含量(%)		≥85	≥80	≥70	≥80	≥75	≥65	≥65	≥60	≥55	≥60	≥55	≥50
未消化残渣含量(5mm圆孔筛的筛余)(%)		≤7	≤11	≤17	≤10	≤14	≤20	—	—	—	—	—	—
含水率(%)		—	—	—	—	—	—	≤4					
细度	0.60mm方孔筛的筛余(%)	—	—	—	—	—	—	0	≤1	≤1	0	≤1	≤1
	0.15mm方孔筛的筛余(%)	—	—	—	—	—	—	≤13	≤20	—	≤13	≤20	—

注:硅、铝、镁氧化物含量之和大于5%的生石灰,有效氧化钙和氧化镁含量指标,Ⅰ等≥75%,Ⅱ等≥70%,Ⅲ等≥60%;未消化残渣含量指标与镁质生石灰指标相同。

任务5-3 认识工业废渣

(一)粉煤灰

粉煤灰(Fly ash)是燃料(一般为煤炭)燃烧过程中产生的细小灰粒,一般呈灰白色至灰黑色,又被称作"飞灰"或"烟灰"。粉煤灰一般呈灰褐色,通常呈酸性,比表面积在250~700m^2/kg,尺寸从几微米到几百微米,主要化学成分为SiO_2、Al_2O_3和Fe_2O_3,有时候还含有较高的CaO。由于在燃烧后的冷却过程中受到表面张力作用,其形态一般呈圆球状(图5-1),部分因互相碰撞粘连,成为蜂窝状的组合粒子。粉煤灰是一种典型的非均质物质,含有未燃尽的碳、未发生变化的矿物(如石英等)和碎片等,而相当大比例(通常大于50%)的是粒径小于1μm 的球状铝硅酸盐玻璃球。

粉煤灰是排放量最大的一种工业废渣。一般来说,根据煤的品位及燃烧条件的不同,1×10^4kW 装机容量的年粉煤灰排放量为$(0.1\sim0.2)\times10^4\sim1\times10^4$t 不等。由于煤的储量较大,在今后相当长的一段时间内,我国的电力供应还将依赖于火电发电厂,所以粉煤灰的年排放量增大已成为必然趋势。

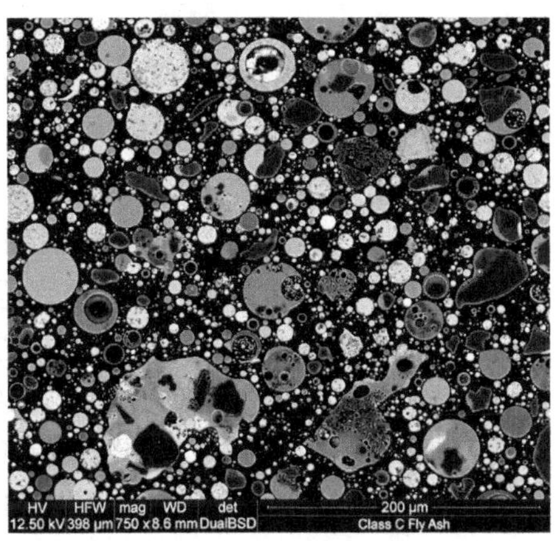

图 5-1　显微镜下的粉煤灰颗粒

作为世界上最大的煤炭产出国和消费国,我国每年产生粉煤灰8亿~9亿t,而目前的利用率却只有70%左右。大量粉煤灰长期堆积在电厂周围,进入大气和水中,对生态环境和人类健康造成严重危害。因此,加大粉煤灰的利用力度迫在眉睫。

粉煤灰疏松多孔,比表面积大,吸附能力强,保温耐火性强,目前主要应用在工农业生产、工程建设等方面。例如,将粉煤灰压实制作的粉煤灰砖,质量轻、强度高,保温耐火,是建筑工程的绝佳材料;利用粉煤灰作为路基和建筑填料,不仅充填性好,也具有较高的强度;粉煤灰还可以作为水泥、混凝土等材料的添加剂,提高材料性能,其中含有的多种活性物质,在与水泥、石灰等拌和后生成胶凝物质,大大提高材料的强度和抗渗性能。在混凝土中加入粉煤灰,可以减少混凝土拌和的用水量,显著降低混凝土在凝固过程中的放热,从而避免胀缩裂缝的产生。这尤其适用于大体积混凝土工程的建设,例如,三峡大坝工程就消耗了170多万吨粉煤灰,使得大坝固若金汤,在建设后几乎没有出现开裂。

(二)矿渣和钢渣

矿渣是高炉炼铁过程中,铁矿石中含有的二氧化硅(SiO_2)、氧化铝(Al_2O_3)等杂质与溶剂中的氧化钙(CaO)、氧化镁(MgO)等反应生成的硅酸盐熔融物;经急冷处理后,呈现出多孔无定型状结构(图5-2)。根据矿石品位不同,每冶炼1t钢铁产生0.5~0.9t矿渣。我国每年金属冶炼产生大量的矿渣,但利用率仅约70%,仍有大量矿渣堆积。

图 5-2　矿渣结构

矿渣是由CaO、MgO、$A1_2O_3$、Fe_2O_3等组成的硅酸盐和铝酸盐。矿渣的活性以质量系数来衡量,系数越大则活性越高。矿渣的活性很大程度上还取决于它的冷却条件。慢冷的矿渣具有相对均衡的结晶结构,主要的矿物为钙铝黄长石、镁黄长石、钙长石、硫化钙、硅酸二钙等,除了硅酸二钙具有缓慢水硬活性外,其他矿物在常温下的水硬性很差。水淬急冷阻止了矿物结晶,形成大量无定型活性玻璃体结构或网络结构,因而水淬矿渣(水渣)具有较高的潜在活性。水渣主要用于生产矿渣水泥、湿碾矿渣混凝土和矿渣砖。水渣具有潜在的水硬胶凝性能,在水泥熟料、石灰、石膏等的激发作用下,可以显示出水硬胶凝性,是优质的水泥原料。

近年来,磨细矿渣作为一种优质的混凝土掺合料在混凝土制备过程中的应用越来越广泛。矿渣在粉磨过程中的比表面积增大,其水化反应活性大幅度提高。一般来说,矿渣的水化活性大于粉煤灰的,所以矿渣作为水泥混合材和混凝土掺合料的应用越来越广泛,这导致矿渣的价格逐步攀高,形成矿渣供不应求的局面。

钢渣作为炼钢过程中的副产物,它呈黑色,外观像结块的水泥熟料,其中夹带部分铁粒,硬度大,密度为1700~2000kg/m^3。钢渣的主要矿物组成为橄榄石($2FeO \cdot SiO_2$)、硅酸二钙($2CaO \cdot SiO_2$)、硅酸三钙($3CaO \cdot SiO_2$)、铁酸二钙($2CaO \cdot Fe_2O_3$),还有部分氟磷灰石($9CaO \cdot 3P_2O_5 \cdot CaF_2$)和游离氧化钙($CaO$),随着碱度不同,钢渣中主体矿物相有差别。根据钢渣的碱度不同,可以将钢渣分为低碱度钢渣、中碱度钢渣和高碱度钢渣。

目前钢渣的利用以中高碱度钢渣为主。钢渣的产量为钢产量的15%~20%。中国钢产量已经连续多年居世界第一,在钢铁工业飞速发展的背后,钢渣的产量是绝对不可轻视的。然而就目前钢渣的综合利用情况来看,钢渣的利用率和利用效率都远不如粉煤灰和矿渣。目前,钢渣主要应用于路基垫层材料。这是因为钢渣具有容重大、表面粗糙不易滑移、耐侵蚀的特点等。另外,在水泥和混凝土中加入钢渣,能明显提高弯拉强度。而在道路混凝土相关标准中,弯拉强度是衡量道路混凝土性能的主要指标之一,所以将钢渣作为优良的耐磨道路专用材料具有较好的发展前景。钢渣混凝土具有良好的抗化学腐蚀的能力,加之其耐磨的特性,其也是理想的海工工程材料。目前钢渣的价格较低,通过机械激发和化学激发相结合提高钢渣的活性,在水泥和混凝土中部分或全部代替矿渣的使用是钢渣综合利用的发展方向之一。

(三)煤矸石

煤矸石是与煤层伴生的矿物,是在煤炭开发和洗选过程中被分离出来的废弃岩石,煤矿上常称之为"夹矸"。它实际上是含碳物(碳质页岩、碳质砂岩等,还有少量煤)与岩石(页岩、砂岩、砾岩等)的混合物。大部分结构致密,呈黑色;自燃后呈浅红色,结构疏松。煤矸石的主要化学成分为氧化物,如SiO_2、Al_2O_3等,矿物成分主要有黏土矿物(高岭石、伊利石、蒙脱石、勃姆石)、石英、方解石、硫铁矿及碳质。

煤矸石是我国目前排放、堆存量较大的工业废渣之一。煤矸石排放量占原煤产量的15%~20%,已累计储存量达70亿t之多。煤矸石堆存已经成为大气环境中二氧化硫污染的重要因素。煤矸石山周围的地下水呈现高矿化度、高硬度,硫酸盐、钠离子等含量升高。同时,煤矸石山溢流水的污染使土壤盐分升高,导致土地盐碱化,使农作物生长发育受到影响,有的田地因污染严重无法耕种。煤矸石易于风化,且有机成分容易自燃,产生了大量一氧化碳、二氧化硫、硫化氢等有毒有害气体,以至于在一些煤矸石堆积地自燃释放的毒气影响人们的正常呼吸。煤矸石造成大气环境恶化、河道堵塞、地表和地下水污染、土地沙化和大面积的水土流失,并引发了一系列社会问题。我国煤矸石的综合利用率仅约40%,煤矸石的堆积量仍在持续增加。煤矸石的堆积量还将持续增加。

在建筑工程上,煤矸石具有广泛的用途。煤矸石本身就是一种石材,因此可以作为混凝土的集料,用于制砖、生产煤矸石砖(图5-3)等。在利用煤矸石烧砖的过程中,煤矸石本身就可以燃烧发热,因此可以节约燃料。此外,煤矸石也可以作为填料使用,用于煤矿回填,可以防止采空塌陷，以及用于路基回填等。

（四）磷渣

图 5-3 煤矸石砖

磷渣是用电炉法制备黄磷时的工业副产品。用电炉法制取黄磷时，在制备过程中，利用焦炭和硅石作为还原剂和成渣剂，使磷矿石中的钙和二氧化硅化合，形成熔融炉渣，将之排出后，经高压水淬急冷，即为粒化电炉磷渣，简称磷渣。磷渣通常为黄白色或灰白色，含磷较高时甚至为黑色。磷渣的主要成分是 CaO 和 SiO_2，平均含量在 90% 以上，此外，还含有少量的 TiO_2、Fe_2O_3、P_2O_5、MgO、和 Na_2O 等。从矿物学的角度来看，磷渣主要有环硅灰石、枪晶石、硅酸钙、变针硅酸钙，副产物有磷灰石、学石、金红石等。粒状电炉磷渣以玻璃态为主，玻璃体含量达 85% ~90%，潜在矿物相为硅灰石和枪晶石，此外还有部分结晶相，如石英、假硅灰石、方解石及氟化钙等。由于粒状磷渣中大部分是以玻璃态形式存在，所以粒状磷渣具有较高的水化活性，这就使磷渣成为一种优质的建材原料成为可能。目前，我国磷渣的排放量较大。每生产 1t 黄磷便要排出 8 ~10t 磷渣，我国磷渣堆积量仍在逐年递增。然而我国多数黄磷生产企业将磷渣作为废渣堆放，仅有少量作为建材原料和生产农用肥料，导致大量的磷渣堆积，更为严重的是，磷渣中的 P_2O_5 和其他有毒元素会在雨水的冲淋下渗入地下造成土壤污染及地下水污染。因此，有必要综合利用磷渣，特别是云南、贵州等产磷大省，磷渣的综合治理更是当务之急。目前，磷渣的利用主要还是与水泥行业的生产相结合。

利用磷渣作为水泥原料烧制水泥熟料、利用磷渣作为混合材料制备复合水泥、利用磷渣作为混凝土掺合料，可以大幅度降低混凝土的早期水化热，其降低幅度甚至低于粉煤灰混凝土。磷渣具有明显的缓凝作用，这对混凝土分部分浇注，提高新老混凝土界面衔接紧密程度有一定的帮助。

图 5-4 磷石膏显微图像

（五）磷石膏

磷石膏是用湿法工艺生产磷酸的副产物，为灰白色至灰黑色的粉状固体颗粒，晶体呈针状、板状或柱状（图 5-4）。其主要成分为二水硫酸钙（$CaSO_4 \cdot 2H_2O$），同时也含有重金属元素、氟类、有机质、放射性元素等大量有害物质。

磷石膏的产量大，每生产 1t 磷酸就会产生 4 ~6t 的磷石膏，我国每年磷石膏产量超过 7800 万 t。但利用率低，我国磷石膏综合利用率仅约 40%，仍存在大量堆积。作为一种固体废弃物，其大量堆存将造成重金属污染、水体富营养化、大气污染等一系列问题。堆积的磷石膏，高度可达数十米，随时有发生滑坡的风险。

磷石膏中含有大量杂质，利用前需要净化除杂，降低其危险性。磷石膏目前主要用于建筑工程领域。例如,磷石膏可以代替天然石膏用作水泥缓凝剂,延缓水泥凝固,为混凝土拌和、浇筑争取时间;可以用来生产粉刷石膏、制作石膏板材等建筑材料,也可以用于路基回填、边坡防护等。

粉煤灰、矿渣和钢渣等已在水泥、水泥混凝土等产业广泛应用,具体的应用技术性质和要求可按相应的标准规范执行,而其他工业废渣基本上处于积极探索阶段或初步使用阶段,使用时应查看相应的研究报告或技术文件并应通过试验论证。

任务 5-4 检验无机结合料稳定材料

科学地检验无机结合料稳定材料的质量和各项技术指标对指导我国公路路面基层材料的试验和施工现场基层质量检测,保证路面质量有很大的作用。

根据《公路水运工程试验检测机构等级标准》中试验检测能力基本要求及主要仪器设备(综合乙级)必须满足的试验检测参数要求,以下参数为无机结合料稳定材料试验检测项目必须满足的试验检测参数,其余参数的试验检测可参照《公路工程无机结合料稳定材料试验规程》(JTG 3441—2024)、《用于水泥、砂浆和混凝土中的粒化高炉矿渣粉》(GB/T 18046—2017)和《用于水泥和混凝土中的粉煤灰》(GB/T 1596—2017)等标准规范。

(一)无机结合料稳定材料的击实试验检测

无机结合料稳定材料击实试验

1. 试验检测原理

模拟现场压路机碾压的效果,利用标准化的击实仪器,分析稳定材料的密度与相应的含水率的关系,从而得到最大干密度和最佳含水率。

2. 目的与适用范围

本方法可以测定无机结合料稳定材料的最佳含水率和最大干密度。

本方法适用于不同级配形式和细、中、粗粒式水泥稳定材料(在水泥水化前)、石灰稳定材料及石灰(或水泥)粉煤灰稳定材料的击实试验。

3. 主要仪器设备

(1)击实筒:小型,内径 100mm、高 127mm 的金属圆筒,套环高 50mm,底座;大型,内径 152mm、高 170mm 的金属圆筒,套环高 50mm,直径 151mm 和高 50mm 的筒内垫块,底座。

(2)多功能自控电动击实仪:击锤的底面直径 50mm,总质量 4.5kg。击锤在导管内的总行程为 450mm。可设置击实次数,并保证击锤自由垂直落下,落高应为 450mm,锤迹均匀分布于试样面。

(3)电子天平:量程不小于 4000g,感量 0.01g。

(4)电子天平:量程不小于 15kg,感量 0.1g。

(5)方孔筛:孔径 53mm、37.5mm、26.5mm、19mm、4.75mm、2.36mm 的筛各 1 个。

(6)量筒:50mL、100mL 和 500mL 的量筒各 1 个。

(7)直刮刀:长 200 ~ 250mm、宽 30mm、厚 3mm,一侧开口的直刮刀,用以刮平和修饰粒料大试件的表面。

(8)刮土刀:长 150 ~ 200mm、宽约 20mm 的刮土刀,用以刮平和修饰小试件的表面。

(9)工字形刮平尺:30mm × 50mm × 310mm,上下两面和侧面均刨平。

(10)拌和工具:约 400mm × 600mm × 70mm 的长方体金属盘、拌和用平头小铲等。

(11)脱模器。

(12)测定含水率用的铝盒(图 5-5)、烘箱等其他用具。

(13)游标卡尺。

图 5-5　铝盒

4. 试验操作及记录

参照对应的最新标准规范和《道路建筑材料试验检测手册》,在老师指导下完成,并将试验记录填写在《道路建筑材料试验检测手册》中。

5. 注意事项

(1)试验集料的公称最大粒径宜控制在 37.5mm(方孔筛)以内,有超粒径的应过筛并记录。

(2)浸润时间应适当控制。

(3)水泥稳定类的应在拌和后 1h 内完成击实,否则应予作废。

(4)测含水率时应先开烘箱至规定温度,并注意样品质量应符合表 5-6 的要求。如只取一个样品测定含水率,则样品的质量应为表列数值的两倍。

样品质量要求表　　表 5-6

公称最大粒径(mm)	样品质量(g)
2.36	约 50
19	约 300

(5)凡已用过的试料,一律不重复使用。

(6)注意选择试验类别(甲、乙或丙法),见表 5-7。

试验类别表　　表 5-7

类别	锤的质量(kg)	锤击面直径(mm)	落高(mm)	试筒尺寸			锤击层数	每层锤击次数	平均单位击实功(J)	容许公称最大粒径(mm)
				内径(mm)	高(mm)	容积(mL)				
甲	4.5	50	450	100	127	997	5	27	2.687	19
乙	4.5	50	450	152	170	2177	5	59	2.687	19
丙	4.5	50	450	152	170	2177	3	98	2.677	37.5

甲法:多数情况下采用。

乙法:在缺乏内径 10cm 的试筒时,以及在需要与承载比等试验结合起来进行时,采用乙法进行击实试验。本法更适宜于公称最大粒径达 19mm 的集料。

丙法:试料中粒径大于 19mm 的颗粒含量超过 10%,存留在 37.5mm 筛上的颗粒的含量不超过 10%。

(7)击实时应注意安全。

(8)应加水量可按下式计算:

$$m_w=\left(\frac{m_n}{1+0.01w_n}+\frac{m_c}{1+0.01w_c}\right)\times 0.01w-\frac{m_n}{1+0.01w_n}\times 0.01w_n-\frac{m_c}{1+0.01w_c}\times 0.01w_c \tag{5-1}$$

式中:m_w——混合料中应加的水量(g);

m_n——混合料中素土(或集料)的质量(g),其原始含水率为 w_n,即风干含水量(%);

m_c——混合料中水泥或石灰的质量(g),其原始含水率为 w_c(%);

w——要求达到的混合料的含水率(%)。

(9)应做两次平行试验,取两次试验的平均值作为最大干密度和最佳含水率。两次重复性试验最大干密度的差不应超过 0.05g/cm^3(稳定细粒土)和 0.08g/cm^3(稳定中粒土和粗粒土),最佳含水率的差不应超过 0.05g/cm^3(最佳含水率小于 10%)和 1.0%(最佳含水率大于 10%)。超过上述规定值,应重做试验,直到满足精度要求。

(10)试验结束后,应将所用设备整理干净,恢复原位并清理垃圾。

6. 试验结果应用分析

干密度和含水率的关系曲线应对照图 4-10 和图 4-11 进行处理,如试验结果不足以连成完整的上述两种曲线,则应进行补充试验。

(二)无机结合料稳定材料的试件制作(圆柱形)

1. 试验检测原理

根据需要的压实度水平,按照体积标准,采用静力压实法制备试件。

2. 目的与适用范围

本方法是为强度试验和回弹模量试验等制备标准试件。

本方法适用于无机结合料稳定材料径高比为 1:1 的圆柱形试件的静压成型,对于径高比为 1:1.5 或 1:2 试件的静压成型,在增加试模高度的前提下亦可参考本方法。

3. 主要仪器设备

(1)方孔筛:孔径 53mm、37.5mm、31.5mm、26.5mm、4.75mm 和 2.36mm 的筛各 1 个。

(2)试模:粗粒材料,试模内径 150mm、壁厚 10mm,高应满足放入上下垫块后余 150mm;中粒材料,试模内径 100mm、壁厚 10mm,高应满足放入上下垫块后余 100mm;细粒材料,试模内径 50mm、壁厚 10mm,高应满足放入上下垫块后余 50mm。

(3)电动脱模器。

(4)反力架(图 5-6):反力为 400kN 以上。

(5)液压千斤顶(图 5-7):200 ~ 1000kN。

(6)钢板尺:量程 200mm 或 300mm,最小刻度 1mm。

(7)游标卡尺:量程200mm或300mm。

(8)电子天平:量程不小于15kg,感量0.1g;量程不小于4000g,感量0.01g。

(9)压力试验机:可替代千斤顶和反力架,量程不小于2000kN,行程、速度可调。

图5-6　反力架

图5-7　液压千斤顶

4. 注意事项

(1)根据击实结果,称取一定质量的风干土。对于细粒材料,1个试件约需干土180~210g;对于中粒材料,1个试件约需干土1700~1900g;对于粗粒材料,1个试件约需干土5700~6000g。

(2)在脱模器上取试件时,应用双手抱住试件侧面的中下部,然后沿水平方向轻轻旋转,待感觉到试件移动后,再将试件轻轻捧起,放置到试验台上。切勿直接将试件向上捧起,导致试件破碎。

(3)对于细粒土(特别是黏性土),浸润时的含水率应比最佳含水率小3%;对于中粒土和粗粒土,可按最佳含水率加水;对于水泥稳定类材料,加水量应比最佳含水率小1%~2%。

注:应加的水量可按式(5-1)计算。

(4)试验结束后,应将所用设备整理干净,恢复原位并清理垃圾。

5. 试验结果应用分析

为了便于试验操作,圆柱形试件的径高比一般为1:1,在科学研究中,根据需要可采用径高比为1:1.5或1:2甚至1:2.5或1:3的试件。其成型方法同本方法,但需要注意,随着径高比的增加,不仅单个试件的质量显著增加,而且试件中部的压实试件成型后的脱模等都将存在较大困难,这将对试验结果的稳定性产生影响。

对于粗粒料稳定材料(特别是水泥稳定类材料),由于细集料较少,在成型过程中,内壁涂机油是必要的。同时为避免表面出现裂纹,应保持试模内壁光洁度,试模口无毛刺、变形,试筒垂度、试模直径公差满足要求。在脱模过程中为了减少对试件的损伤,延长脱模时间是必要的。用水泥稳定有黏结性的材料(如黏性土)时,制件后可以立即脱模;用水泥稳定无黏结性材料时,最好过2~4h再脱模;对于中、粗粒土的无机结合料稳定材料,最好过2~6h脱模。此外,所有试件在脱模过程中应做到轻拿轻放,防止脱模搬运过程中对试件的损伤。

(三)无机结合料稳定材料的养生试验

1. 试验检测原理

在规定的温湿度条件下对试件进行养生试验。

2. 目的与适用范围

本方法是使标准试件在规定的养生条件下养生,从而使试件破坏强度具有可比性。

本方法适用于无机结合料稳定材料的养生试验。

3. 主要仪器设备

(1)标准养生室或可控温控湿的养生设备:标准养生室温度20℃ ±2℃,相对湿度≥95%。

(2)高温养生室:能保持试件养生温度60℃ ±1℃,相对湿度≥95%,容积能满足试验要求。

4. 注意事项

(1)无论南北方,标准养生温度均为20℃ ±2℃。

(2)试件的取放要小心,不要磕碰。

(3)试验结束后,应将所用设备整理干净,恢复原位并清理垃圾。

5. 试验结果应用分析

试件的质量损失指含水量的减少,不包括出于各种不同原因从试件上掉下的混合料。对于质量损失超过规定要求的试件和有明显边角缺损的试件应作废。

(四)无机结合料稳定材料的无侧限抗压强度试验

无机结合料稳定材料无侧限抗压强度试验

1. 试验检测原理

测定试件在无侧限条件下的破坏强度。

2. 目的与适用范围

本方法可以测定无机结合料稳定材料试件的无侧限抗压强度。

本方法适用于室内成型或现场钻芯取得的无机结合料稳定材料试件的无侧限抗压强度。

3. 主要仪器设备

(1)标准养生室或可控温控湿的养生设备。

(2)水槽:深度应大于试件高度50mm。

(3)压力机或万能试验机(也可用路面强度试验仪和测力计):压力机应符合《液压式压力试验机》[GB/T 3722—1992,被《液压式万能试验机》(GB/T 3159—2008)代替]及《试验机通用技术要求》(GB/T 2611—2022)中的要求,其测量精度为±1%,同时应具有加载速率指示装置或加载速率控制装置。上下压板平整并有足够刚度,可以均匀地连续加载卸载,可以保持固定荷载。开机、停机均灵活自如,能够满足试件吨位要求,且压力机加载速率可以有效控制在1mm/min。

(4)电子天平:量程不小于15kg,感量0.1g;量程不小于4000g,感量0.01g。

(5)量筒、拌和工具、漏斗、大小铝盒、烘箱等。

(6)球形支座。

(7)机油:若干。

(8)游标卡尺:量程 20mm。

4. 试验操作及记录

参照对应的最新标准规范和《道路建筑材料试验检测手册》,在老师指导下完成,并将试验记录填写在《道路建筑材料试验检测手册》中。

5. 注意事项

(1)加载时,试件需放置在竖向荷载的中心位置,如采用测力计,测力计中心、球形支座、上压板、试件及下压板(或半球形支座)应处在同一条直线上,避免偏载对试验结果的影响。

(2)当采用压力机加压时注意操作安全。

(3)试验结束后,应将所用设备整理干净,恢复原位并清理垃圾。

6. 试验结果应用分析

(1)同一组试件试验中,采用 3 倍均方差方法剔除异常值,小试件可以允许有 1 个异常值,中试件 1 ~2 个异常值,大试件 2 ~3 个异常值。异常值数量超过上述规定的重做试验。

(2)同一组试验的变异系数 C_V(%)符合下列规定,方为有效试验:小试件 $C_V \leqslant 6\%$;中试件 $C_V \leqslant 10\%$;大试件 $C_V \leqslant 15\%$。如不能保证试验结果的变异系数小于规定的值,则应按允许误差 10% 和 90% 的概率重新计算所需的试件数量,增加试件数量并另做新试验。新试验结果与老试验结果一并重新进行统计评定,直到变异系数满足上述规定。

(五)水泥或石灰稳定材料中的水泥或石灰剂量测定试验检测(EDTA 滴定法)

1. 试验检测原理

EDTA 与水泥或石灰稳定土中的二价钙离子 Ca^{2+} 反应,通过 EDTA 的消耗量(体积)求出水泥或石灰稳定土中钙离子的浓度,进而求出水泥或石灰稳定土中的水泥含量,即水泥或石灰剂量。

2. 目的与适用范围

本方法可以在工地快速测定水泥或石灰稳定材料及水泥和石灰稳定材料中水泥或石灰的剂量,并可用于检查现场拌和与摊铺的均匀性。

本方法适用于水泥或石灰稳定材料及水泥和石灰综合稳定材料。

3. 主要仪器设备

(1)滴定装置(图 5-8):

①滴定管(酸式):50mL,1 支。

②滴定台:1 个。

③滴定管夹:1 个。

④大肚移液管:10mL、50mL,各 10 支。

⑤锥形瓶(即三角瓶):200mL,20 个。

⑥烧杯:2000mL(或 1000mL),1 只;300mL,10 只。

⑦容量瓶:1000mL,1 个。

(2)搪瓷杯:容量大于 1200mL,10 只。

(3)不锈钢棒(或粗玻璃棒):10 根。

(4)量筒:100mL 和 5mL,各 1 只;50mL,2 只。

(5)棕色广口瓶:60mL,1 只(装钙红指示剂)。

(6)电子天平:量程不小于 1500g,感量 0.01g。

(7)秒表:1 只。

(8)表面皿:ϕ9cm,10 个。

(9)研钵:ϕ12 ~ 13cm,1 个。

(10)洗耳球:1 个。

(11)精密试纸:pH12 ~ 14。

(12)聚乙烯桶:20L(装蒸馏水和氯化铵及 EDTA 二钠标准溶液),3 个;5L(装氢氧化钠),1 个;5L(大口桶),10 个。

(13)毛刷、去污粉、吸水管、塑料勺、特种铅笔、厘米纸。

(14)洗瓶(塑料):500mL,1 只。

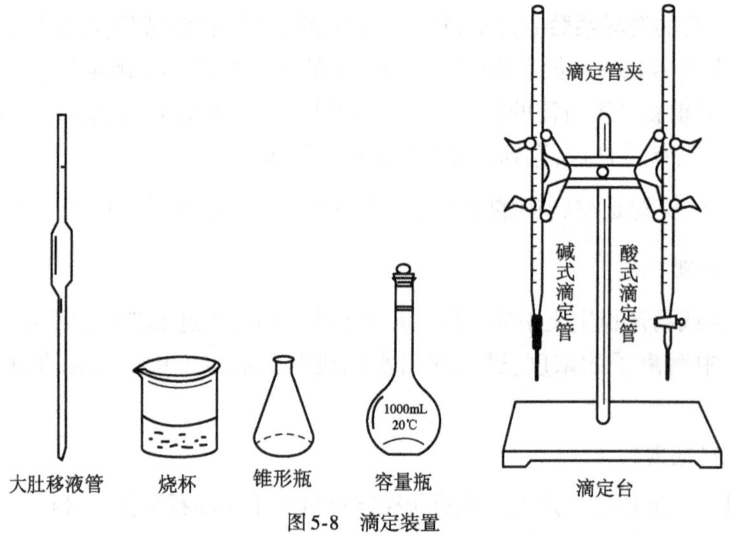

图 5-8 滴定装置

4. 试验操作及记录

参照对应的最新标准规范和《道路建筑材料试验检测手册》,在老师指导下完成,并将试验记录填写在《道路建筑材料试验检测手册》中。

5. 注意事项

(1)准备标准曲线的水泥剂量可为 0%、2%、4%、6%、8%。如水泥剂量较高或较低,应保证工地实际所用水泥或石灰的剂量位于标准曲线所用剂量的中间。

(2)如 10min 后得到的是混浊悬浮液,则应延长放置沉淀时间,直到出现无明显悬浮颗粒的悬浮液为止,并记录所需的时间。以后所有该种水泥(或石灰)稳定材料的试验,均应以同一时间为准。

(3)如素土、水泥或石灰改变,必须重做标准曲线。

(4)允许重复性误差不得大于均值的5%，否则重新进行试验。

(5)试验结束后，应将所用设备整理干净，恢复原位并清理垃圾。

6. 试验结果应用分析

工程实践证明，对水泥和石灰土，在不同龄期测出的水泥或石灰的剂量都在减少。在不同的龄期应该用不同的EDTA二钠标准溶液消耗量的标准曲线，这样才能在不同龄期都测出实际的水泥或石灰的剂量。因此，现场土样水泥或石灰的剂量应在路拌后尽快测定，否则即使龄期不超过7d，也需要用相应龄期的EDTA二钠标准溶液消耗量的标准曲线确定。水泥稳定材料的龄期修正以小时计；石灰及二灰修正以天计。水泥剂量测定不宜超过终凝；石灰剂量测定不宜超过火山灰反应开始时间，一般为7d。

(六)石灰中有效氧化钙和氧化镁含量试验检测(简易测定法)

1. 试验检测原理

氧化钙和氧化镁与蔗糖生成易溶解于水的蔗糖钙，在酚酞指示剂存在的情况下，盐酸的中和滴定后，溶液颜色从粉红色变成无色。通过计算盐酸的消耗量，推算氧化钙和氧化镁的含量。

2. 目的与适用范围

本方法可以测定石灰的有效氧化钙和氧化镁的含量。

本方法适用于氧化镁含量在5%以下的低镁石灰。

3. 主要仪器设备

(1)方孔筛：0.15mm，1个。

(2)烘箱：50～125℃，1台。

(3)干燥器：ϕ25cm，1个。

(4)称量瓶：ϕ30mm×50mm，10个。

(5)瓷研钵：ϕ12～13cm，1个。

(6)分析天平：量程不小于50g，感量0.0001g，1台。

(7)电子天平：量程不小于500g，感量0.01g，1台。

(8)电炉：1500W，1个。

(9)石棉网：20cm×20cm，1块。

(10)玻璃珠：ϕ3mm，1袋(0.25kg)。

(11)具塞三角瓶(图5-9)：250mL，20个。

(12)漏斗：短颈，3个。

(13)塑料洗瓶：1个。

(14)塑料桶：20L，1个。

(15)下口蒸馏水瓶：5000mL，1个。

(16)三角瓶：300mL，10个。

(17)容量瓶：250mL、1000mL，各1个。

(18)量筒：200mL、100mL、50mL、5mL，各1个。

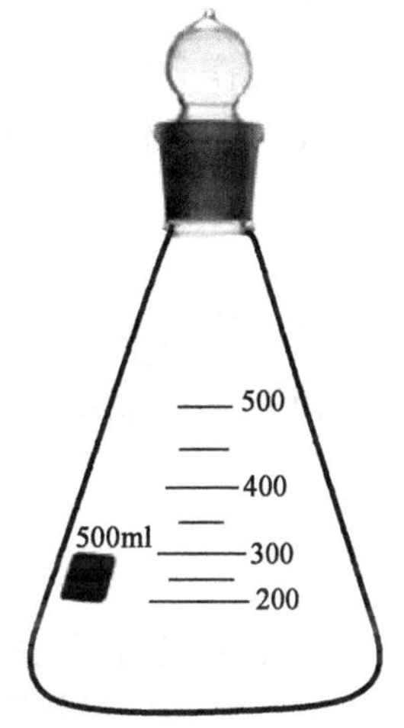

图5-9 具塞三角瓶

(19)试剂瓶:250mL、1000mL,各5个。

(20)塑料试剂瓶:1L,1个。

(21)烧杯:50mL,5个;250mL(或300mL),10个。

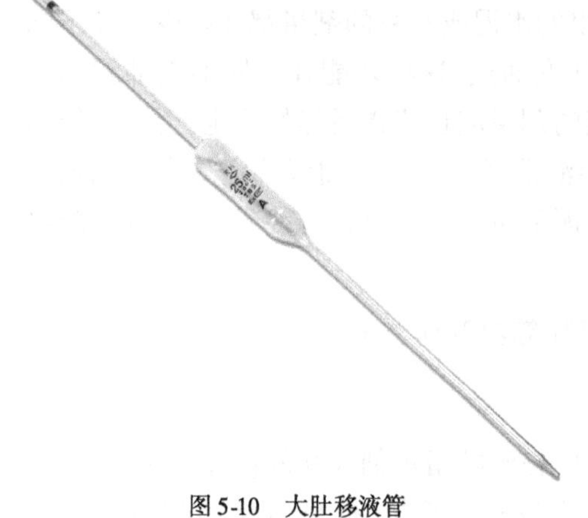

图5-10 大肚移液管

(22)棕色广口瓶:60mL,4个;250mL,5个。

(23)滴瓶:60mL,3个。

(24)酸滴定管:50mL,2支。

(25)滴定台及滴定管夹:各1套。

(26)大肚移液管(图5-10):25mL、50mL,各1支。

(27)表面皿:7cm,10块。

(28)玻璃棒:8mm×250mm及4mm×180mm,各10支。

(29)试剂勺:5个。

(30)吸水管:8mm×150mm,5支。

(31)洗耳球:大、小各1个。

4.试验操作及记录

参照对应的最新标准规范和《道路建筑材料试验检测手册》,在老师指导下完成,并将试验记录填写在《道路建筑材料试验检测手册》中。

5.注意事项

(1)应注意生石灰和消石灰试样取样方法的不同。

(2)蔗糖要迅速覆盖试样,以防试样被碳化。

(3)加热蒸馏水是为了排除二氧化碳,故冷却后马上进行下一步操作。

(4)因氧化镁含量甚少,并且氧化钙和氧化镁两者之毫克当量相差不大,故有效氧化钙和氧化镁的毫克当量都以CaO的毫克当量计算。

(5)试验结束后,应将所用设备整理干净,恢复原位并清理垃圾。

6.试验结果应用分析

氧化镁分解缓慢,如果氧化镁含量高,则到达滴定终点的时间会很长,从而增加了与空气中二氧化碳的作用时间,影响测定结果。

任务5-5 无机结合料稳定材料的技术要求

(一)水泥稳定材料的技术要求

(1)对于高速公路和一级公路,所用粗粒土和中粒土应满足:

①水泥稳定材料用作底基层时,单个颗粒的最大粒径不应超过37.5mm。水泥稳定材料的颗粒组成应在表5-8所列1号级配范围内,土的不均匀系数应大于5。细粒土的液限不应超

过40%,塑性指数不应超过17。对于中粒土和粗粒土,如土中小于0.6mm的颗粒含量在30%以下,塑性指数可稍大。

在实际工作中,宜选用不均匀系数大于10、塑性指数小于12的土。塑性指数大于17的土,宜采用石灰稳定,或用水泥和石灰综合稳定。对于中粒土和粗粒土,宜采用表5-8中2号级配,但小于0.075mm的颗粒含量和塑性指数可不受限制。

②水泥稳定材料用作基层时,单个颗粒的最大粒径不应超过31.5mm。水泥稳定材料的颗粒组成应在表5-8所列3号级配范围内。

③水泥稳定材料用作底基层时,对所用的碎石或砾石,应预先筛分成3~4个不同粒级,然后配合,使颗粒组成符合表5-8所列级配范围。

水泥稳定材料的颗粒组成范围 表5-8

指标		质量通过百分率(%)		
		1号	2号	3号
筛孔尺寸(mm)	37.5	100	100	—
	31.5	—	90~100	100
	26.5	—	—	90~100
	19	—	67~90	72~89
	9.5	—	45~68	47~67
	4.75	50~100	29~50	29~49
	2.36	—	18~38	17~35
	0.6	17~100	8~22	8~22
	0.075	0~30	0~7[a]	0~7[a]
液限(%)		—	—	<28
塑性指数		—	—	<9

注:[a]集料中0.5mm以下细粒土有塑性指数时,小于0.075mm的颗粒含量不应超过5%;细粒土无塑性指数时,小于0.075mm的颗粒含量不应超过7%。

(2)对于二级和二级以下的公路,所用粗粒土和中粒土应满足:

①水泥稳定材料用作底基层时,单个颗粒的最大粒径不应超过53mm(指方孔筛。如为圆孔筛,则最大粒径可为所列数值的1.2~1.25倍,下同),水泥稳定材料的颗粒组成应在表5-9所列范围内,土的不均匀系数应大于5。细粒土的液限不应超过40,塑性指数不应超过17。对于中粒土和粗粒土,如土中小于0.6mm的颗粒含量在30%以下,塑性指数可稍大。

用作底基层时水泥稳定材料的颗粒组成范围 表5-9

筛孔尺寸(mm)	53	4.75	0.6	0.075	0.002
质量通过百分率(%)	100	50~100	17~100	0~50	0~30

注:表中所列用筛为方孔筛。在无相应尺寸方孔筛的情况下,可先将颗粒组成在半对数坐标纸上画出两根级配曲线,然后在对数坐标上查找所需筛孔的位置或点,从该点引一垂直线向上与两根曲线相交,分别从这两交点画水平线与纵坐标轴相交,即可得到所需颗粒尺寸的通过百分率。

在实际工作中,宜选用不均匀系数大于10、塑性指数小于12的土。塑性指数大于17的土,宜采用石灰稳定,或用水泥和石灰综合稳定。

②水泥稳定材料用作基层时,集料单个颗粒的最大粒径不应超过37.5mm。水泥稳定材料的颗粒组成应在表5-10范围内。集料中不宜含有黏性土或粉性土。对于二级公路宜按接近级配范围的下限组配混合料或采用表5-10中的2号级配。

③级配碎石、未筛分碎石、砂砾、碎石土、砂砾土、煤矸石和各种粒状矿渣均适合用水泥稳定。碎石包括岩石碎石、矿渣碎石、破碎砾石等。

用作基层时水泥稳定材料的颗粒组成范围 表5-10

筛孔尺寸(mm)	质量通过百分率(%)	筛孔尺寸(mm)	质量通过百分率(%)
37.5	90~100	2.36	20~70
26.5	66~100	1.18	14~57
19	54~100	0.6	8~47
9.5	39~100	0.075	0~30
4.75	28~84	—	—

(3)水泥稳定材料中碎石或砾石的压碎值应符合下列要求:

基层:

高速公路和一级公路 不大于30%

二级和二级以下公路 不大于35%

底基层:

高速公路和一级公路 不大于30%

二级和二级以下公路 不大于40%

(4)普通硅酸盐水泥、矿渣硅酸盐水泥和火山灰质硅酸盐水泥都可用于稳定材料,但应选用初凝时间3h以上和终凝时间较长(宜在6h以上)的水泥。不应使用快硬水泥、早强水泥以及已受潮变质的水泥。宜采用强度等级32.5或42.5的水泥。

(5)有机质含量超过2%的土,必须先用石灰进行处理,闷料一夜后再用水泥稳定。硫酸盐含量超过0.25%的土,不应用水泥稳定。

(二)石灰稳定材料的技术要求

塑性指数为15~20的黏性土以及含有一定数量黏性土的中粒土和粗粒土均适合用石灰稳定。塑性指数在15以上的黏性土更适合用石灰和水泥综合稳定。塑性指数在10以下的亚砂土和砂土用石灰稳定时,应采取适当的措施或采用水泥稳定。塑性指数偏大的黏性土,应加强粉碎,粉碎后土块的最大尺寸不应大于15mm。用石灰稳定无塑性指数的级配砂砾、级配碎石和未筛分碎石时,应添加15%左右的黏性土。硫酸盐含量超过0.8%的土和有机质含量超过10%的土,不宜用石灰稳定。

石灰技术指标应符合表5-5的规定,并应尽量缩短石灰的存放时间。石灰放置过久,其有效氧化钙和氧化镁的含量会有很大损失。石灰堆放在野外且无覆盖时,遭受风吹雨淋和日晒，其有效氧化钙和氧化镁的含量迅速降低，放置 3 个月可从原来的 80% 以上降到 40% 左右，放置半年可降到仅 30% 左右。因此，石灰应堆放成高堆并用篷布和土覆盖，然后边使用边揭盖。

使用石灰稳定材料时，应遵守下列规定：

(1)石灰稳定材料用作高速公路和一级公路的底基层时，颗粒的最大粒径不应超过 37.5mm，用作其他等级公路的底基层时，颗粒的最大粒径不应超过 53mm。

(2)石灰稳定材料用作基层时，颗粒的最大粒径不应超过 37.5mm。

级配碎石、未筛分碎石、砂砾、碎石土、砂砾土、煤矸石和各种粒状矿渣等均适合用作石灰稳定材料的材料。石灰稳定材料中碎石、砂砾或其他粒状材料的含量应在 80% 以上，并应具有良好的级配。

(3)石灰稳定材料中碎石或砾石的压碎值应符合下列要求：

基层：

二级公路	不大于 30%
二级以下公路	不大于 35%

底基层：

高速公路和一级公路	不大于 30%
二级和二级以下公路	不大于 35%

(三)综合稳定材料的要求

(1)综合稳定材料所用石灰质量应符合表 5-5 规定的Ⅲ级消石灰或Ⅲ级生石灰的技术指标，应尽量缩短石灰的存放时间，如存放时间较长，应采取覆盖封存措施，妥善保管。

(2)粉煤灰中 SiO_2、Al_2O_3 和 Fe_2O_3 的总含量应大于 70%，粉煤灰的烧失量不应超过 20%；粉煤灰的比表面积宜大于 $2500cm^2/g$(或 90% 通过 0.3mm 筛孔，70% 通过 0.075mm 筛孔)。干粉煤灰和湿粉煤灰都可以应用。湿粉煤灰的含水率不宜超过 35%。

(3)宜采用塑性指数 12 ~ 20 的黏性土(亚黏土)。土块的最大粒径不应大于 15mm。有机质含量超过 10% 的土不宜选用。

(4)碎石或砾石的压碎值应符合下列要求：

基层：

高速公路和一级公路	不大于 30%
二级和二级以下公路	不大于 35%

底基层：

高速公路和一级公路	不大于 35%
二级和二级以下公路	不大于 40%

(5)用于二级及二级以下公路的二灰稳定材料还应符合下列要求：

①二灰稳定材料用作底基层时，石料颗粒的最大粒径不应超过 53mm。

②二灰稳定材料用作基层时，石料颗粒的最大粒径不应超过 37.5mm；碎石、砾石或其他粒状材料的质量宜占 80% 以上，并符合表 5-11 的级配范围。

二灰级配砂砾中集料的颗粒组成范围 表5-11

筛孔尺寸(mm)	质量通过百分率(%)	
	1号	2号
37.5	100	—
31.5	85~100	100
19.0	65~85	85~100
9.50	50~70	55~75
4.75	35~55	39~59
2.36	25~45	27~47
1.18	17~35	17~35
0.60	10~27	10~25
0.075	0~15	0~10

(6)用于高速公路和一级公路的二灰稳定材料还应符合下列要求:

①二灰稳定材料用作底基层时,土中碎石、砾石颗粒的最大粒径不应超过37.5mm。各种细粒土、中粒土和粗粒土都可用二灰稳定后用作底基层。

②二灰稳定材料用作基层时,二灰的质量应占15%,最多不超过20%,石料颗粒的最大粒径不应超过31.5mm,其颗粒组成宜符合表5-10或表5-11中2号级配的范围,粒径小于0.075mm的颗粒含量宜接近0。

③对所用的砾石或碎石,应预先筛分成3~4个不同粒级,再配合成颗粒组成符合表5-10或表5-12所列级配范围的混合料。

二灰级配砂砾石中集料的颗粒组成范围 表5-12

筛孔尺寸(mm)	质量通过百分率(%)	
	1号	2号
37.5	100	—
31.5	90~100	100
19.0	72~90	81~98
9.50	48~68	52~70
4.75	30~50	30~50
2.36	18~38	18~38
1.18	10~27	10~27
0.60	6~20	6~20
0.075	0~7	0~7

任务 5-6 无机结合料稳定材料的配合比设计

（一）石灰稳定材料组成设计

1. 一般规定

(1)各级公路用石灰稳定材料的 7d 无侧限抗压强度代表值应根据公路等级和设计交通荷载确定，应符合表 5-13 的规定。

石灰稳定材料 7d 无侧限抗压强度代表值标准 表 5-13

公路等级		交通荷载等级		
		极重、特重交通	重交通	中等、轻交通
基层(MPa)	二级及二级以下公路	—	—	≥0.8[a]
底基层(MPa)	高速公路、一级公路	—	—	≥0.8
	二级及二级以下公路	—	—	0.5 ~ 0.7[b]

注：[a]在低塑性土（塑性指数小于 7）地区，石灰稳定砂砾土和碎石土的 7d 浸水抗压强度应大于 0.5MPa（100g 平衡曲锥测液限）。

[b]低限用于塑性指数小于 7 的黏性土，高限用于塑性指数大于 7 的黏性土。

公路等级按技术可划分高速公路、一级公路、二级公路、三级公路和四级公路共 5 个技术等级，具体要求应按照《公路工程技术标准》(JTG B01—2014)执行，路面结构设计的交通荷载等级按设计使用年限内设计车道累计大型客车和货车交通量划分为极重、特重、重、中等、轻共 5 个等级，具体应按《公路沥青路面设计规范》(JTG D50—2017)执行。

(2)石灰稳定材料的组成设计应根据表 5-13 的强度标准，通过试验选取最适宜稳定的土，确定必需的或最佳的石灰剂量和混合料的最佳含水率，在需要改善混合料的物理力学性质时，还应确定掺加料的比例。

(3)工地实际采用的石灰剂量应比室内试验确定的剂量多 0.5% ~1.0%。采用集中厂拌法施工时，可只增加 0.5%；采用路拌法施工时，宜增加 1%。

(4)石灰稳定不含黏性土的级配碎石、未筛分碎石和级配砂砾用作高级沥青路面的基层时，碎石和砂砾的颗粒组成应符合《公路路面基层施工技术细则》(JTG/T F20—2015)对于级配碎石、未筛分碎石或级配砾石的级配范围要求，并应添加黏性土。石灰和所加土的总质量与碎石或砂砾的质量比宜为 1:5 ~ 1:4，即碎石或砾石在混合料中的质量应不少于 80%。

(5)采用综合稳定时，如水泥用量占结合料总量的 30% 以下，应按本部分的技术要求进行组成设计。

(6)石灰稳定材料的各项试验应按《公路工程无机结合料稳定材料试验规程》(JTG 3441—2024)进行。

2. 原材料的试验

(1)在石灰稳定材料层施工前,应取所定料场中有代表性的土样按《公路工程无机结合料稳定材料试验规程》(JTG 3441—2024)进行下列试验:

①颗粒分析;

②液限和塑性指数;

③击实试验;

④碎石或砾石的压碎值;

⑤有机质含量(必要时做);

⑥硫酸盐含量(必要时做)。

(2)对级配不良的碎石、碎石土、砂砾、砂砾土等,宜改善其级配。

(3)应检验石灰的有效氧化钙和氧化镁含量。

3. 混合料的设计步骤

(1)按下列石灰剂量配制同一种土样、不同石灰剂量的混合料。

①做基层用:

砂砾土和碎石土:3%,4%,5%,6%,7%。

塑性指数小于12的黏性土:10%,12%,13%,14%,16%。

塑性指数大于12的黏性土:5%,7%,9%,11%,13%。

②做底基层用:

塑性指数小于12的黏性土:8%,10%,11%,12%,14%。

塑性指数大于12的黏性土:5%,7%,8%,9%,11%。

(2)确定混合料的最佳含水率和最大干(压实)密度,至少应做三个不同石灰剂量混合料的击实试验,即最小剂量、中间剂量和最大剂量,其余两个混合料的最佳含水率和最大干密度用内插法确定。

(3)按规定的压实度,分别计算不同石灰剂量的试件应有的干密度。

(4)按最佳含水率和干密度制备试件。进行强度试验时,作为平行试验的最少试件数量应不小于表5-14中的规定。如试验结果的偏差系数大于表中规定的值,则应重做试验,并找出原因,加以解决。如不能降低偏差系数,则应增加试件数量。

(5)试件在规定温度下保温养生6d,浸水24h后,按《公路工程无机结合料稳定材料试验规程》(JTG 3441—2024)进行无侧限抗压强度试验。

(6)计算试验结果的平均值和偏差系数。

最少试件数量 表5-14

土类	偏差系数		
	<10%	10%~15%	15%~20%
细粒土	6	9	—
中粒土	6	9	13
粗粒土	—	9	13

(7)根据表5-13的强度标准,选定合适的石灰剂量。此剂量下试件室内试验结果的平均抗压强度 $\overline{R}$ 应符合下式的要求:

$$\overline{R} \geqslant \frac{R_d}{1 - Z_a C_V} \tag{5-2}$$

式中:R_d——设计抗压强度(查表5-13),MPa;

C_V——试验结果的变异系数(以小数计);

Z_a——标准正态分布表中随保证率(或置信度 a)而变的系数,高速公路和一级公路应取保证率95%,即 $Z_a = 1.645$;其他公路应取保证率90%,即 $Z_a = 1.282$。

(8)综合稳定材料的组成设计与上述步骤相同。

(二)水泥稳定材料组成设计

1. 一般规定

(1)各级公路用水泥稳定材料的7d无侧限抗压强度代表值应符合表5-15的规定。

(2)水泥稳定材料的组成设计应根据表5-15的强度标准,通过试验选取最适宜稳定的土,确定必需的水泥剂量和混合料的最佳含水率,在需要改善混合料的物理力学性质时,还应确定掺加料的比例。

(3)综合稳定材料的组成设计应通过试验选取最适宜稳定的土,确定必需的水泥和石灰剂量以及混合料的最佳含水率。

(4)采用综合稳定时,如水泥用量占结合料总量的30%以上,应按本部分的技术要求进行组成设计。水泥和石灰的比例宜取60∶40、50∶50或40∶60。

水泥稳定材料7d无侧限抗压强度代表值标准 表5-15

公路等级		交通荷载等级		
		极重、特重交通	重交通	中等、轻交通
基层(MPa)	高速公路、一级公路	5.0~7.0	4.0~6.0	3.0~5.0
	二级及二级以下公路	4.0~6.0	3.0~5.0	2.0~4.0
底基层(MPa)	高速公路、一级公路	3.0~5.0	2.5~4.5	2.0~4.0
	二级及二级以下公路	2.5~4.5	2.0~4.0	1.0~3.0

(5)工地实际采用的水泥剂量应比室内试验确定的剂量多0.5%~1.0%。采用集中厂拌法施工时,可只增加0.5%;采用路拌法施工时,宜增加1%。

(6)水泥的最小剂量应符合表5-16的规定。

水泥的最小剂量 表5-16

土类	拌和方法	
	路拌法	集中厂拌法
中粒土和粗粒土	4%	3%
细粒土	5%	4%

(7)水泥稳定材料的各项试验应按《公路工程无机结合料稳定材料试验规程》(JTG 3441—2024)进行。

2. 原材料的试验

(1)在水泥稳定材料层施工前,应取所定料场中有代表性的土样按《公路土工试验规程》(JTG 3430—2020)进行下列试验:

①颗粒分析;

②液限和塑性指数;

③相对密度;

④击实试验;

⑤碎石或砾石的压碎值;

⑥有机质含量(必要时做);

⑦硫酸盐含量(必要时做)。

(2)对级配不良的碎石、碎石土、砂砾、砂砾土、砂等,宜改善其级配。

(3)应检验水泥的强度等级和终凝时间。

3. 混合料的设计步骤

(1)分别按下列五种水泥剂量配制同一种土样、不同水泥剂量的混合料。

①做基层用:

中粒土和粗粒土:3%,4%,5%,6%,7%。

塑性指数小于12的细粒土:5%,7%,8%,9%,11%。

其他细粒土:8%,10%,12%,14%,16%。

②做底基层用:

中粒土和粗粒土:3%,4%,5%,6%,7%。

塑性指数小于12的细粒土:4%,5%,6%,7%,9%。

其他细粒土:6%,8%,9%,10%,12%。

注:1. 在能估计合适剂量的情况下,可以将五个不同剂量缩减到三或四个。

2. 如要求用作基层的混合料有较高强度时,水泥剂量可用4%,5%,6%,7%,8%。

(2)确定各种混合料的最佳含水率和最大干密度,至少应做三个不同水泥剂量混合料的击实试验,即最小剂量、中间剂量和最大剂量。其他两个剂量混合料的最佳含水率和最大干密度用内插法确定。

(3)按规定压实度分别计算不同水泥剂量的试件应有的干密度。

(4)按最佳含水率和干密度制备试件。进行强度试验时,作为平行试验的最少试件数量应不小于表5-14的规定。如试验结果的偏差系数大于表中规定的值,则应重做试验,并找出原因,加以解决。如不能降低偏差系数,则应增加试件数量。

(5)试件在规定温度下保湿养生6d,浸水24h后,按《公路工程无机结合料稳定材料试验规程》(JTG 3441—2024)进行无侧限抗压强度试验。

(6)计算试验结果的平均值和偏差系数。

(7)根据表5-15的强度标准,选定合适的水泥剂量,此剂量下试件室内试验结果的平均抗压强度 $\overline{R}$ 应符合下式的要求:

$$\overline{R} \geqslant \frac{R_{\mathrm{d}}}{1 - Z_{\mathrm{a}} C_{\mathrm{V}}} \tag{5-3}$$

式中：R_d——设计抗压强度（查表5-15），MPa；

C_V——试验结果的变异系数（以小数计）；

Z_a——标准正态分布表中随保证率（或置信度 a）而变的系数，高速公路和一级公路应取保证率95%，即 $Z_a = 1.645$；二级及二级以下公路应取保证率90%，即 $Z_a = 1.282$。

（8）综合稳定材料的组成设计与上述步骤相同。

（三）工业废渣稳定材料组成设计

（1）水泥粉煤灰和石灰粉煤灰稳定材料等的无侧限抗压强度代表值标准要求应按《公路沥青路面设计规范》（JTG D50—2017）或设计文件要求执行。

（2）所用原材料的各项指标均应检验合格。

（3）设计步骤可参照石灰稳定类和水泥稳定类的设计步骤执行或参照相应的技术文件。

模块六
CHAPTER SIX

石油沥青

知识目标

(1)掌握沥青的性质、试验检测原理和方法。

(2)熟悉道路石油沥青的质量评价方法。

(3)熟悉沥青相关的国家标准和行业规范。

能力目标

(1)具备基本的材料试验与检测能力,能够完成以下试验检测工作:沥青的软化点试验、沥青的针入度试验、沥青的延度试验、沥青与粗集料的黏附性试验、沥青的动力黏度试验(真空减压毛细管法)、沥青的薄膜加热试验、沥青的密度与相对密度试验、沥青的闪点与燃点试验、聚合物改性沥青离析试验、沥青弹性恢复试验等。

(2)能对上述试验检测工作中产生的问题进行分析和解决。

(3)能规范填写试验检测原始记录表和编制试验检测报告。

注:试验数据计算中的数值修约应按附录A执行,试验检测原始记录表和试验检测报告的编写应按附录B执行。

任务6-1 认识石油沥青

沥青是从原油或者煤加工得到或者自然界天然存在的黑棕色到黑色的固态或半固态黏稠状物质,包括天然沥青、石油沥青、煤沥青等。

沥青材料是一种黏弹性体,具有良好的憎水性、黏结性和塑性,因而广泛用于公路、水利和防水等工程。

（一）沥青的分类

沥青品种很多，按其在自然界中获取的方式不同，分为地沥青和焦油沥青两大类，具体分类见表6-1。

沥青的分类 表6-1

沥青	地沥青	天然沥青	在自然界综合作用下生成的固态沥青类物质，其中常混有一定比例的矿物质。按形成的环境可以分为岩沥青、湖沥青、海底沥青和油页岩等。天然沥青通常作为改性剂提高普通石油沥青的性能，目前已经开发和用以道路改性的主要是岩沥青和湖沥青
		石油沥青	以原油为主要原料经加工而得到的沥青
	焦油沥青	煤沥青	蒸馏煤、褐煤得到的焦油经加工得到的沥青
		木沥青	蒸馏木材得到的焦油经加工得到的沥青

通常所说的沥青实际是指石油沥青，而日常生活中所说的“柏油马路”的“柏油”实际上是指煤沥青。

（二）石油沥青的生产和分类

1. 石油沥青的生产

石油沥青，从字面意思即可推断出是从石油（原油）中提炼出来的产品。石油沥青的生产工艺分为蒸馏法、溶剂法、氧化法、调和法4种，从目前沥青市场情况来看，多数为蒸馏法和调和法生产。

蒸馏法是将原油常压蒸馏，分出汽油、煤油、柴油等轻质馏分，再通过减压蒸馏分出减压馏分（残压10～100mmHg），余下的残渣符合道路石油沥青规格时就可以直接生产出沥青产品，所得沥青也称直馏沥青。蒸馏法是生产道路石油沥青的主要方法。

调和法生产的沥青一开始是指用相同原油制成的4组分按质量要求所需的比例重新调整得到的产品，即合成沥青或重构沥青。随着工艺技术的发展，混合成分的来源不断扩大，如一两次加工的同一原油或不同原油的残渣或组分以及各种工业废油等可作为调和组分，可在沥青生产中减少对油源的依赖。由于适合生产沥青的原油越来越缺乏，对其进行调和的灵活性和经济性越来越受到重视。

2. 石油沥青的分类

1）按原油成分分类

按原油成分不同，可将石油沥青分为石蜡基沥青、环烷基沥青、中间基沥青三大类。

（1）石蜡基沥青：由石蜡基原油制成，这种沥青含蜡量一般大于5%，有的高达10%以上。蜡的存在降低了沥青的黏结性、塑性和温度稳定性。

（2）环烷基沥青：由环烷基原油制成，含有较多的环烷烃和芳香烃，含蜡量一般小于2%，其黏滞度高，延伸性好。

（3）中间基沥青：也称混合基沥青，由中间基原油制成，其含蜡量介于2%～5%之间，它的特征也介于石蜡基沥青和环烷基沥青之间。

上述三种沥青中，路用性能最好的是环烷基沥青，这类沥青含有较多的脂环烃，黏滞度高，延伸性好。

2)按加工方法分类

按加工方法不同,可将石油沥青分为直馏沥青、氧化沥青、溶剂沥青等。

(1)直馏沥青:由原油经过常压蒸馏、减压蒸馏或深拔装置提取后得到的产品,在常温下是黏稠液体或半固体。一般情况下,低稠度原油生产的直馏沥青温度稳定性和气候稳定性较差,一般不能直接使用。但当针入度不大时,其延伸性较好。

(2)氧化沥青:以减压渣油(或加入其他组分)为原料经吹风氧化得到的产品,在常温下是固体。氧化沥青具有良好的温度稳定性,在道路工程中使用的氧化沥青,氧化程度不能太深,称为半氧化沥青。

(3)溶剂沥青:减压渣油经溶剂沉淀法得到的脱油沥青产品或半成品,在常温下是半固体或固体。在溶剂萃取过程中,一些石蜡成分溶解在萃取溶剂中随之被拔出,因此,溶剂沥青中石蜡成分相对较少。其性质较之由石蜡基原油生产的渣油或氧化沥青有很大改善。

除此之外,还有裂化沥青、调和沥青等。

3)按常温下稠度分类

常温下按稠度一般将石油沥青分为黏稠石油沥青和液体石油沥青两大类。

(1)黏稠石油沥青:在常温下呈固态或半固态,按针入度分级,针入度小于40为固体沥青,针入度在40~300之间为半固体沥青。黏稠石油沥青用途很广,如沥青混凝土、沥青碎石等都是用黏稠沥青配制的。

(2)液体石油沥青:在常温下多呈黏稠液体或液体状态,针入度一般大于300。按液体沥青的凝固速度分级划分为慢凝液体石油沥青、中凝液体石油沥青和快凝液体石油沥青。在生产应用中,常在黏稠石油沥青中掺入一定比例的溶剂,得到稠度较低的液体石油沥青。

4)按用途分类

石油沥青根据用途不同可分为道路石油沥青、建筑石油沥青和普通石油沥青。

5)其他分类

在公路工程中还会经常使用改性沥青、乳化沥青和泡沫沥青等沥青胶结料。沥青胶结料是能使集料黏结成团的沥青类物质(含添加的外掺剂、改性剂等)的总称,也称沥青结合料。

(1)改性沥青

改性沥青是通过添加一种或多种改性材料制成的性能得到改善的沥青胶结料。

改性沥青的改性方式主要有物理改性和化学改性。使沥青组成成分发生化学变化的称为化学改性,使改性剂均匀分散在沥青中,形成空间网络结构的称为物理改性。国内外对沥青改性剂的分类标准各不相同,大致可分为聚合物型和非聚合物型。

聚合物型沥青改性剂有热塑性弹性体[如:苯乙烯-丁二烯-苯乙烯嵌段共聚物(SBS)、氢化苯乙烯-丁二烯嵌段共聚物(SEBS)和苯乙烯-异戊二烯-苯乙烯嵌段共聚物(SIS)等嵌段共聚物]、橡胶沥青改性剂[如:天然橡胶(NR)、丁苯橡胶(SBR)、氯丁橡胶(CR)]、树脂类改性剂[如:乙烯-乙酸乙烯酯共聚物(EVA)、无规聚丙烯(APP)、聚氯乙烯(PVC)、聚乙烯(PE)、聚对苯二甲酸乙二醇酯(PET)、聚酰胺和聚丙烯(PP)、环氧树脂]和复合型沥青改性剂等;这些聚合物改性剂中SBS应用最广泛,SBR和环氧树脂应用较广泛。

非聚合物型沥青改性剂有矿物质沥青改性剂（如硅藻土、硫黄和不溶性硫黄等）和添加剂沥青改性剂（如十八胺）。非聚合物型沥青改性剂在实际工程中应用较少。

改性沥青可用于机场跑道、防水桥面、停车场、运动场、重交通路面、交叉路口和路面转弯处及公路网的养护和补强。

（2）乳化沥青

改性沥青的类型、评价指标和技术要求

乳化沥青是沥青和水在乳化剂作用下制成的稳定乳状液。在制备乳化沥青的过程中同时加入改性剂或对改性沥青进行乳化加工得到的乳状液被称为改性乳化沥青。

乳化沥青的乳化原理：沥青在有乳化剂和稳定剂的水中，经机械力的作用分裂为微滴（粒径为2～5μm），而形成稳定的沥青和水分散系，由于乳化剂降低了体系的界面能、界面膜的形成和界面电荷的作用，形成沥青乳液。

乳化沥青适用于沥青表面处治路面、沥青贯入式路面、冷拌沥青混合料路面工程以及透层、黏层与封层等，也可用以修补路面。

（3）泡沫沥青

乳化沥青的材料组成

泡沫沥青是热沥青和水在专用的发泡装置内混合发泡膨胀，形成的含有大量均匀分散气泡的沥青材料。

泡沫沥青产生的原理是热沥青与小水粒表面发生热量能量交换，使水粒加热至100℃以上，同时沥青冷却。沥青传递的热量超过蒸汽潜热，导致体积膨胀，产生蒸汽泡。将热沥青和水连续输入发泡装置，带有一定压力并融有大量蒸汽泡的沥青从发泡装置的喷嘴喷出，此时压缩的蒸汽膨胀，使略微变凉的沥青形成薄膜状，并依靠薄膜的表面张力将蒸汽泡完全包裹。膨胀过程中，沥青膜产生的表面张力抵抗蒸汽压力，达到一种平衡状态，由于沥青与水的特性，这种平衡一般能够维持数秒。发泡过程中产生的大量气泡以一种亚稳态的形式存在，几秒或者几十秒内逐渐破灭，将处于泡沫状态的沥青喷入高速搅拌的矿料中，泡沫沥青与其中的细料裹覆形成胶浆，然后在压实作用下通过这些胶浆黏结粗集料，产生强度。

泡沫沥青适用于沥青路面冷再生和温拌施工。

（三）石油沥青的组成与结构

1. 石油沥青的组分

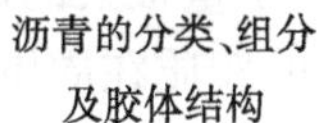
沥青的分类、组分及胶体结构

石油沥青的组成及结构

由于石油沥青的化学成分复杂，难以分离为纯粹的化合物单体，因此常将沥青中物理和化学性质相近的化合物归类分析，划分出若干组，这些组称为组分。沥青中各组分的含量与沥青的技术性质有直接关系。

沥青组分的分析方法有很多种，目前常用的有三组分分析法和四组分分析法。

（1）三组分分析法

三组分分析法是将石油沥青分离为油分、树脂和沥青质三个组分。三组分中各组分的主要特性如下：

①油分。油分是淡黄色至红褐色透明黏性液体,是沥青中最轻的馏分。油分能减小沥青的稠度,增大沥青的流动性,使沥青柔软、抗裂性好;同时,油分会降低沥青的黏滞度和软化点。在氧、温度、紫外线等作用下油分会转化为树脂,使沥青的性能发生变化。

②树脂。树脂是红褐色至黑褐色的黏稠状半固体物质,其相对密度比油分大。树脂中绝大部分属于中性树脂,其含量高沥青品质就好,另有少量酸性树脂(即沥青酸和沥青酸酐),是沥青中的表面活性物质,能增强沥青与矿料的黏结力。树脂使沥青具有良好的塑性和黏结性。

③沥青质。沥青质是深褐色至黑色的固体脆性粉末状微粒,是沥青中分子量最高的组分,其相对密度比树脂大。沥青质决定沥青的热稳定性和黏结性,其含量越高,沥青软化点越高,黏性越大,但越硬越脆。

(2)四组分分析法

四组分分析法是将石油沥青分离为沥青质、胶质、芳香分和饱和分四个组分。

①沥青质:占沥青总量的5%~25%。

②胶质:特征是具有很强的黏附力。胶质与沥青质的比例决定了沥青的胶体结构类型。

③芳香分:占沥青总量的20%~50%,黏稠状液体,呈深棕色,对其他高分子烃类物质有较强的溶解能力。

④饱和分:占沥青总量的5%~20%。随饱和分的增加,沥青的稠度降低,温度感应性加大。

饱和分和芳香分在沥青中主要使胶质和沥青质软化,使沥青胶体体系保持稳定。

此外,沥青中还含有2%的沥青碳和似碳物,是沥青在高温裂化过程中或在过度加热或深度氧化过程中脱氢而生成的,是沥青中分子量最大的固体物质,相对密度大于1,受热不熔化,它的存在可降低沥青的黏结力,加速沥青的老化。

(3)沥青中的蜡

沥青中的蜡是指在油分中含有的、经冷冻能结晶析出的,熔点在25℃以上的混合成分。沥青中的蜡对沥青的路用性能有一定的影响,主要是高温时融化,使沥青的黏度降低,沥青的温度敏感性增大,导致沥青路面的高温稳定性降低,出现车辙;低温时易结晶析出,使沥青的低温延展能力降低,沥青变得脆硬,使路面的低温抗裂性降低,出现裂缝。蜡还会使沥青与石料的黏附性降低,导致集料与沥青产生剥落现象。含蜡沥青还能降低路面的抗滑性,影响行车的安全。所以蜡是沥青中的有害成分。

2.石油沥青的结构

(1)胶体理论

现代胶体理论认为,大多数沥青属于胶体结构,沥青中沥青质是分散相,芳香分和饱和分是分散介质,但分子量很大的沥青质不能直接分散在分子量较小的芳香分和饱和分中,沥青质吸附了极性较强的胶质在周围而形成胶团,由于胶团的胶溶作用,胶团弥散和溶解于分子量较低、极性较弱的芳香分和饱和分中,形成稳定的胶体结构。

(2)胶体结构类型

石油沥青中各组分的数量比例不同,可以形成不同的胶体结构,沥青的性质也随之发生变化。沥青的胶体结构类型分为:

①溶胶型结构:当沥青质含量很少,油分、树脂含量较多时,胶团外膜较厚,胶团相对运动

较自由，就形成了溶胶型结构[图6-1a)]。这类沥青的流动性、塑性较好，开裂后自行愈合能力较强，但温度稳定性较差，如直馏沥青。

②凝胶型结构：当沥青质含量很高，而油分、树脂含量不多时，胶团外膜较薄，胶团靠近团聚，其相互吸引力增大，就形成了凝胶型结构[图6-1b)]。这类沥青的弹性、黏性和温度稳定性较高，但流动性和塑性较低，如氧化沥青。

③溶胶-凝胶型结构：当沥青质含量适当时，胶团的浓度增加，胶团间具有一定的吸引力，它介于溶胶型结构和凝胶型结构之间，称为溶胶-凝胶型结构[图6-1c)]。这类沥青在高温时温度稳定性好，低温时的变形能力也较好，如半氧化沥青等。

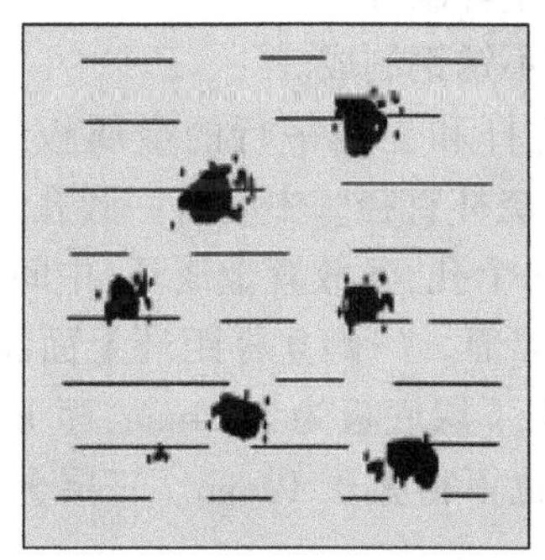
a)溶胶型结构

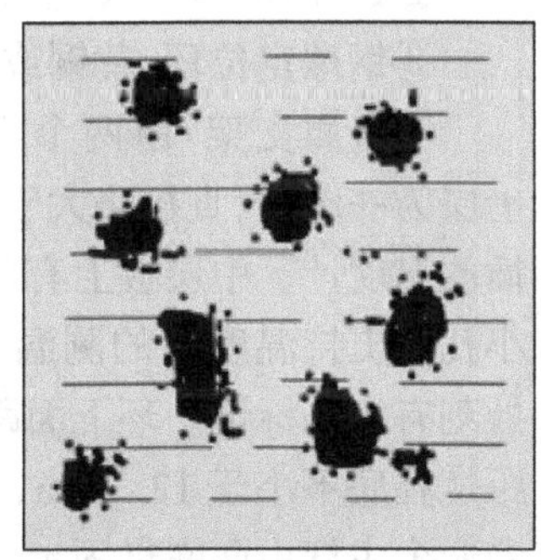
b)凝胶型结构

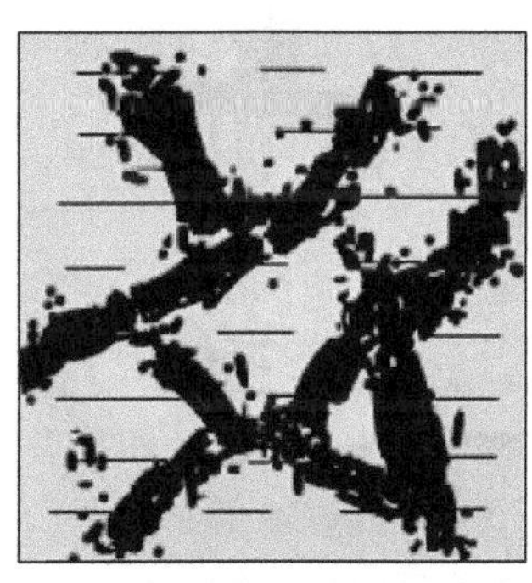
c)溶胶-凝胶型结构

图6-1 沥青胶体结构示意图

(3)胶体结构类型的判定

胶体结构类型与沥青路用性能之间有密切的关系，一般工程中常采用沥青针入度指数(PI)来划分沥青的胶体结构类型。PI < -2时沥青为溶胶型结构；PI > +2时沥青为凝胶型结构；-2≤PI≤+2时沥青为溶胶-凝胶型结构。

任务6-2 检验石油沥青

一旦使用了不合格沥青，沥青路面会提前老化，危及行车安全，因此严格检验沥青是保障沥青路面质量和安全的措施之一。

根据《公路水运工程试验检测机构等级标准》中试验检测能力基本要求及主要仪器设备(综合乙级)必须满足的试验检测参数要求，以下参数为沥青试验检测项目必须满足的试验检测参数，其余参数可参照《公路工程沥青及沥青混合料试验规程》(JTG E20—2011)等标准规范。

(一)沥青的软化点试验

1.试验检测原理

试样放在规定尺寸的金属环内，上置规定尺寸和质量的钢球，放于水(或甘油)中，以5℃/min ±0.5℃/min的速度加热，至钢球下沉达到25.4mm时，记下该时温度即为该试样软化点。

沥青软化点试验

2. 目的与适用范围

本方法适用于测定道路石油沥青、煤沥青的软化点,也适用于测定液体石油沥青经蒸馏或乳化沥青破乳蒸发后残留物的软化点,以评价沥青的温度敏感性和黏稠性。

3. 主要仪器设备

(1)软化点试验仪(图6-2),由下列部件组成:

图6-2 软化点试验仪

①钢球:直径9.53mm,质量3.5g±0.05g。

②试样环:黄铜或不锈钢等制成。

③钢球定位环:黄铜或不锈钢制成。

④金属支架:由两个主杆和三层平行的金属板组成。上层为一圆盘,直径略大于烧杯直径。中间有一圆孔,用以插放温度计。中层板上有两个孔,各放置金属环,中间有一小孔可支持温度计的测温端部。一侧立杆距环上面51mm处刻有水高标记。环下面距下层底板为25.4mm,而下底板距烧杯底不小于12.7mm,也不得大于19mm。三层金属板和两个主杆由两螺母固定在一起。

⑤耐热玻璃烧杯:容量800~1000mL。直径不小于86mm,高不小于120mm。

⑥温度计:量程0~100℃,分度值为0.5℃。

(2)环夹:由薄钢条制成,用以夹持金属环,以便刮平表面。

(3)装有温度调节器的电炉或其他加热炉具(液化石油气、天然气等)。应采用带有振荡搅拌器的加热电炉,振荡子置于烧杯底部。当采用自动软化点仪时,应对自动加热、控温和记录的装置经常校验其准确性。

(4)试样底板:金属板(表面粗糙度应达Ra0.8μm)或玻璃板。

(5)恒温水槽:控温的准确度为±0.5℃。

(6)平直刮刀。

(7)甘油、滑石粉隔离剂(甘油与滑石粉的质量比为2:1)。

(8)蒸馏水或纯净水。

(9)其他:石棉网。

4. 试验操作及记录

参照对应的最新标准规范和《道路建筑材料试验检测手册》,在老师指导下完成,并将试验记录填写在《道路建筑材料试验检测手册》中。

5. 注意事项

(1)对于黏稠沥青,起始温度对试验结果几乎无影响,而且沥青越黏稠,影响越小。因此在试验条件不是很充足的情况下,允许起始温度有一定的偏差。

(2)升温速度是影响试验结果的关键因素,应严格控制。尤其是采用自动软化点仪,应根据经验校验其准确性。升温速度越大,软化点会越高。

(3)钢球放置必须居中。装试模的承板不水平或试模没有装正以及定位环没有套正都可能导致钢球偏心。钢球偏心对试验结果影响很大,甚至在试验过程中会出现一个试样已经掉下,而另一个无动静的现象。

(4)道路沥青的软化点一般均不超过 80℃,但聚合物改性沥青、建筑沥青等的软化点可能高于 80℃。由于沥青在水中测试的软化点会低于在甘油中测试的软化点,沥青在水中的测试结果大于 80℃时,使用甘油进行测试。但水到甘油这种介质的变化会导致测试结果并不连续,因此,如果在甘油中测试的软化点结果平均值为 80℃或更低,应在水浴中重复试验。

(5)当试样软化点小于 80℃时,重复性试验的允许误差为 1℃,再现性试验的允许误差为 4℃。当试样软化点大于 80℃时,重复性试验的允许误差为 2℃,再现性试验的允许误差为 8℃。

重复性试验是指相同的方法,同一试验材料,同一操作者,同一试验仪器,同一地点,相同的试验程序和短暂时间内重复试验。再现性试验是指在不同的地点,不同的操作者,不同的试验仪器,按相同的试验程序,对同一试验材料的重复试验。重复性试验是对操作者的操作水平、取样代表性的检验;再现性试验除了检验重复性试验的内容,还检验了试验仪器的性能。再现性试验只有在需要时做,它可以用来对试验室进行论证,评价试验室的水平。

(6)试验结束后,应将所用设备整理干净,恢复原位并清理垃圾。

6. 试验结果应用分析

沥青的温度稳定性是指沥青的黏性和塑性随温度升降而变化的性能。当温度升高时,沥青由固态或半固态逐渐软化成半流状态,当温度降低时由黏流状态转变成固态至变脆。在工程上使用的沥青要求有较好的温度稳定性。

软化点越高,表明沥青的耐热性越好,即高温稳定性越好。

此外沥青的低温抗裂性用脆点来表示。

脆点是指沥青材料由黏稠状态转变为固体状态达到条件脆裂时的温度,采用弗拉斯脆点仪测定。

在工程实际应用中,要求沥青具有较高的软化点和较低的脆点,否则容易发生沥青材料夏季流淌或冬季变脆甚至开裂等现象。

(二)沥青的针入度试验检测

1. 试验检测原理

沥青试样在规定的温度下,规定质量的针自由落体从试样表面贯入,历时 5s 后的贯入深度即针入度,以 0.1mm 计。

沥青针入度试验

2. 目的与适用范围

本方法可以测定沥青的针入度,以判断沥青的标号及计算针入度指数。

本方法适用于道路石油沥青、聚合物改性沥青以及液体石油沥青蒸馏或乳化沥青蒸发后残留物。检测聚合物改性沥青改性效果时,仅适用于融混均匀的样品。

3. 主要仪器设备

(1)针入度仪(图6-3):为提高测试精度,针入度试验宜采用自动计时的针入度仪进行测定,要求针和针连杆必须在无明显摩擦下垂直运动,针的贯入深度必须准确至0.1mm。针和针连杆组合件总质量为50g ±0.05g。另附50g ±0.05g砝码一只,试验时总质量为100g ±0.05g。

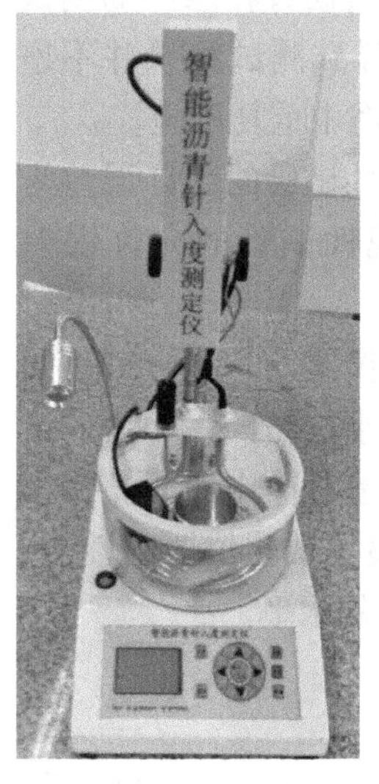

图6-3 针入度仪

当采用其他试验条件时,应在试验结果中注明。

仪器设有放置平底玻璃保温皿的平台,并有调节水平的装置,针连杆应与平台垂直。仪器设有针连杆制动按钮,使针连杆可自由下落。针连杆易于装拆,以便检查其质量。仪器还设有可自由转动与调节距离的悬臂,其端部有一面小镜或聚光灯泡,借以观察针尖与试样表面接触情况。且应对自动装置的准确性经常校验。

(2)标准针:由硬化回火的不锈钢制成,洛氏硬度HRC54~60,表面粗糙度Ra0.2~0.3μm,针及针杆总质量2.5g ±0.05g。针杆上应打印有号码标志。针应设有固定用装置盒(筒),以免碰撞针尖。每根针必须附有计量部门的检验单,并定期进行检验。

(3)盛样皿:金属制,圆柱形平底。小盛样皿的内径55mm,深35mm(适用于针入度小于200的试样);大盛样皿内径70mm,深45mm(适用于针入度为200~350的试样);对针入度大于350的试样需使用特殊盛样皿,其深度不小于60mm,试样体积不少于125mL。

(4)恒温水槽:容量不少于10L,控温的准确度为0.1℃。水槽中应设有一带孔的搁架,位于水面下不得少于100mm,距水槽底不得少于50mm处。

(5)平底玻璃皿:容量不少于1L,深度不少于80mm。内设有一不锈钢三脚支架,能使盛样皿稳定。

(6)温度计或温度传感器:精度为0.1℃。

(7)计时器:精度为0.1s。

(8)盛样皿盖:平板玻璃,直径不小于盛样皿开口尺寸。

(9)溶剂:三氯乙烯等。

(10)其他:电炉或砂浴、石棉网、金属锅或瓷把坩埚等。

4. 试验操作及记录

参照对应的最新标准规范和《道路建筑材料试验检测手册》,在老师指导下完成,并将试验记录填写在《道路建筑材料试验检测手册》中。

5. 注意事项

(1)同一试样平行试验至少3次,各测试点之间及与盛样皿边缘的距离不应小于10mm。每次试验后应将盛有试样的平底玻璃皿放入恒温水槽,使平底玻璃皿中水温保持试验温度。每次试验应换一根干净标准针或将标准针取下用蘸有三氯乙烯溶剂的棉花或布揩净,再用干棉花或布擦干。如果小于10mm,针入度值会偏高。

(2)测定针入度大于200的沥青试样时,至少用3支标准针,每次试验后将针留在试样中,直至3次平行试验完成后,才能将标准针取出。

(3)测定针入度指数PI时,按同样的方法在15℃、25℃、30℃(或5℃)3个或3个以上(必要时增加10℃、20℃等)温度条件下分别测定沥青的针入度,但用于仲裁试验的温度条件应为5个。

(4)针入度是条件性试验,应严格控制温度、标准针的质量和自动测试装置的准确性。尤其是标准针的形状和尺寸,不得使用针尖破损或变形的标准针。

(5)将沥青试样注入试样皿时,试样表面不应留有气泡。若有气泡,可用明火消掉或用嘴吹气吹至皿壁处。

(6)测试时,标准针和试样表面接触是一个难点,建议采用观察倒影的方法。将针入度仪器置于光线照射处,可以对着窗子;一手扶连杆,一手按住连杆制动按钮或旋钮,让连杆慢慢下落。此时从合适的角度可以观察到标准针向下移动,倒影向上移动,两针间的距离消失时,松开按钮或旋钮使针尖和试样表面刚好接触。

(7)当试验结果小于50(0.1mm)时,重复性试验的允许误差为2(0.1mm),再现性试验的允许误差为4(0.1mm)。当试验结果大于或等于50(0.1mm)时,重复性试验的允许误差为平均值的4%,再现性试验的允许误差为平均值的8%。

(8)试验结束后,应将所用设备整理干净,恢复原位并清理垃圾。

6. 试验结果应用分析

沥青针入度是道路黏稠沥青黏性的常用指标,是划分黏稠沥青技术等级的主要指标。沥青针入度与软化点和延度被称为"三大指标"。如70号沥青是针入度范围为60~80(0.1mm)的沥青,即70表示沥青的针入度中值。

在相同的试验条件下,针入度值越大,表示沥青越软(稠度越小)。试验结果常用符号$P_{\mathrm{T,m,t}}$表示,其中P为针入度,T为试验温度,m为荷重,t为贯入时间。

沥青的黏性是指沥青材料在外力作用下抵抗剪切变形的能力。各种石油沥青的黏性变化很大,这种变化主要是由沥青中各组分的含量和温度决定的,当沥青质含量较高,又有适量的树脂和少量的油分时,沥青的黏性就大。在一定的温度范围内,当温度升高时,黏性降低,反之则增大。

沥青的黏性是与沥青路面力学性质联系最密切的一种性质,通常用黏度来表示。

黏度按测量结果一般可分为三类:

(1)动力黏度:剪切应力与剪切变率的比值。当被测物体为牛顿流体时,所得黏度又称为绝对黏度;当采用某个剪切应力和剪切变率进行非牛顿流体的黏度测量时,所得的黏度即可称为表观黏度,如沥青旋转黏度试验(布洛克菲尔德黏度计法)所介绍的。

(2)运动黏度:动力黏度与对应温度下密度的比值。一般采用毛细管法直接测定沥青材料的运动黏度,如沥青动力黏度试验(真空减压毛细管法)所介绍的。

(3)条件黏度。所有的流出杯法测定的沥青黏度均属于条件黏度,如沥青标准黏度试验(道路沥青标准黏度计法)、沥青恩格拉黏度试验(恩格拉黏度计法)、沥青赛波特黏度试验(赛波特重质油黏度计法)所介绍的。该针入度法测得的是一种条件黏度。

沥青的旋转黏度试验

根据不同温度的针入度值可以计算沥青针入度指数PI、当量软化点T_{800}、当量脆点$T_{1.2}$及塑性温度范围ΔT。针入度指数PI用以描述沥青的温度敏感性,也可以用来判断沥青的胶体结构,宜在15℃、25℃、30℃等3个或3个以上温度条件下测定针入度后按规定的方法计算得到,若30℃时的针入度值过大,可采用5℃代替。当量软化点 T_{800} 是相当于沥青针入度为800时的温度,用以评价沥青的高温稳定性。当量脆点 $T_{1.2}$ 是相当于沥青针入度为1.2时的温度,用以评价沥青的低温抗裂性能。

一般采用公式法计算,当采用诺模图法时,因其不能检验针入度对数与温度直线回归的相关系数,所以仅供快速计算时使用,本书不作介绍。用公式法计算沥青针入度指数PI、当量软化点 T_{800}、当量脆点 $T_{1.2}$ 及塑性温度范围 ΔT 的计算示例如下:

针入度试验检测数据如表6-2所示。

针入度试验检测数据 表6-2

针入度 $P_{T,m,t}$	试验结果(0.1mm)	$y=\lg P$	$x=T$
$P_{15,100,5}$	30	lg30 = 1.477	15
$P_{25,100,5}$	93	lg93 = 1.968	25
$P_{30,100,5}$	168	lg168 = 2.225	30

设 $y=\lg P$,$x=T$,用最小二乘法来拟合 $y=a+bx$ 的直线。

$$b=\frac{\sum_{i=1}^{n}x_iy_i-n\,\overline{xy}}{\sum_{i=1}^{n}x_i^2-n\,\overline{x}^2}$$

$$a=\overline{y}-b\,\overline{x}$$

$$R^2=\frac{\sum_{i=1}^{n}(x_i-\overline{x})(y_i-\overline{y})}{\sqrt{\sum_{i=1}^{n}(x_i-\overline{x})^2}\sqrt{\sum_{i=1}^{n}(y_i-\overline{y})^2}}$$

则得到:

$$a=0.7289$$

$$b=0.0498$$

$$R^2=0.9999$$

R^2 是线性回归相关系数,其值不得小于0.9979,否则上述三次针入度试验无效。

按下列公式计算沥青针入度指数PI、当量软化点 T_{800}、当量脆点 $T_{1.2}$ 及塑性温度范围 ΔT,其中 $A_{\lg Pen}=b$,$K=a$。

(1)确定沥青的针入度指数,并记为PI。

$$\mathrm{PI}=\frac{20-500\,A_{\lg Pen}}{1+50\,A_{\lg Pen}}$$

(2)确定沥青的当量软化点 T_{800}。

$$T_{800}=\frac{2.9031-K}{A_{\lg Pen}}$$

(3)确定沥青的当量脆点$T_{1.2}$。

$$T_{1.2}=\frac{0.0792-K}{A_{\lg Pen}}$$

(4)计算沥青的塑性温度范围 ΔT。

$$\Delta T=\frac{2.8239}{A_{\lg Pen}}$$

代入上述公式可以得到:

$$PI=-1.4;T_{800}=43.6℃;T_{1.2}=-13.1℃;\Delta T=56.7℃$$

(三)沥青的延度试验检测

1. 试验检测原理

沥青延度试验

在规定的试验温度下,做成"∞"字形的沥青试样放在标准试模中,在水中以一定的拉伸速度进行拉伸,拉伸断裂的长度即为延度,以 cm 计。

2. 目的与适用范围

本方法可以测定沥青的延度,以评价沥青的延性。

本方法适用于道路石油沥青、聚合物改性沥青、液体石油沥青蒸馏残留物和乳化沥青蒸发残留物等材料。

3. 主要仪器设备

(1)延度仪(图6-4):将试件浸没于水中,能保持规定的试验温度及按照规定拉伸速度拉伸试件且试验时无明显振动的延度仪均可使用。

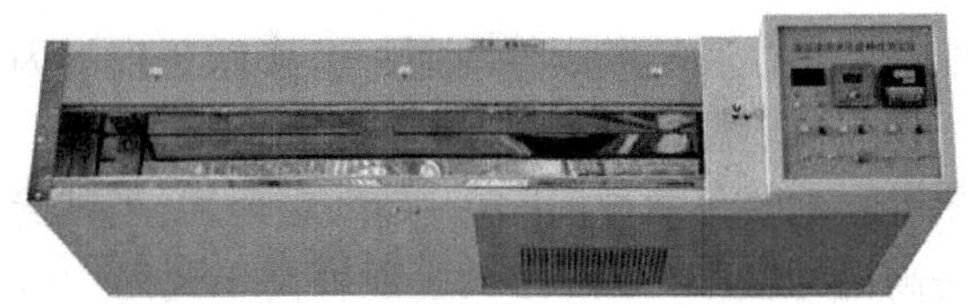

图6-4 延度仪

(2)试模(图6-5):黄铜制,由两个端模和两个侧模组成,试模内侧表面粗糙度 Ra0.2μm。

图6-5 沥青延度试模

(3)试模底板:玻璃板或磨光的铜板、不锈钢板(表面粗糙度 Ra0.2μm)。

(4)恒温水槽:容量不少于10L,控制温度的准确度为0.1℃,水槽中应设有带孔搁架,搁架距水槽底不得小于50mm。试件浸入水中深度不小于100mm。

(5)温度计:量程0~50℃,分度值为0.1℃。

(6)砂浴或其他加热炉具。

(7)甘油、滑石粉隔离剂(甘油与滑石粉的质量比为2:1)。

(8)其他:平刮刀、石棉网、酒精、食盐等。

4.试验操作及记录

参照对应的最新标准规范和《道路建筑材料试验检测手册》,在老师指导下完成,并将试验记录填写在《道路建筑材料试验检测手册》中。

5.注意事项

(1)端模不能涂隔离剂。涂在试模底板和两个侧模的内侧表面的隔离剂要稠度合适、均匀。

(2)浇模完成后宜先冷却再刮平、保温,不可先保温再刮平。因为放入水中保温后,试件表面有水分,在用热刮刀刮平时沥青会飞溅,容易烫伤人。

(3)在低头观察时,应用手遮挡嘴鼻,防止气流扰动试样。

(4)通常采用的试验温度为25℃、15℃、10℃或5℃,拉伸速度为5cm/min±0.25cm/min。当低温采用1cm/min±0.25cm/min拉伸速度时,应在报告中注明。

(5)计算平行试验测定值的算术平均值,取整作为延度试验结果,以1cm计。若计算值大于100cm,试验结果记作">100cm"。当试验结果小于100cm时,重复性试验的允许误差为平均值的20%;再现性试验的允许误差为平均值的30%。

(6)试验结束后,应将所用设备整理干净,恢复原位并清理垃圾。

6.试验结果应用分析

沥青延度越大,塑性越好,柔性和抗断裂性能越好。影响延度的因素包括水浴温度、试件在水浴中恒温时间、水浴密度、试验温度、拉伸速度等。

试验温度对延度结果的影响要分两种情况:一是低温延度,当试验温度高于规定时,试验结果偏大,相反偏小;二是高温延度(25℃),当试验温度高于此温度时,对较软的沥青结果可能偏小,温度低时结果可能偏大,但对较稠硬的沥青情况可能正好相反。

在保持其他条件不变的情况下,水浴温度偏低则延度偏小,水浴温度偏高则延度偏大,且低温时温度的变化比高温时对结果的影响大。所以要控制恒温水浴误差在±0.1℃内。

当沥青细丝浮于水面时,应在水中加入酒精;当沥青细丝沉入槽底时,应在水中加入食盐。调整水的密度至与试样相近后,应重新成型试样,重新试验。

采用热刮刀刮除高于试模的沥青时,需要注意的是,加热刮刀温度现行做法是凭经验的。刮刀加热时可以烧红,刮沥青时会嗤嗤作响,"青烟"直冒,其结果是热状态时沥青表面与试模齐平;当温度稍降后,就可以看见试件表面的沥青有下凹的情况;若刮刀加热温度不够,刮沥青时就像"钝刀切肉",尤其是改性沥青,刮后的沥青表面凹凸不平。以上情况对沥青的测试结果会有较大的影响。因此,在刮平试件过程中,当刮刀温度加热过高,刮后的试件表面下凹情况不明显时,应及时加补沥青后再刮平,待试验用。对刮后沥青试件表面出现凹凸不平的情况,不得采用加补沥青再刮平的方法,应重新灌模,否则试验结果的误差将很大,尤其是改性沥青类的产品。针对以上情况,建议刮刀的加热温度不宜超过软化点100℃(石油沥青)。这个温度仅是个建议值，试验过程中还是要结合实践经验进行操作。

（四）沥青与粗集料的黏附性试验检测

1. 试验检测原理

沥青与集料的黏附性试验

粗集料表面被沥青薄膜包裹后，在水的侵害作用下，沥青薄膜会剥落。通过判断剥落情况来检测沥青与粗集料的黏附性。

2. 目的与适用范围

本方法适用于检验沥青与粗集料表面的黏附性及评定粗集料的抗水剥离能力。对于最大粒径大于13.2mm的集料应用水煮法，对最大粒径小于或等于13.2mm的集料应用水浸法进行试验。对同一种料源集料最大粒径既有大于又有小于13.2mm的集料时，取大于13.2mm水煮法试验为标准，对细粒式沥青混合料应以水浸法试验为标准。

3. 主要仪器设备

（1）天平：称量500g，感量不大于0.01g。

（2）恒温水槽：能保持温度80℃ ±1℃。

（3）拌和用小型容器：500mL。

（4）烧杯：1000mL。

（5）试验架。

（6）细线：尼龙线或棉线、铜丝线。

（7）铁丝网。

（8）标准筛：方孔筛，9.5mm、13.2mm、19mm各1个。

（9）烘箱：装有自动温度调节器。

（10）电炉、燃气炉。

（11）玻璃板：200mm × 200mm左右。

（12）搪瓷盘：300mm × 400mm左右。

（13）其他：拌和铲、石棉网、纱布、手套等。

4. 试验操作及记录

参照对应的最新标准规范和《道路建筑材料试验检测手册》，在老师指导下完成，并将试验记录填写在《道路建筑材料试验检测手册》中。

5. 注意事项

（1）从沥青中提取集料时，不要使集料晃动，以免被高温的沥青烫伤。

（2）沥青与集料的黏附性的等级评定往往因人而异。因此要求以两名以上经验丰富的试验人员分别目测后取平均值表示。

（3）试验结束后，应将所用设备整理干净，恢复原位并清理垃圾。

6. 试验结果应用分析

沥青与集料的黏附性是路用沥青的重要性能之一，直接影响沥青路面的使用质量和耐久性，与沥青和集料的性质都有关。随着集料中SiO_2含量的增加，剥落程度增加，因此沥青路面用集料优先用碱性集料。

沥青与粗集料黏附性试验具有局限性(是一种半定量的试验方法,靠目测进行判断),主要用于选择或确定粗集料的适用性。对沥青混合料的综合抗水损害能力必须通过浸水马歇尔试验、冻融劈裂试验等进行检验,也就是说,要采用多指标评价沥青与集料的黏附性。

(五)沥青的动力黏度试验检测(真空减压毛细管法)

沥青的动力黏度试验(真空减压毛细管法)

1. 试验检测原理

在规定真空负压下,由单位体积沥青流经已知直径毛细管的时间计算得到沥青黏度,其原理是基于 Hagen-Poiseuille 公式(一种流体力学理论)。

2. 目的与适用范围

本方法可以测定沥青的动力黏度,以评价沥青的黏度,也可作为道路石油沥青分级依据。

本方法适用于采用真空减压毛细管黏度计测定黏稠石油沥青的动力黏度。非经注明,试验温度为60℃,真空度为40kPa。

3. 主要仪器设备

(1)真空减压毛细管黏度计(图6-6):一组3支毛细管,通常采用美国沥青学会式(Asphalt Institute,AI式)毛细管,也可采用坎农曼宁式(Cannon-Marming,CM式)或改进坎培式(Modified Koppers,MK式)毛细管测定。AI式毛细管示意图见图6-7,型号和尺寸见表6-3。

图6-6 真空减压毛细管黏度计

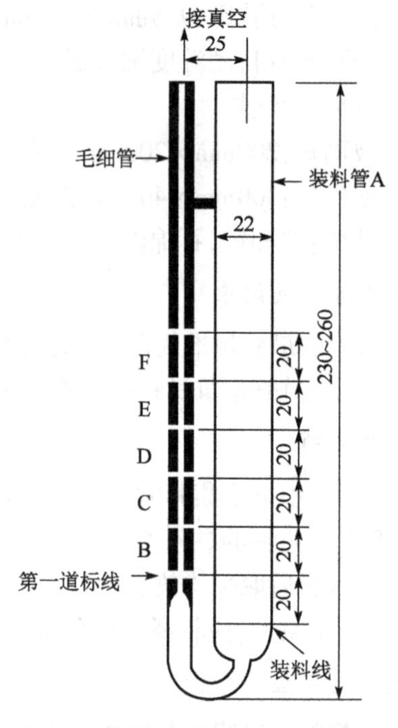

图6-7 AI式毛细管示意图(尺寸单位:mm)

Al 式毛细管型号和尺寸 表 6-3

型号	毛细管直径 (mm)	大致标定系数,40kPa 真空(Pa·s/s)			黏度范围 (Pa·s)
		管 B	管 C	管 D	
25	0.25	0.2	0.1	0.07	4.2~80
50	0.50	0.8	0.4	0.3	18~320
100	1.00	3.2	1.6	1	60~1280
200	2.0	12.8	6.4	4	249~5200
400	4.0	50	25	16	960~20000
400R	4.0	50	25	16	960~140000
800R	8.0	200	100	64	3800~580000

(2)温度计:量程 50~100℃,分度值 0.1℃。

(3)恒温水槽:硬玻璃制,其高度需使黏度计置入时,最高一条时间标线在液面下至少为 20mm,内设有加热和温度自动控制器,能使水温保持在试验温度 ±0.1℃,并有搅拌器及夹持设备。水槽中不同位置的温度差不得大于 ±0.1℃。保温装置的控温宜准确至 ±0.1℃。

(4)真空减压系统:应能使真空度达到 40kPa ±66.5Pa(300mmHg ±0.5mmHg)的压力。各连接处不得漏气,以保证密闭。在开启毛细管减压阀进行测定时,应不产生水银柱降低情况。在开口端连接水银压力计,可读至 133Pa(1mmHg)的刻度,用真空泵或吸气泵抽真空。

(5)秒表:2 个,分度值 0.1s,总量程 15min 的误差不大于 ±0.05%。

(6)烘箱:有自动温度控制器。

(7)溶剂:三氯乙烯(化学纯)等。

(8)其他:洗液、蒸馏水等。

4. 试验操作及操作

参照对应的最新标准规范和《道路建筑材料试验检测手册》,在老师指导下完成,并将试验记录填写在《道路建筑材料试验检测手册》中。

5. 注意事项

(1)该方法是沥青技术要求的关键试验,不得以其他试验方法(如布氏旋转黏度试验、DSR 动态剪切流变仪法等)替代,特别是目前低标号沥青应用逐渐增多,高黏改性沥青也有所应用,这些沥青均具有明显的非牛顿流动特性,其 60℃ 动力黏度的不同方法检测值之间不具有互换性。

(2)毛细管黏度计及沥青试样在烘箱中加热的温度,直馏沥青为 135℃ ±5℃,半氧化沥青为 150℃ ±5℃,改性沥青为 170℃ ±2℃。

(3)重复性试验的允许误差为平均值的 7%;再现性试验的允许误差为平均值的 10%。一次试验的 3 支黏度计平行试验结果的误差应不大于平均值的 7%,否则,应重新试验。符合此要求时,取 3 支黏度计测定结果的平均值作为沥青动力黏度的测定值。

(4)试验结束后,应将所用设备整理干净,恢复原位并清理垃圾。

6. 试验结果应用分析

沥青的动力黏度(也称为绝对黏度或简称为黏度)是沥青性质的主要指标之一。美国、澳大利亚等已经利用其60℃黏度作为道路石油沥青的分级标准。黏度单位根据国家标准采用帕秒(Pa·s,1泊=0.1Pa·s)表示。

从宏观上讲,黏度是沥青抵抗流体流动的能力;从微观上讲,黏度是沥青内部分子结构之间的引力形成的内摩擦力。对于道路石油沥青与改性沥青,通常采用60℃时的动力黏度这一参数来评价沥青材料的高温路用性能,其值越大,其高温稳定性越好。

(六)沥青的薄膜加热试验检测

1. 试验检测原理

沥青薄膜在烘箱中加速老化后,其质量、针入度、延度、软化点、黏度等将产生变化,通过比较老化前后的变化来评价沥青的耐老化性能。

2. 目的与适用范围

本方法可以测定沥青经烘箱加速老化后的质量变化和计算残留物和原试样的针入度、软化点、延度、黏度的比值及老化系数,以评价沥青的耐老化性能。

本方法适用于道路石油沥青、聚合物改性沥青。

3. 主要仪器设备

(1)薄膜加热烘箱(图6-8):温度范围可达200℃,控温的准确度为1℃,装有温度调节器和可转动的圆盘架。

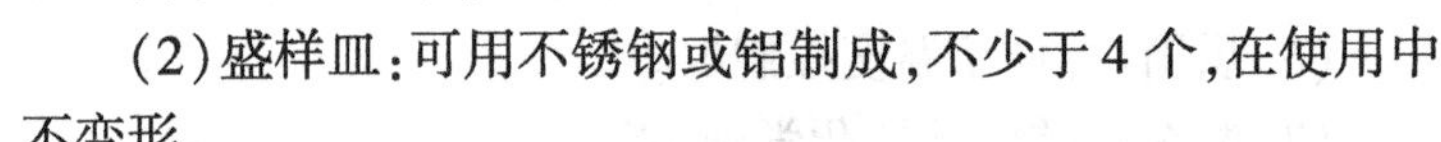

(2)盛样皿:可用不锈钢或铝制成,不少于4个,在使用中不变形。

(3)温度计:量程0~200℃,分度值0.5℃(允许由普通温度计代替)。

(4)分析天平:感量不大于1mg。

(5)其他:干燥器、计时器等。

4. 试验操作及记录

参照对应的最新标准规范和《道路建筑材料试验检测手册》,在老师指导下完成,并将试验记录填写在《道路建筑材料试验检测手册》中。

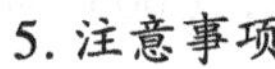

图6-8 薄膜加热烘箱

5. 注意事项

(1)应先预热烘箱,等烘箱温度升到试验温度后再放入试样,达到试验温度时开始计时。切记不可一开始就放入试样。

(2)试验前后两次试样质量应在同一个干燥器内冷却相同的时间称量。干燥器内的干燥剂应定期烘干。

(3)回收残留物时,不宜用电炉加热,应用烘箱加热,将烘箱调至120℃左右,放入试样适当时间后用铲刀将沥青铲入回收皿中。

(4)当薄膜加热后质量变化小于或等于0.4%时,重复性试验的允许误差为0.04%,再现性试验的允许误差为0.16%。当薄膜加热后质量变化大于0.4%时,重复性试验的允许误差为平均值的8%,再现性试验的允许误差为平均值的40%。

(5)试验结束后,应将所用设备整理干净,恢复原位并清理垃圾。

6. 试验结果应用分析

沥青薄膜加热试验(简称TFOT)与沥青旋转薄膜加热试验(简称RTFOT)是同一性质的试验,但试验条件不同。由于RTFOT沥青膜更薄,只有5~10μm,因此试验时间可以缩短,且更加接近沥青混合料拌和时的实际情况。但国内外大量试验证明,RTFOT与TFOT大体上有同等效果,故允许互相替代。尤其是对聚合物改性沥青,当黏度较高的改性沥青在进行RTFOT试验时,在旋转过程中沥青容易堆积在瓶口处,有时就会发生沥青从瓶口流出的现象。两者有矛盾时,以TFOT的试验结果为准。

当沥青结合料在拌和装置中与热矿质集料拌和时,它承受了短期的老化。而沥青路面在承受环境和其他因素的服务寿命中,持续承受长期老化。通常使用沥青薄膜加热试验(TFOT)与沥青旋转薄膜加热试验(RTFOT)来估计热拌沥青混合料拌和装置中发生的短期老化,而沥青结合料的长期老化,可以用压力老化容器加速沥青老化试验方法来评估。沥青在拌和机中的热老化与沥青在沥青池、沥青罐中储存加热过程中的老化不同,它虽然时间短暂,但它与空气的接触面大,温度高,因而老化速率很快。

引起沥青老化的直接因素有:

(1)热的影响。热能加速沥青内部组分的挥发变化,促进沥青化学反应,最终导致沥青性能的劣化。

(2)氧的影响。空气中的氧被沥青吸收后发生氧化反应,改变沥青的组成比例,从而引起老化。

(3)光的影响。日光特别是紫外光照射沥青后,使沥青产生光化学反应,促使沥青的氧化加速。

(4)水的影响。水在与光、热和氧共同作用时,起到加速老化的催化作用。

沥青的老化过程是诸多因素综合作用的结果,最终导致沥青发硬变脆,引起沥青路面开裂,产生道路病害。

沥青老化后在试验数据上是针入度变小,软化点变大,延度变小;挥发性组分少的试样,质量增加;挥发性组分多的试样,质量减少。

(七)沥青的密度与相对密度试验检测

沥青密度与相对密度试验

1. 试验检测原理

比重瓶具有一定的容积,在一定温度下,用同一比重瓶分别称取等体积的样品与蒸馏水的质量,由两者的质量比即可求出该样品的相对密度。

2. 目的与适用范围

本方法可以测定沥青的密度和相对密度,其中密度可用于储油容器中沥青体积与质量的换算,相对密度可用于沥青混合料理论密度的计算,供配合比设计及空隙率计算使用。

本方法适用于使用比重瓶测定各种沥青材料的密度与相对密度。非经注明,测定沥青密度的标准温度为15℃(沥青与水的相对密度是指25℃相同温度下的密度之比)。本方法可以测定15℃密度,换算得相对密度(25℃/25℃);也可以测定相对密度(25℃/25℃),换算求得密度(15℃)。

3. 主要仪器设备

图6-9 比重瓶

(1)比重瓶(图6-9):玻璃制,瓶塞下部与瓶口须经仔细研磨。瓶塞中间有一个垂直孔,其下部为凹形,以便由孔中排除空气。比重瓶的容积为20~30mL,质量不超过40g。

(2)恒温水槽:控温的准确度为0.1℃。

(3)烘箱:200℃,装有温度自动调节器。

(4)天平:感量不大于1mg。

(5)滤筛:0.6mm、2.36mm各一个。

(6)温度计:量程0~50℃,分度值为0.1℃。

(7)真空干燥器等。

4. 试验操作及记录

参照对应的最新标准规范和《道路建筑材料试验检测手册》,在老师指导下完成,并将试验记录填写在《道路建筑材料试验检测手册》中。

5. 注意事项

(1)应准确控制试验温度。

(2)比重瓶水值应经常校正,一般每年至少一次。

(3)比重瓶从烧杯中取出后,瓶顶部只能擦拭一次。

(4)对道路石油沥青及液体沥青的密度,重复性试验的允许误差为0.003g/cm^3;再现性试验的允许误差为0.007g/cm^3。对固体沥青的密度,重复性试验的允许误差为0.01g/cm^3,再现性试验的允许误差为0.02g/cm^3。

(5)试验结束后,应将所用设备整理干净,恢复原位并清理垃圾。

6. 试验结果应用分析

沥青密度用于储油容器中沥青体积与质量的换算,相对密度用于沥青混合料理论密度计算,供配合比设计及空隙率计算使用。

(八)沥青的闪点与燃点试验检测(克利夫兰开口杯法)

1. 试验检测原理

试样在规定的克利夫兰开口杯盛样器内,按规定的升温速度以规定的方法与试样接触,初次发生一瞬即灭火焰时的试样温度,以℃为单位。

2. 目的与适用范围

本方法可以测定沥青的闪点和燃点,以评定施工的安全性。

本方法适用于黏稠石油沥青、聚合物改性沥青及闪点在 79℃以上的液体石油沥青，不适用于闪点低于 79℃的液体石油沥青。

3. 主要仪器设备

（1）克利夫兰开口杯闪点仪（图 6-10），由下列部分组成：

①克利夫兰开口杯：用黄铜或铜合金制成，内口直径（63.5 ±0.5）mm，深（33.6 ±0.5）mm，在内壁与杯上口的距离为（9.4 ±0.4）mm 处刻有一道环状标线，带一个弯柄把手。

②加热板：黄铜或铸铁制，为直径 145 ~ 160mm、厚约 6.5mm 的金属板，上有石棉垫板，中心有圆孔，以支承金属试样杯。在距中心 58mm 处有一个与标准试焰大小相当的 ϕ（4.0 ± 0.2）mm 电镀金属小球，供火焰调节的对照使用。

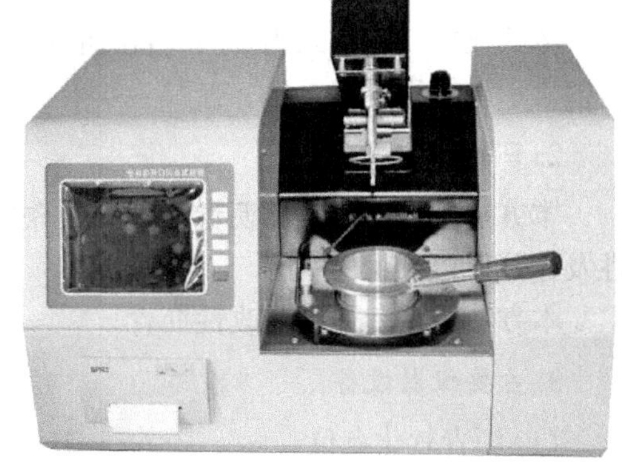

图 6-10 克利夫兰开口杯闪点仪

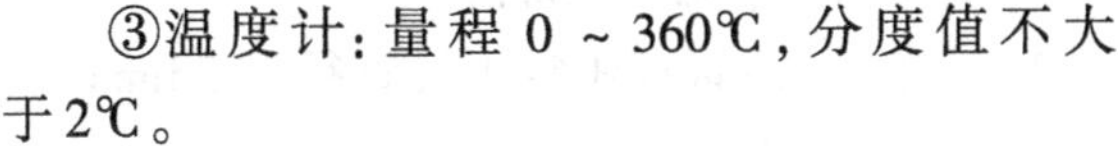

③温度计：量程 0 ~ 360℃，分度值不大于 2℃。

④点火器：金属管制，端部为产生火焰的尖嘴，端部外径约 1.6mm，内径为 0.7 ~ 0.8mm，与可燃气体压力容器（如液化丙烷气或天然气）连接，火焰大小可以调节。点火器可以 150mm 半径水平旋转，且端部恰好通过坩埚中心上方 2 ~ 2.5mm，也可采用电动旋转点火用具，但火焰通过金属试验杯的时间应为 1.0s 左右。

（2）铁支架：高约 500mm，附有温度计夹及试样杯支架，支脚为高度调节器，使加热顶保持水平。

（3）防风屏：金属薄板制，三面将仪器围住挡风，内壁涂成黑色，高约 600mm。

（4）加热源附有调节器的 1kW 电炉或燃气炉。根据需要，可以控制加热试样的升温速度为 14 ~ 17℃/min、（5.5 ±0.5）℃/min。

4. 试验操作及记录

参照对应的最新标准规范和《道路建筑材料试验检测手册》，在老师指导下完成，并将试验记录填写在《道路建筑材料试验检测手册》中。

5. 注意事项

（1）对闪点在 79℃以下的液体石油沥青，采用泰格环试验方法。

（2）试验过程中应严格控制预期闪点前的升温速度以保证试验结果的可靠性。

（3）重复性试验的允许误差为：闪点 8℃，燃点 8℃。再现性试验的允许误差为：闪点 16℃，燃点 14℃。同一试样至少平行试验两次，两次测定结果的差值不超过重复性试验允许误差时，取其平均值的整数作为试验结果。

（4）点火器的形状及产生的试焰对测定结果有一定影响，日球形火焰直径偏大、与液面距离较近、停留时间过长都会使测定结果偏高。

（5）试验结束后，应将所用设备整理干净，恢复原位并清理垃圾。

6. 试验结果应用分析

沥青的闪点是各国沥青质量的安全性指标,沥青的燃点是施工安全的一项参考指标。

(九)聚合物改性沥青离析试验检测

1. 试验检测原理

将热化的沥青倒入铝管后,自由沉淀,再冷却固化,测量上1/3和下1/3沥青的软化点,其差值表示离析程度。

2. 目的与适用范围

本方法可以测定改性沥青离析后的软化点差值,以评价基质沥青与改性剂的配伍性、相容性及存储稳定性。

本方法适用于聚合物改性沥青。

3. 主要仪器设备

(1)沥青软化点仪。

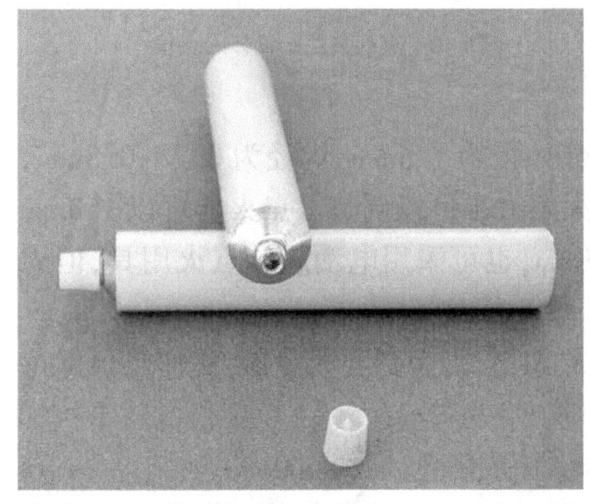

图6-11 铝管

(2)试验用标准筛:0.3mm。

(3)盛样管:铝管(图6-11),直径约25mm,长约140mm,一端开口。

(4)烘箱:能保温163℃ ±5℃或135℃ ±5℃。

(5)冰箱。

(6)支架:能支撑盛样管,竖立放入烘箱及冰箱中,也可用烧杯代替。

(7)剪刀。

(8)容器:标准的沥青针入度金属试样杯(高48mm,直径70mm)。

(9)其他:小夹子,样品盒,小烧杯,小刮刀,小锤,甘油、滑石粉隔离液等。

4. 试验操作及记录

参照对应的最新标准规范和《道路建筑材料试验检测手册》,在老师指导下完成,并将试验记录填写在《道路建筑材料试验检测手册》中。

5. 注意事项

(1)低温是为了更好制样,冷冻时间对离析试验结果并无影响。

(2)试验结束后,应将所用设备整理干净,恢复原位并清理垃圾。

6. 试验结果应用分析

聚合物改性沥青在国内外公路建设中得到广泛的应用。但是聚合物与沥青在密度、黏度、分子量、极性及溶解度参数等方面差异较大,从热力学角度分析,它们之间是不相容的。聚合物在基质沥青中常常自发地凝聚和离析。因此,聚合物改性沥青的存储稳定性是科学研究和实际生产必须解决的关键问题。

(十)沥青弹性恢复试验检测

1. 试验检测原理

利用延度试验拉伸试样至规定长度,剪断后自由恢复一定时间后测量长度,以两者长度的相对比值来表示弹性恢复能力。

2. 目的与适用范围

本方法可以测定沥青的弹性恢复性能,即测定用延度试验仪拉长一定长度后的可恢复变形的百分率。非经注明,试验温度为25℃,拉伸速度为5cm/min ±0.25cm/min。

本方法适用于热塑性橡胶类聚合物改性沥青。

3. 主要仪器设备

(1)试模(图6-12):采用延度试验所用试模,但中间部分转换为直线侧模,制作的试件截面积为1cm^2。

(2)水槽:能保持规定的试验温度,变化不超过0.1℃。水槽的容积不小于10L,高度应满足试件浸没深度不小于10cm,离水槽底部不小于5cm的要求。

(3)延度试验机。

(4)温度计:符合延度试验的要求。

(5)剪刀。

a)延度试模　b)弹性恢复试验用试模

图6-12　试模

注:左侧为延度试模,俗称"8"字模;右侧为弹性恢复试验用试模,俗称"一"字模。

4. 试验操作及记录

参照对应的最新标准规范和《道路建筑材料试验检测手册》,在老师指导下完成,并将试验记录填写在《道路建筑材料试验检测手册》中。

5. 注意事项

(1)取平行测定三次试验结果的平均值作为测试结果。若三次测定值的最大值和最小值之差不在其平均值的5%以内,但其中两个较高值之差在平均值的5%以内,则舍弃最低测定值,取两个较高值的平均值作为测试结果。如三次试验在达到10cm前已断裂,应报告在此试验条件下的延度和在此延度下的弹性恢复。

(2)对于道路石油沥青,重复性试验的允许误差为4%,再现性试验的允许误差为11%;对于聚合物改性沥青,重复性试验的允许误差为3%,再现性试验的允许误差为8%。

(3)试验结束后,应将所用设备整理干净,恢复原位并清理垃圾。

6. 试验结果应用分析

弹性恢复值是反映沥青在受到外力拉伸后恢复至原状态能力的重要力学指标,国内外均采用这项指标评价沥青弹性能力。弹性恢复能力将直接影响沥青混合料的高温、低温、抗疲劳性能与耐久性能。

任务 6-3 道路石油沥青的技术要求

在公路工程中,常见的是道路石油沥青,其余沥青应按相应的技术标准规范执行。

(一)道路石油沥青分级及适用范围

道路石油沥青分为A级、B级、C级三个等级,各自的适用范围见表6-4。

道路石油沥青的适用范围 表6-4

沥青等级	适用范围
A级	各个等级的公路,适用于任何场合和层次
B级	1. 高速公路、一级公路沥青下面层及以下的层次,二级及二级以下公路的各个层次。 2. 用作改性沥青、乳化沥青、改性乳化沥青、稀释沥青的基质沥青
C级	三级及三级以下公路的各个层次

道路石油沥青的技术性质

道路石油沥青的技术标准

(二)道路石油沥青的技术标准

以下内容摘录自《公路沥青路面施工技术规范》(JTG F40—2004)。

道路石油沥青的技术要求应符合表6-5的规定。

道路石油沥青技术要求 表6-5

指标	单位	等级	沥青标号																
			160号[3]	130号[3]	110号			90号					70号[2]					50号[2]	30号[3]
针入度(25℃,5s,100g)	0.1mm		140~200	120~140	100~120			80~100					60~80					40~60	20~40
适用的气候分区[5]					2-1	2-2	3-2	1-1	1-2	1-3	2-2	2-3	1-3	1-4	2-2	2-3	2-4	1-4	
针入度指数PI[1]		A	−1.5~+1.0																
		B	−1.8~+1.0																
软化点(R&B),不小于	℃	A	38	40	43			45			44		46		45			49	55
		B	36	39	42			43			42		44		43			46	53
		C	35	37	41			42					43					45	50
60℃动力黏度[1],不小于	Pa·s	A	—	60	120			160			140		180		160			200	260
10℃延度[1],不小于	cm	A	50	50	40			45	30	20	30	20	20	15	25	20	15	15	10
		B	30	30	30			30	20	15	20	15	15	10	20	15	10	10	8

续上表

指标	单位	等级	沥青标号						
			160号[3]	130号[3]	110号	90号	70号[2]	50号[2]	30号[3]
15℃延度,不小于	cm	A、B	100					80	50
		C	80	80	60	50	40	30	20
蜡含量(蒸馏法),不大于	%	A	2.2						
		B	3.0						
		C	4.5						
闪点,不小于	℃		230			245	260		
溶解度,不小于	%		99.5						
密度(15℃)	g/cm³		实测记录						
TFOT(或RTFOT)后[4]									
质量变化,不大于	%		±0.8						
残留针入度比(25℃),不小于	%	A	48	54	55	57	61	63	65
		B	45	50	52	54	58	60	62
		C	40	45	48	50	54	58	60
残留延度(10℃),不小于	cm	A	12	12	10	8	6	4	—
		B	10	10	8	6	4	2	—
残留延度(15℃),不小于	cm	C	40	35	30	20	15	10	—

注:1. 经建设单位同意,表中沥青PI值、60℃动力黏度、10℃延度可作为选择性指标,也可不作为施工质量检验指标。

2. 70号沥青可根据需要要求供应商提供针入度范围为60~70或70~80的沥青,50号沥青可根据需要要求供应商提供针入度范围为40~50或50~60的沥青。

3. 30号沥青仅适用于沥青稳定基层。130号和160号沥青除寒冷地区可直接在中低级公路上直接应用外,通常用作乳化沥青、稀释沥青、改性沥青的基质沥青。

4. 老化试验以TFOT为准,也可以RTFOT代替。

5. 气候分区见相应的技术规范。

模块七
CHAPTER SEVEN

沥青混合料

知识目标

(1)掌握沥青混合料的性质、试验检测原理和方法。

(2)熟悉沥青混合料的质量评价方法。

(3)熟悉沥青混合料相关的国家标准和行业规范。

能力目标

(1)具备基本的材料试验与检测能力,能够完成以下试验检测工作:沥青混合料的试件制作(击实法)、沥青混合料的密度试验(表干法)、沥青混合料的马歇尔稳定度试验、沥青混合料的理论最大相对密度试验(真空法)、沥青混合料的沥青含量试验(燃烧炉法)等。

(2)能对上述试验检测工作中产生的问题进行分析和解决。

(3)能参与沥青混合料的配合比设计工作。

(4)能规范填写试验检测原始记录表和编制试验检测报告。

注:试验数据计算中的数值修约应按附录A执行,试验检测原始记录表和试验检测报告的编写应按附录B执行。

任务7-1 认识沥青混合料

沥青混合料是由矿料、沥青胶结料等拌和形成的混合物。其中矿料是集料与矿粉的总称;矿粉是由石灰岩等碱性石料经磨细加工得到的矿物质粉末,大部分粒径小于0.075mm,因矿粉在混合料中起到填充作用,所以也称填料。在沥青混合料中,矿粉的主要作用是提高矿料的总比表面积,增加沥青混合料中结构沥青的比例,增强沥青和集料的黏附性等。

（一）沥青混合料的特点

沥青混合料是一种黏弹塑性材料，拥有优良的力学性能，广泛应用于不同等级公路的面层与基层铺筑。由沥青混合料铺筑的路面面层具有较多的优点，主要有：

(1)具有足够的力学强度，能承受车辆荷载施加到路面上的各种作用力；

(2)有一定的弹性和塑性变形能力，能承受应变而不破坏；

(3)与汽车轮胎的附着力较好，可保证行车安全；

(4)具有高度的减震性，可使汽车快速、平稳行驶，噪声低；

(5)不扬尘，且容易清扫和冲洗；

(6)维修工作比较简单，且沥青路面可再生利用。

但是也有一些缺点，如老化现象引起路面破坏；温度稳定性差，夏季高温时易软化，路面易产生车辙、波浪等现象，冬季低温时易脆裂，在车辆重复荷载作用下易产生裂缝。

SMA 路面常见病害成因及防治技术

沥青混合料的分类和组成结构

（二）沥青混合料的分类

沥青混合料的种类繁多，常见的分类有以下几种：

1. 按集料公称最大粒径分类

(1)特粗式沥青混合料：集料公称最大粒径大于 31.5mm 的沥青混合料。

(2)粗粒式沥青混合料：集料公称最大粒径大于或等于 26.5mm 的沥青混合料。

(3)中粒式沥青混合料：集料公称最大粒径为 16mm 或 19mm 的沥青混合料。

(4)细粒式沥青混合料：集料公称最大粒径为 9.5mm 或 13.2mm 的沥青混合料。

(5)砂粒式沥青混合料：集料公称最大粒径小于 9.5mm 的沥青混合料。

2. 按空隙率大小分类

(1)密级配沥青混合料：矿料和沥青胶结料按照最大密实原则进行配合比设计形成的设计空隙率不大于 6% 的沥青混合料，也称沥青混凝土(AC)。按关键性筛孔通过率的不同，密级配沥青混合料又可分为粗型(C 型)和细型(F 型)密级配沥青混合料，见表 7-1。

密级配沥青混合料 C 型和 F 型的关键性筛孔 表 7-1

混合料类型	公称最大粒径(mm)	用以分类的关键性筛孔(mm)	粗型密级配		细型密级配	
			名称	关键性筛孔通过率(%)	名称	关键性筛孔通过率(%)
AC-25	26.5	4.75	AC-25C	<40	AC-25F	>40
AC-20	19	4.75	AC-20C	<45	AC-20F	>45
AC-16	16	2.36	AC-16C	<38	AC-16F	>38
AC-13	13.2	2.36	AC-13C	<40	AC-13F	>40
AC-10	9.5	2.36	AC-10C	<45	AC-10F	>45

(2)半开级配沥青混合料:设计空隙率6% ~12%的沥青混合料。

(3)开级配沥青混合料:由粗集料嵌挤形成骨架,细集料及填料较少,设计空隙率不小于18%的沥青混合料。

3. 按拌和温度分类

(1)热拌沥青混合料:由矿料、沥青胶结料等在温度140℃以上拌制形成的混合料。由于在高温下拌和,沥青与矿质集料能形成良好的黏结,因而具有较高的强度。高等级公路和城市干道基本采用这种沥青混合料。

(2)冷拌沥青混合料:由矿料、沥青胶结料及添加剂等在常温下拌和形成的混合料。这种沥青混合料沥青与集料裹覆性差,黏结不良,路面成型慢,强度低,一般只适用于低交通道路或者路面局部维修。

(3)温拌沥青混合料:通过掺加添加剂或物理工艺等措施,使拌和温度降低,性能达到热拌沥青混合料同等水平的沥青混合料。一般来说,其拌和温度比热拌沥青混合料降低30℃以上。

①温拌沥青混合料主要有以下技术优势:

a. 降低了拌和、摊铺和碾压过程中的温度,可以节约大量的能源资源,节省大量的加热油料。

b. 有利于保护施工人员身体健康。热拌沥青混合料技术在整个施工过程中会产生大量的沥青烟和有害的气体,而采用温拌沥青混合料技术可以最大限度地降低这些有害气体对人体健康造成的威胁。因此,温拌沥青混合料技术可以有效地保护施工人员的身体健康。

c. 温拌沥青混合料的拌和温度较低,在混合料的生产过程中对拌和设备的损耗也相对较低,这就有效地延长了拌和设备的使用寿命,从而降低了生产的成本。

d. 可以最大限度地降低沥青的老化程度,使沥青保持较好的路用性能。

e. 温拌沥青混合料技术都是在借鉴热拌沥青混合料,很方便进行大规模推广。

②目前,温拌沥青混合料技术还不够成熟,还是存在一些不足:

a. 还需要不断对温拌沥青混合料技术进行改进,研发新的廉价添加剂来降低其生产成本,从而使其更好地得到推广和应用。

b. 对沥青和集料等原材料的要求较高,这在某种程度上限制了温拌沥青混合料技术的推广,需要不断开拓温拌沥青混合料技术的适用范围。

沥青路面使用性能气候分区

(三)沥青混合料使用性能的气候分区

沥青混合料的性质与使用环境(如气候、温度和相对湿度)关系密切。因此,在选择沥青胶结料、进行沥青混合料配合比设计和检验沥青混合料的使用性能时,应考虑沥青路面工程所处的环境,尤其是温度和相对湿度。应按照不同气候分区特点对沥青混合料的技术性能提出相应的要求。

1. 气候分区指标

采用工程所在地最近30年内最热月份平均日最高气温的平均值,作为反映沥青路面在高温和重载条件下出现车辙等流动变形的气候因子,并作为气候分区的一级指标,按照设计高温指标,一级区划分为3个区。

采用工程所在地最近30年内的极端最低气温，作为反映沥青路面由于温度收缩产生裂缝的气候因子，并作为气候分区的二级指标，按照设计低温指标，二级区划分为4个区。

采用工程所在地最近30年内的年降雨量的平均值，作为反映沥青路面受水影响的气候因子，并作为气候分区的三级指标，按照设计雨量指标，三级区划分为4个区。

2. 气候分区的确定

沥青路面使用性能气候分区由一、二、三级区划组合而成，以综合反映该地区的气候特征。每个气候分区用3个数字表示，第一个数字代表高温分区，第二个数字代表低温分区，第三个数字代表雨量分区。数字越小表示气候因素越严重。

(四)沥青混合料的技术性质

1. 高温稳定性

沥青混合料高温稳定性评价方法及影响因素

沥青混合料的高温稳定性是指混合料在夏季高温(通常为60℃)的条件下，经车辆荷载长期重复作用后，不产生车辙和波浪等病害的性能。

1)高温稳定性的评价方法及评价指标

《公路沥青路面施工技术规范》(JTG F40—2004)规定：采用马歇尔稳定度试验来评价沥青混合料高温稳定性；对于高速公路、一级公路、城市快速路、主干路用沥青混合料，还应通过车辙试验检验其抗车辙能力。

(1)马歇尔稳定度试验

马歇尔稳定度试验用于测定沥青混合料试件在规定温度和荷载速度下的破坏荷载和抗变形能力。

(2)车辙试验

车辙试验是一种模拟车辆轮胎在路面上滚动形成车辙的工程试验方法，试验结果较为直观，且与沥青路面车辙深度之间有着较好的相关性。

《公路沥青路面施工技术规范》(JTG F40—2004)规定：对用于高速公路、一级公路的公称最大粒径小于或等于19mm的密级配沥青混合料，沥青玛𤨂脂碎石(SMA)、开级配抗滑表层沥青混合料(OGFC)，必须在规定的试验条件下进行车辙试验。

沥青混合料车辙试验

SMA混合料级配设计方法

排水沥青路面的设计和施工要点

排水沥青路面的概念和性能特点

沥青玛𤨂脂碎石SMA的概念和性能特点

2)影响高温稳定性的主要因素

沥青混合料高温稳定性的形成主要来源于矿料颗粒间的嵌锁作用及沥青的高温黏度。

(1)矿料的性质

矿料性质对沥青混合料高温性能影响至关重要。采用表面粗糙、有棱角、颗粒接近立方体的碎石集料，经压实后集料颗粒间能够形成紧密的嵌锁作用，增大沥青混合料的内摩阻角，有利于增强沥青混合料的高温稳定性。相反,采用表面光滑的砾石、卵石集料拌制的沥青混合料颗粒之间缺乏嵌锁力,在荷载作用下容易产生滑移,使路面出现车辙。

(2)沥青的黏度

沥青的黏度越大,与集料的黏附性越好,沥青混合料的抗高温变形能力越强。可以采用合适的改性剂来提高沥青的高温黏度,从而改善沥青混合料的高温稳定性。

(3)沥青的用量

随着沥青用量的增加,矿料表面的沥青膜增厚,自由沥青比例增加,在高温条件下,这部分沥青在荷载作用下发生明显的流动变形,从而导致沥青混合料抗高温变形能力降低。对于细粒式和中粒式密级配沥青混合料,适当减少沥青用量有利于抗车辙能力的提高。但对于粗粒式和开级配沥青混合料,不能简单地靠减少沥青用量来提高抗车辙能力。

沥青混合料低温抗裂性、评价方法及影响因素

2. 低温抗裂性

沥青混合料的低温抗裂性是指沥青混合料在低温下抵抗断裂破坏的能力。当冬季气温降低时,沥青面层将产生体积收缩,而在基层结构与周围材料的约束作用下,沥青混合料不能自由收缩。当降温速率较慢时,沥青路面不会产生较大的危害。但当气温骤降时,沥青路面会出现裂缝。因此,要求沥青混合料具有一定的低温抗裂性。

影响沥青混合料低温性能的主要因素是沥青黏度和温度敏感性。因此,在沥青混合料配合比设计中,应选用黏度和温度敏感性较低的沥青,以提高沥青混合料的低温抗裂能力。级配对沥青混合料的低温抗裂性能没有显著的影响。

沥青混合料水稳定性、评价方法及影响因素

3. 耐久性

沥青混合料的耐久性是指其在长期使用过程中抵抗环境因素及行车荷载反复作用下保持正常使用状态而不出现剥落和松散等损坏的能力。

影响沥青混合料耐久性的因素很多,如沥青的化学性质、矿料的矿物成分、沥青混合料的组成结构(残留空隙率、沥青饱和度)等。就沥青混合料的组成结构而言,影响其耐久性的首要因素是沥青混合料的空隙率。空隙率越小,越能有效地防止水分渗入和日光中紫外线对沥青的老化作用等,但一般沥青混合料中均应残留一定的空隙,以备在夏季时沥青材料膨胀。

4. 抗滑性

沥青混合料抗滑性是指沥青路面的抗滑性能。沥青路面的抗滑性对于保障道路交通安全至关重要。沥青路面的抗滑性与所用矿料的表面性质、颗粒形状与尺寸、混合料的级配组成以及沥青用量等因素有关。为了提高沥青路面的抗滑性,配料时应选用表面粗糙、坚硬、耐磨、抗冲击性好、磨光值大的碎石和破碎砾石。此外,应严格控制沥青混合料中的沥青用量,特别是应选用含蜡量低的沥青,以免沥青表层出现滑溜现象。

5. 施工和易性

沥青混合料施工和易性是指沥青混合料在拌和、摊铺与碾压等阶级中便于操作,能使其保持均匀而不发生离析的性能。沥青混合料应具备良好的施工和易性,能够在拌和、摊铺与碾压过程中,集料颗粒保持分布均匀,表面被沥青膜完整地包裹,并被压实到规定的密度,这是保证沥青路面使用质量的必要条件。影响沥青混合料施工和易性的因素很多,如当地气温、施工条件及混合料性质等,可以从组成材料、施工条件两方面来分析。

(1)组成材料的影响

当组成材料确定后,沥青混合料和易性的主要影响因素是矿料级配和沥青用量。在间断级配的矿料中,粗细集料的颗粒尺寸相差过大,缺乏中间尺寸颗粒,沥青混合料容易离析。如果细集料太少,沥青层就不容易均匀地分布在粗颗粒表面;反之,则拌和困难。当沥青用量过少,或矿粉用量过多时,混合料容易产生疏松且不易压实;反之,则容易使混合料黏结成团块,不易摊铺。

(2)施工条件的影响

沥青混合料应在一定的温度下进行施工,以使沥青混合料达到要求的流动性,在拌和过程中沥青能够充分均匀地黏附在矿料颗粒表面;沥青混合料需要一定的时间进行拌和,以保证各种组成材料在混合料中分布均匀,并使所有矿料颗粒全部被沥青包裹。此外,拌和设备、摊铺机械和压实工具都对沥青混合料的施工和易性有一定的影响,应结合施工方式和施工条件考虑。

任务 7-2 检验沥青混合料

沥青混合料质量对整个沥青路面的质量起着至关重要的作用,沥青混合料的配合比设计、生产、运输、摊铺和碾压等各个环节都应严格控制质量。

根据《公路水运工程试验检测机构等级标准》中试验检测能力基本要求及主要仪器设备(综合乙级)必须满足的试验检测参数要求,以下参数为沥青混合料试验检测项目必须满足的试验检测参数,其余参数可参照《公路工程沥青及沥青混合料试验规程》(JTG E20—2011)和《公路沥青路面施工技术规范》(JTG F40—2004)等标准规范。

(一)沥青混合料的试件制作(击实法)

1. 试验检测原理

将沥青混合料放入规定尺寸的试模中,用击实的方法来成型。

2. 目的与适用范围

本方法适用于采用标准击实法或大型击实法制作沥青混合料试件,以供试验室进行沥青混合料物理力学性质试验使用。

标准击实法适用于马歇尔试验、间接抗拉试验(劈裂法)等所使用的 ϕ101.6mm × 63.5mm 圆柱体试件的成型。大型击实法适用于 ϕ152.4mm × 95.3mm 的大型圆柱体试件的成型。

当集料公称最大粒径小于或等于 26.5mm 时,采用标准击实法,一组试件不少于 4 个。当集料公称最大粒径大于 26.5mm 时,宜采用大型击实法,一组试件不少于 6 个。

3. 主要仪器设备

(1)自动击实仪:击实仪应具有自动记数、控制仪表、按钮设置、复位及暂停等功能。按其用途分为以下两种：

①标准击实仪(图7-1)：由击实锤、ϕ98.5mm ±0.5mm 平圆形压实头及带手柄的导向棒组成。用机械将压实锤提升，至457.2mm ±1.5mm 高度沿导向棒自由落下连续击实，标准击实锤质量4536g ±9g。

②大型击实仪：由击实锤、ϕ149.4mm ±0.1mm 平圆形压实头及带手柄的导向棒(直径15.9mm)组成。用机械将压实锤提升，至457.2mm ±2.5mm 高度沿导向棒自由落下击实，大型击实锤质量10210g ±10g。

(2)试验室用沥青混合料拌和机(图7-2)：能保证拌和温度并充分拌和均匀，可控制拌和时间，容量不小于10L。搅拌叶自转速度70 ~80r/min，公转速度40 ~50r/min。

图7-1 标准击实仪

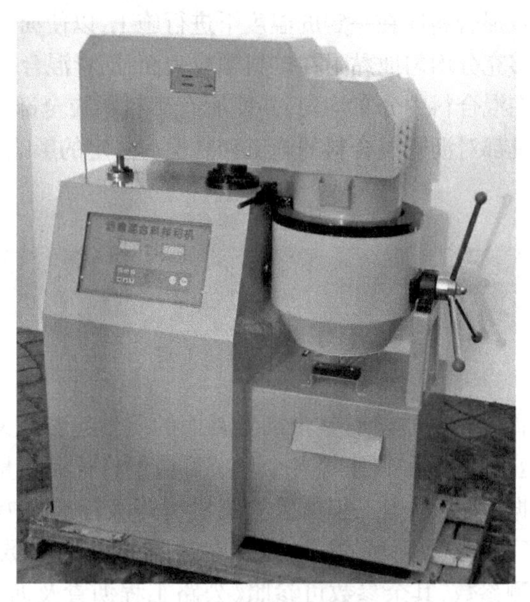

图7-2 沥青混合料拌和机

(3)脱模器：电动或手动，可无破损地推出圆柱体试件，备有标准圆柱体试件及大型圆柱体试件尺寸的推出环。

(4)试模：由高碳钢或工具钢制成，每组包括内径101.6mm ±0.2mm，高87mm的圆柱形金属筒、底座(直径约120.6mm)和套筒(内径104.8mm、高70mm)各1个。大型圆柱体试件的套筒外径165.1mm，内径155.6mm ±0.3mm，总高83mm。试模内径152.4mm ±0.2mm，总高115mm，底座板厚12.7mm，直径172mm。

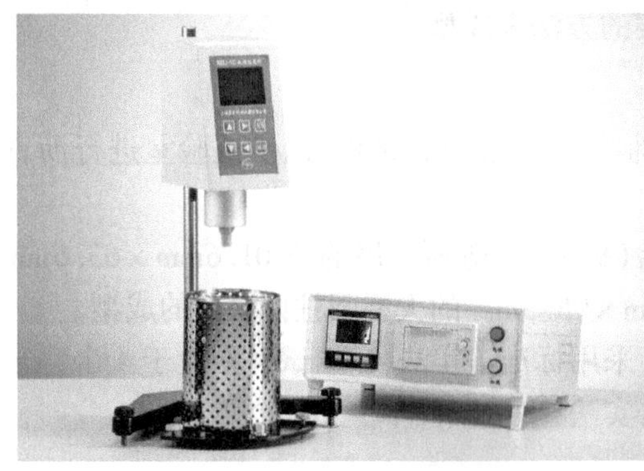

图7-3 布洛克菲尔德黏度计

(5)烘箱：大、中型各1台，装有温度调节器。

(6)天平或电子秤：用于称量矿料的，感量不大于0.5g；用于称量沥青的，感量不大于0.1g。

(7)布洛克菲尔德黏度计(图7-3)。

(8)插刀或大螺丝刀。

(9)温度计:分度值1℃。宜采用有金属插杆的插入式数显温度计,金属插杆的长度不小于150mm。量程0~300℃。

(10)其他:电炉或煤气炉、沥青熔化锅、拌和铲、标准筛、滤纸(或普通纸)、胶布、卡尺、秒表、粉笔、棉纱等。

4. 注意事项

(1)本方法的关键是温度控制:矿料、试模、套筒等要按规范置于烘箱中加热。拌和击实温度均应符合要求。尤其是混合料击实温度至关重要,当拌和好的沥青混合料温度高于击实温度时,宜待温度降到击实温度时进行击实,但这样在放置过程中混合料的温度容易出现不均匀的情况。建议将另一个烘箱的温度调至比击实温度略高的温度值,混合料拌和好后按试件分装在容器中,插上温度计,待试件温度达到控制温度时取出立即装模击实。

(2)装料也是沥青混合料试件成型中的关键一步,插捣时应先周边(15次)后中间(10次),插捣时应尽量减少混合料出现离析现象,插捣完后应将表面整平,确保试件侧面无凹凸情况,否则击实完的试件粗集料都裸露在表面。这种现象对集料粒径比较大的级配尤为突出,会导致计算的混合料体积指标参数误差较大。

(3)试件冷却时,用于施工质量检验时,必须快速得知结果或试模数量不够时,允许用电风扇吹冷1h或浸水冷却3min脱模。这种做法对配合比设计是不允许的。浸水脱模法不得用于测量试件的密度、空隙率、矿料间隙率、沥青饱和度等各项物理指标。

(4)试验结束后,应将所用设备整理干净,恢复原位并清理垃圾。

5. 试验结果应用分析

根据实践经验,对聚合物改性沥青,按黏温曲线确定的等黏温度往往偏高,甚至超过200℃,所以对改性沥青、温拌沥青等其他沥青混合料,应根据实践经验、混合料的类型和结合料(或添加剂)的品种来确定适合拌和与击实的目标温度。

(二)沥青混合料的密度试验检测(表干法)

1. 试验检测原理

通过测量试件的空气中质量、水中质量和表干质量(吸饱水后用湿毛巾将表面擦干后的空气中质量)计算试件的毛体积密度和毛体积相对密度。

2. 目的与适用范围

本方法可以测定沥青混合料的毛体积相对密度或毛体积密度,可供沥青混合料配合比设计使用。

本方法适用于吸水率不大于2%的各种沥青混合料试件,包括密级配沥青混凝土、抗滑表层混合料、沥青玛蹄脂碎石混合料(SMA)试件。标准温度为25℃±0.5℃。

图7-4 浸水天平

3. 主要仪器设备

(1)浸水天平(图7-4)或电子秤:当最大称量在3kg以下时,感量不大于0.1g;最大称量在3kg以上时,感量不大于0.5g。应有测量水中重的挂钩。

(2)网篮。

(3)溢流水箱:使用洁净水,有水位溢流装置,保持试件和网篮浸入水中后的水位一定。

(4)试件悬吊装置:天平下方悬吊网篮及试件的装置,吊线应采用不吸水的细尼龙线绳,并有足够的长度。对轮碾成型机成型的板块状试件可用铁丝悬挂。

(5)秒表。

(6)毛巾。

(7)电风扇或烘箱。

4. 试验操作及记录

参照对应的最新标准规范和《道路建筑材料试验检测手册》,在老师指导下完成,并将试验记录填写在《道路建筑材料试验检测手册》中。

5. 注意事项

(1)在用表干法测定时,关键是用拧干的湿毛巾擦拭试件表面时要让试件形成饱和面干状态,表面既不能有多余的水膜,又不能把吸入孔隙中的水分擦走。如果水从试件的开口孔隙中流出,测量的毛体积将会比实际值偏小,密度结果偏大;如果表面水没有擦干,试件的毛体积测量值将会偏大,密度结果偏小。因此,擦试件毛巾的干湿状况及试件表面水是否擦干与试验结果密切相关。要求试验人员通过熟练的操作后认真总结经验,找到最佳的擦拭方法。

(2)对从工程现场钻取的非干燥试件,可先称取水中质量(m_w)和表干质量(m_f),然后用电风扇将试件吹干至恒重(一般不少于12h,当不需进行其他试验时,也可用60℃ ±5℃烘箱烘干至恒重),再称取空中质量(m_a)。

(3)称取水中质量时,试件放入后,在水中试件表面会出现许多气泡,应手提网篮小心上下慢速提放几次,以排除空气,保证称量数据准确。

(4)水温应控制在25℃ ±0.5℃。

(5)试件毛体积密度试验重复性的允许误差为0.020g/cm^3。试件毛体积相对密度试验重复性的允许误差为0.020。

(6)试验结束后,应将所用设备整理干净,恢复原位并清理垃圾。

6. 试验结果应用分析

试验测得的毛体积相对密度或毛体积密度结合集料的相关试验结果,可以计算沥青混合料中的体积指标,如沥青混合料空隙率(VV)、矿料间隙率(VMA)和有效沥青饱和度(VFA)等。这些指标在沥青混合料配合比设计中需要计算。

1)空隙率

空隙率按下式计算,取1位小数。

$$VV=\left(1-\frac{\gamma_f}{\gamma_t}\right)\times 100 \tag{7-1}$$

式中：VV——试件的空隙率，%；

γ_t——沥青混合料理论最大相对密度，无量纲；

γ_f——试件的毛体积相对密度，用表干法测定，当试件吸水率 $S_a>2\%$ 时，由蜡封法测定；当按规定容许采用水中重法测定时，也可用表观相对密度代替，无量纲。

吸水率 S_a 按下式计算，取 1 位小数。

$$S_a=\frac{m_f-m_a}{m_f-m_w}\times 100 \tag{7-2}$$

式中：S_a——试件的吸水率，%；

m_a——干燥试件的空中质量，g；

m_w——试件的水中质量，g；

m_f——试件的表干质量，g。

毛体积相对密度和毛体积密度分别按下式计算，取 3 位小数。

$$\gamma_f=\frac{m_a}{m_f-m_w} \tag{7-3}$$

$$\rho_f=\frac{m_a}{m_f-m_w}\times\rho_w \tag{7-4}$$

式中：γ_f——试件毛体积相对密度，无量纲；

ρ_f——用表干法测定的试件毛体积密度，g/cm^3；

ρ_w——25℃时水的密度，取 $0.9971g/cm^3$。

2）矿料间隙率

矿料间隙率按下式计算，取 1 位小数。

$$VMA=\left(1-\frac{\gamma_f}{\gamma_{sb}}\times\frac{P_s}{100}\right)\times 100 \tag{7-5}$$

$$P_s=100-P_b \tag{7-6}$$

式中：VMA——沥青混合料试件的矿料间隙率，%；

P_s——各种矿料占沥青混合料总质量的百分率之和，%；

P_b——沥青用量，即沥青质量占沥青混合料总质量的百分数，%；

γ_{sb}——矿料的合成毛体积相对密度，按式(7-7)计算，取 3 位小数，无量纲。

$$\gamma_{sb}=\frac{100}{\dfrac{P_1}{\gamma_1}+\dfrac{P_2}{\gamma_2}+\cdots+\dfrac{P_n}{\gamma_n}} \tag{7-7}$$

式中：γ_{sb}——矿料的合成毛体积相对密度，无量纲；

P_1、$P_2\cdots P_n$——各种矿料占矿料总质量的百分率，%，其和为 100；

γ_1、$\gamma_2\cdots\gamma_n$——各种矿料的相对密度，无量纲；采用《公路工程集料试验规程》（JTG 3432—2024）中相应的方法进行测定，粗集料、机制砂及石屑用毛体积相对密度；矿粉（含消石灰、水泥）采用表观相对密度。

3)理论最大相对密度

(1)对于非改性沥青,用“沥青混合料理论最大相对密度试验(真空法)”实测理论最大相对密度。

(2)对于改性沥青及 SMA 等难以分散的混合料,理论最大相对密度按下式计算:

$$\gamma_t = \frac{100 + P_a + P_x}{\dfrac{100}{\gamma_{se}} + \dfrac{P_a}{\gamma_b} + \dfrac{P_x}{\gamma_x}} \tag{7-8}$$

$$P_a = \frac{P_b}{100 - P_b} \times 100 \tag{7-9}$$

式中:γ_t——计算沥青混合料对应油石比的理论最大相对密度,无量纲;

P_a——油石比,即沥青质量占矿料总质量的百分比,%;

P_x——纤维用量,即纤维质量占矿料总质量的百分比,%;

γ_x——25℃时纤维的相对密度,由厂方提供或实测得到,无量纲;

γ_{se}——合成矿料的有效相对密度,按式(7-10)计算,无量纲。

$$\gamma_{se} = C \times \gamma_{sa} + (1 - C) \times \gamma_{sb} \tag{7-10}$$

$$C = 0.330\, w_x^2 - 0.2936 w_x + 0.9339 \tag{7-11}$$

$$w_x = \left(\frac{1}{\gamma_{sb}} - \frac{1}{\gamma_{sa}}\right) \times 100 \tag{7-12}$$

式中:C——沥青吸收系数,无量纲;

w_x——合成矿料的吸水率,%;

γ_{sb}——矿料的合成毛体积相对密度;

γ_{sa}——矿料的合成表观相对密度,按式(7-13)计算,取 3 位小数,无量纲。

$$\gamma_{sa} = \frac{100}{\dfrac{P_1}{\gamma_1'} + \dfrac{P_2}{\gamma_2'} + \cdots + \dfrac{P_n}{\gamma_n'}} \tag{7-13}$$

式中:P_1、P_2…P_n——各种矿料占矿料总质量的百分率,%,其和为 100;

γ_1'、γ_2'…γ_n'——各种矿料的表观相对密度,无量纲。

(3)对旧路面钻取芯样的试件缺乏材料密度、配合比及油石比的沥青混合料,可以采用真空法实测沥青混合料的理论最大相对密度。

4)有效沥青饱和度

有效沥青饱和度按下式计算,取 1 位小数。

$$\mathrm{VFA} = \frac{\mathrm{VMA} - \mathrm{VV}}{\mathrm{VMA}} \times 100 \tag{7-14}$$

式中:VV——沥青混合料试件的空隙率,%;

VMA——沥青混合料试件的矿料间隙率,%;

VFA——沥青混合料试件的有效沥青饱和度,%。

(三)沥青混合料的马歇尔稳定度试验检测

1. 试验检测原理

将沥青混合料制成规定尺寸的圆柱体试件,在稳定度仪上测定其稳定度和流值,以这两项指标来表征其高温时的稳定性和抗变形能力。稳定度是试件在破坏时的最大力值,流值是破坏时的最大垂直变形。

2. 目的与适用范围

本方法适用于马歇尔稳定度试验和浸水马歇尔稳定度试验,以进行沥青混合料的配合比设计或沥青路面施工质量检验。浸水马歇尔稳定度试验(根据需要,也可进行真空饱水马歇尔试验)供检验沥青混合料受水损害时抵抗剥落的能力时使用,通过测试其水稳定性检验配合比设计的可行性。试件是标准马歇尔试件圆柱体和大型马歇尔试件圆柱体。

3. 主要仪器设备

(1)自动马歇尔试验仪(图7-5)。

(2)恒温水槽:控温准确为1℃,深度不小于150mm。

(3)真空饱水容器:包括真空泵及真空干燥器。

(4)烘箱。

(5)天平:感量不大于0.1g。

(6)温度计:分度值1℃。

(7)卡尺。

(8)其他:棉纱,黄油。

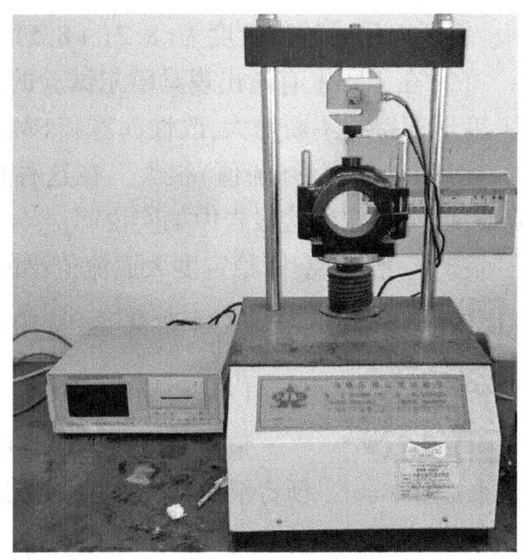

图7-5　马歇尔试验仪

4. 试验操作及记录

参照对应的最新标准规范和《道路建筑材料试验检测手册》,在老师指导下完成,并将试验记录填写在《道路建筑材料试验检测手册》中。

5. 注意事项

(1)从恒温水槽中取出试件至测出最大荷载值的时间,不得超过30s。

(2)在室内成型的试件高度必须符合要求,不符合的应作废处理。

(3)试件高度的测量可以采用不脱模的方法:将游标卡尺的固定尺端置于试模顶缘,活动尺插入试模,分别测量试件的两个顶面到顶缘的距离,用试模的高度减去这两个距离之和即为试件的高度。测量时每端测4个点,取平均值。

(4)试验结束后,应将所用设备整理干净,恢复原位并清理垃圾。

6. 试验结果应用分析

(1)马歇尔试验的结果变异性往往较大,需进行可疑数据的剔除:当一组测定值中某个测定值与平均值之差大于标准差的 k 倍时,该测定值应予舍弃,并以其余测定值的平均值作为试验结果。当试件数目 n 为3、4、5、6时,k 值分别为1.15、1.46、1.67、1.82。当一个试件的马歇尔稳定度或流值不满足要求时,该试件的马歇尔稳定度和流值都应舍弃。

例:进行马歇尔试验,一组4个试件,测得的稳定度有8.21、8.51、9.61、14.01(单位:kN),请计算该组马歇尔试件的最后稳定度。

①测值由小到大排序:8.21、8.51、9.61、14.01。

②计算特征值:平均值为10.085kN,标准差为2.685kN。

③数据有4个,所以k值取1.46。

④如果最大值和最小值均不可疑,那么其余数据肯定不可疑,所以先判断最大值和最小值。

$2.685\times1.46=3.920$,最大值和平均值的差值$=14.01-10.085=3.925$,超过了标准差的k倍(3.920),所以最大值应剔除。

最小值和平均值的差值$=10.085-8.21=1.875$,没有超过标准差的k倍(3.920)。

⑤剔除最大值后剩下8.21、8.51和9.61再按以上方法进行判断,此时k值取1.15。结果都不可疑。

⑥所以最后的稳定度为$(8.21+8.51+9.61)/3=8.78$(kN)。

(2)在工程上有时出现马歇尔试验的荷载-变形曲线的顶部很平坦的现象,即荷载增加很小,变形却持续不断增大,改性沥青和SMA混合料也经常出现这种情况,致使对应于最大荷载(稳定度)处的变形(流值)很大。在这种情况下,可以以最大荷载的98%对应的变形值作为流值,但应该在试验报告中如实说明。

(3)一般来说,以稳定度大而流值小的沥青混合料为佳。

沥青混合料的理论最大相对密度(真空法)

(四)沥青混合料的理论最大相对密度试验检测(真空法)

1. 试验检测原理

借助真空泵,抽出沥青混合料空隙中的空气,并让水进入开口空隙中,使沥青混合料的空隙率接近零,以此测得理论最大相对密度。

2. 目的与适用范围

本方法可以测定沥青混合料理论最大相对密度,供沥青混合料配合比设计、路况调查或路面施工质量管理时计算空隙率、压实度等使用。

本方法不适用于吸水率大于3%的多孔性集料的沥青混合料。

3. 主要仪器设备

(1)天平:称量5kg以上,感量不大于0.1g;称量2kg以下,感量不大于0.05g。

(2)理论最大密度仪(图7-6):根据试样数量选用表7-2中的A、B、C任何一种类型。负压容器是理论最大密度仪的主要组件,带橡皮塞,上接橡胶管,管口下方有滤网,防止细料部分吸入胶管。为便于抽真空时观察气泡情况,负压容器至少有一面透明或者采用透明的密封盖。

图7-6 理论最大密度仪

理论最大密度仪类型　　表 7-2

类型	负压容器	附属设备
A	耐压玻璃,塑料或金属制的罐,容积大于 2000mL	有密封盖,接真空胶管,分别与真空装置和压力表连接
B	容积大于 2000mL 的真空容量瓶	带胶皮塞,接真空胶管,分别与真空装置和压力表连接
C	4000mL 耐压真空器皿或干燥器	带胶皮塞,接真空胶管,分别与真空装置和压力表连接

(3)真空负压装置:由真空泵、真空表、调压装置、压力表及干燥或积水装置等组成。

①真空泵应使负压容器内产生 3.7kPa ±0.3kPa(27.5mmHg ±2.5mmHg)负压;真空表分度值不得大于 2kPa。

②调压装置应具备过压调节功能,以保持负压容器的负压稳定在要求范围内,同时还应具有卸除真空压力的功能。

③压力表应经过标定,能够测定 0 ~4kPa(0 ~30mmHg)负压。当采用水银压力表时分度值为 1mmHg,示值误差为 2mmHg;非水银压力表分度值 0.1kPa,示值误差为 0.2kPa。压力表不得直接与真空装置连接,应单独与负压容器相接。

④采用干燥或积水装置主要是为了防止负压容器内的水分进入真空泵内。

(4)振动装置:试验过程中根据需要可以开启或关闭。

(5)恒温水槽:水温控制 25℃ ±0.5℃。

(6)温度计:分度值 0.5℃。

(7)其他:玻璃板、平底盘、铲子等。

4. 试验操作及记录

参照对应的最新标准规范和《道路建筑材料试验检测手册》,在老师指导下完成,并将试验记录填写在《道路建筑材料试验检测手册》中。

5. 注意事项

(1)B、C 类负压容器标定时注意瓶塞顶部只能擦拭一次,即使膨胀瓶塞上有小水滴也不能再擦拭。

(2)细集料团块若不分散,试验结果将偏小。

(3)对于改性沥青混合料由于结合料黏度大,颗粒分散后内部仍有大量气泡,因此不宜采用真空法,建议用溶剂法,详见《公路工程沥青及沥青混合料试验规程》(JTG E20—2011)。

(4)重复性试验的允许误差为 0.011g/cm^3,再现性试验的允许误差为 0.019g/cm^3。

(5)试验结束后,应将所用设备整理干净,恢复原位并清理垃圾。

6. 试验结果应用分析

测定的沥青混合料理论最大相对密度用于分析压实沥青混合料的参数,如混合料空隙率、沥青饱和度、矿料间隙率、有效沥青含量、集料的有效相对密度,所以,沥青混合料理论最大相对密度直接影响配合比设计标准值和配合比设计结果。在沥青路面压实度的检验中,有时也需要理论最大相对密度,所以理论最大相对密度又影响施工质量管理和评价,直接影响路面质量。

(五)沥青混合料的沥青含量试验检测(燃烧炉法)

1. 试验检测原理

沥青混合料由沥青结合料、集料及填充料组成。集料及填充料为不可燃无机物。沥青则由碳氢化合物及其衍生物构成,可燃且灰分质量很小,在试验过程中可忽略不计。将沥青混合料放入设定温度的燃烧炉内充分燃烧,可燃的沥青被烧掉,沥青烟气排放到燃烧炉外,只留下不可燃的无机矿物质,使油石分离。根据沥青混合料燃烧前后质量差可以计算出沥青混合料中的沥青含量,燃烧后剩余的矿料用于级配分析。

2. 目的与适用范围

本方法可以测定沥青混合料中沥青含量,可对燃烧后的沥青混合料进行筛分分析,以供沥青混合料生产、施工过程中的质量控制使用。

图 7-7 燃烧炉

本方法适用于热拌沥青混合料以及从路面取样的沥青混合料。

3. 主要仪器设备

(1)燃烧炉(图 7-7):由燃烧室、称量装置(内置天平)、自动数据采集系统、控制装置、空气循环装置、试样篮及其附件组成。

可以将试样均匀地摊薄放置在试样篮里。能够使空气在试样内部及周围流通。2 个及 2 个以上的试样篮可套放在一起。试样篮由网孔板做成,一般采用打孔的不锈钢或者其他合适的材料做成,通常情况下网孔的尺寸最大为 2.36mm,最小为 0.6mm。

(2)托盘:放置于试样篮下方,以接受从试样篮中滴落的沥青和集料。

(3)烘箱:温度应控制在设定值 ±5℃。

(4)天平:满足称量试样篮以及试样的质量,感量不大于 0.1g。

(5)防护装置:防护眼镜、隔热面罩、隔热手套、可以耐高温 650℃的隔热罩,试验结束后试样篮应该放在隔热面罩内冷却。

(6)其他:大平底盘(比试样篮稍大)、刮刀、盆、钢丝刷等。

4. 试验操作及记录

参照对应的最新标准规范和《道路建筑材料试验检测手册》,在老师指导下完成,并将试验记录填写在《道路建筑材料试验检测手册》中。

5. 注意事项

(1)将试样篮、托盘和试样放入燃烧炉时,注意试样篮、托盘不得与燃烧室侧壁接触;试验过程中不得使燃烧炉体产生振动,且不得打开燃烧室门;同时操作人员应注意安全。

(2)当两个试样的质量损失系数差值大于 0.15% 时,则重新准备两个试样按以上步骤进行燃烧试验,得到 4 个质量损失系数,除去 1 个最大值和 1 个最小值,将剩下的两个修正系数取平均值作为沥青用量的修正系数C_f。当沥青用量的修正系数C_f小于0.5%时,进行级配筛分。当沥青用量的修正系数C_f大于0.5%时,设定482℃ ±5℃燃烧温度重新标定,得到482℃的沥青用量的修正系数C_f。如果482℃与538℃得到的沥青用量的修正系数差值在0.1%以内(含0.1%),则仍以538℃的沥青用量作为最终的修正系数C_f;如果修正系数差值大于0.1%,则以482℃的沥青用量作为最终修正系数C_f。

(3)同一沥青混合料试样至少平行测定两次,取平均值作为试验结果。沥青用量的重复性试验允许误差为0.11%,再现性试验的允许误差为0.17%。

(4)沥青含量的试验方法除了本方法以外还有离心分离法,当用本方法产生的烟雾排放造成大气污染时,应采用离心分离法。

(5)试验结束后,应将所用设备整理干净,恢复原位并清理垃圾。

6. 试验结果应用分析

近年来采用燃烧炉法测定沥青用量的应用越来越多,其主要原因是此方法既快又比较简单。

在测定沥青混合料中掺加纤维或橡胶粉(干法施工)等易燃烧的掺加剂时,本方法需慎用。掺加剂本身的燃烧特性,导致在燃烧过程中质量会损失一部分,最终将影响沥青用量的测定结果。

沥青混合料在高温燃烧过程中,一些集料会被燃烧掉,因此需要将这部分损失量从总沥青混合料损失量中扣除,同时一些集料在高温下会破碎,从而导致燃烧前与燃烧后的筛分结果有差异。所以需要标定,也需要考虑易崩解破碎集料的适用性。

任务7-3 沥青混合料的技术要求

以下内容摘录自《公路沥青路面施工技术规范》(JTG F40—2004)。

密级配沥青混合料马歇尔试验技术标准应符合表7-3的要求。

沥青混合料原材料技术要求

密级配沥青混合料马歇尔试验技术标准

(本表适用于公称最大粒径小于或等于26.5mm的密级配沥青混凝土混合料) 表7-3

试验指标	单位	高速公路,一级公路				其他等级公路	行人道路
		夏炎热区(1-1、1-2、1-3、1-4区)		夏热区及夏凉区(2-1、2-2、2-3、2-4、3-2区)			
		中轻交通	重载交通	中轻交通	重载交通		
击实次数(双面)	次	75				50	50
试件尺寸	mm	ϕ101.6×63.5					

续上表

试验指标		单位	高速公路,一级公路				其他等级公路	行人道路
			夏炎热区(1-1、1-2、1-3、1-4 区)		夏热区及夏凉区(2-1、2-2、2-3、2-4、3-2 区)			
			中轻交通	重载交通	中轻交通	重载交通		
空隙率 VV	深约 90mm 以上	%	3~5	4~6	2~4	3~5	3~6	2~4
	深约 90mm 以下	%	3~6		2~4	3~6	3~6	—
稳定度 MS		kN	≥8				≥5	≥3
流值 FL		0.1mm	20~40	15~40	20~45	20~40	20~45	20~50

矿料间隙率 VMA(%)	设计空隙率 VV(%)	相应于以下公称最大粒径的最小 VMA 及 VFA 技术要求					
		26.5mm	19mm	16mm	13.2mm	9.5mm	4.75mm
	≥2	≥10	≥11	≥11.5	≥12	≥13	≥15
	≥3	≥11	≥12	≥12.5	≥13	≥14	≥16
	≥4	≥12	≥13	≥13.5	≥14	≥15	≥17
	≥5	≥13	≥14	≥14.5	≥15	≥16	≥18
	≥6	≥14	≥15	≥15.5	≥16	≥17	≥19
沥青饱和度 VFA(%)		55~70	65~75			70~85	

注:1. 对空隙率大于 5% 的夏炎热区重载交通路段,施工时应至少提高 1% 压实度。

2. 当设计的空隙率不是整数时,由内插确定要求的 VMA 最小值。

3. 对改性沥青混合料,马歇尔试验的流值可适当放宽。

任务 7-4 沥青混合料的配合比设计

沥青混合料配合比设计包括三个阶段:目标配合比设计、生产配合比设计和生产配合比验证,后两个设计阶段是在目标配合比设计的基础上进行的,需借助施工单位的拌和设备、摊铺和碾压设备完成。本节重点介绍沥青混合料的目标配合比设计。

(一)目标配合比设计

目标配合比设计可分为矿料组成设计和确定最佳沥青用量两部分。

1. 矿料组成设计

矿料组成设计的目的是组配一个具有足够密实度和较大摩阻力的矿料。设计过程如下:

1)确定沥青混合料类型和矿料的级配范围

根据道路等级、路面类型、所处结构层按照表 7-4 选择沥青混合料类型,并按照表 7-5 确定相应的矿料级配范围。

沥青混合料类型 表7-4

结构层次	高速公路、一级公路、城市快速路、主干道		其他等级公路		一般城市道路及其他道路工程	
	三层式沥青混凝土路面	两层式沥青混凝土路面	沥青混凝土路面	沥青碎石路面	沥青混凝土路面	沥青碎石路面
上面层	AC-13 AC-16	AC-13 AC-16	AC-13 AC-16	AC-13	AC-5 AC-10 AC-13	AM-5 AM-10
中面层	AC-20 AC-25	— —	— —	— —	— —	— —
下面层	AC-25 AC-30	AC-20 AC-30	AC-20 AC-25 AC-30	AM-25 AM-30	AC-20 AC-25	AM-25 AM-30 AM-40

沥青混合料矿料级配及沥青范围 表7-5

级配类型	通过下列筛孔(方孔筛,mm)的质量通过百分率(%)												
	31.5	26.5	19.0	16.0	13.2	9.5	4.75	2.36	1.18	0.6	0.3	0.15	0.075
AC-25	100	90~100	75~90	65~83	57~76	45~65	24~52	16~42	12~33	8~24	5~17	4~13	3~7
AC-20		100	90~100	78~92	62~80	50~72	26~56	16~44	12~33	8~24	5~17	4~13	3~7
AC-16			100	90~100	76~92	60~80	34~62	20~48	13~36	9~26	7~18	5~14	4~8
AC-13				100	90~100	68~85	38~68	24~50	15~38	10~28	7~20	5~15	4~8
AC-10					100	90~100	45~75	30~58	20~44	13~32	9~23	6~16	4~8
AC-5						100	90~100	55~75	35~55	20~40	12~18	7~18	5~10
AM-20		100	90~100	60~85	50~75	40~65	15~40	5~22	2~16	1~12	0~10	0~8	0~5
AM-16			100	90~100	60~85	45~68	18~40	6~25	3~18	1~14	0~10	0~8	0~5
AM-13				100	90~100	50~80	20~45	8~28	4~20	2~16	0~10	0~8	0~6
AM-10					100	90~100	35~65	10~35	5~22	2~16	0~12	0~9	0~6
SMA-20		100	90~100	72~92	62~82	40~55	18~30	13~22	12~20	10~16	9~14	8~13	8~12
SMA-16			100	90~100	65~85	45~65	20~32	15~24	14~22	12~18	10~15	9~14	8~12
SMA-13				100	90~100	50~75	20~34	15~26	14~24	12~20	10~16	9~15	8~12
SMA-10					100	90~100	28~60	20~32	14~26	12~22	10~18	9~16	8~13

2)矿料配合比计算

(1)组成材料的原始数据测定

根据现场取样,对粗集料、细集料和矿粉进行筛分试验,确定各集料的级配组成,同时测出各组成材料的密度。

(2)确定组成材料的用量比例

根据各组成材料的筛分试验资料,采用试算法或图解法(对于高速公路和一级公路沥青路面矿料配合比设计宜借助电子计算机的电子表格用试配法进行,其他等级公路也可以参照进行)计算出符合要求级配范围的各组成材料的用量比例。

3)调整配合比

计算的合成级配应根据下列要求作必要的配合调整:

(1)通常情况下,合成级配曲线宜尽量接近设计级配中值,尤其是0.075mm、2.36mm和4.75mm三个粒径,尽量接近设计级配范围中值。

(2)对高速公路、一级公路、城市快速路等交通量大、车辆载重大的道路,宜偏向级配范围的下限(粗);对一般道路、中小交通量的道路和人行道路等,宜偏向级配范围的上限(细)。

(3)合成级配曲线不得有过多的锯齿形交错,且在0.3~0.6mm范围内不出现“驼峰”。当反复调整仍不满意时,宜更换原材料重新设计。

2.确定最佳沥青用量

《公路沥青路面施工技术规范》(JTG F40—2004)规定:采用马歇尔试验法确定沥青的最佳用量。具体步骤如下:

1)制备试样

(1)按确定的矿料配合比,计算各种矿质材料的用量。

(2)根据经验,估算适宜的沥青用量(或油石比)。以估计的沥青用量为中值或以推荐的沥青用量范围的中间值为中值,按0.5%或0.3%的间隔变化,取五个不同的沥青用量,拌制沥青混合料并按规定制备马歇尔试件。

2)测定物理指标

按规定的试验方法测定马歇尔试件的毛体积密度等,并计算空隙率、沥青饱和度、矿料间隙率等。

3)测定力学指标

用马歇尔稳定度仪测定沥青混合料的力学指标,如马歇尔稳定度、流值。

4)确定最佳沥青用量

(1)绘制沥青用量与物理-力学指标关系图

以沥青用量为横坐标,以毛体积密度、空隙率、沥青饱和度、稳定度和流值为纵坐标,将试验结果绘制成沥青用量与各项指标的关系曲线,如图7-8所示。

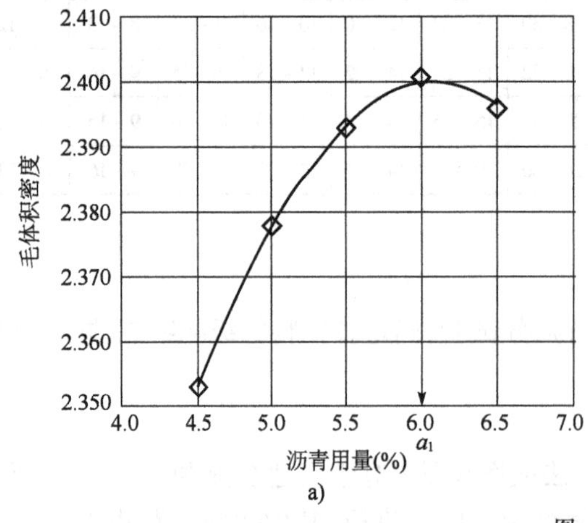

a)

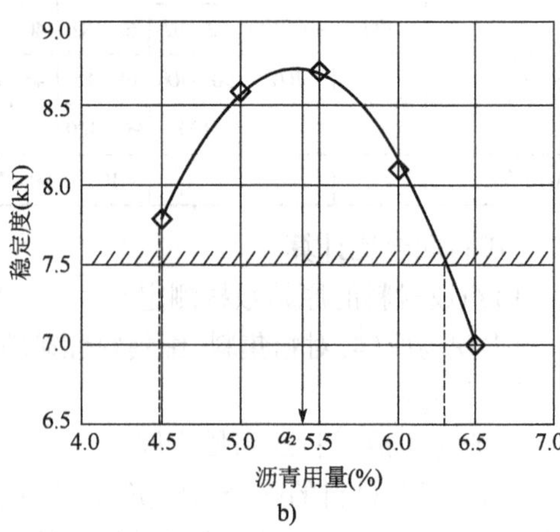

b)

图 7-8

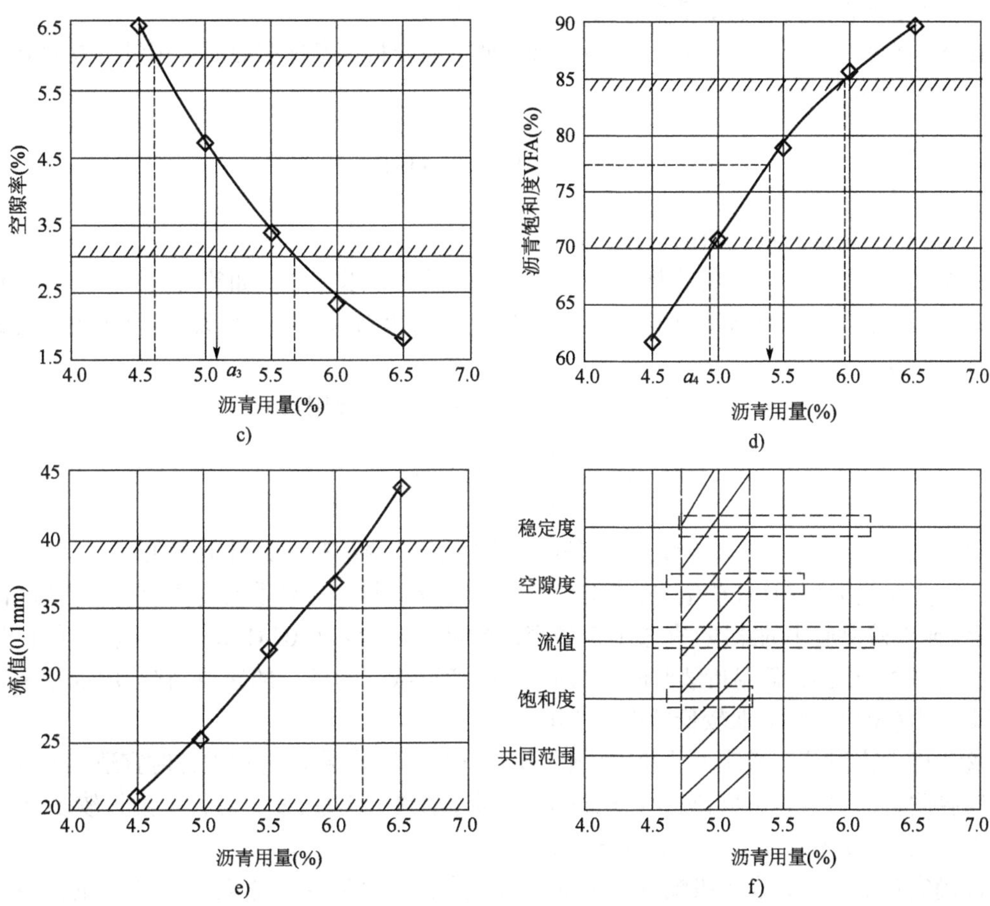

图 7-8　沥青用量与马歇尔试验结果关系图

(2)确定沥青混合料的最佳沥青用量初始值 OAC_1

①根据图 7-8 取与密度最大值、稳定度最大值相对应的沥青用量 a_1 和 a_2，以及与空隙率范围的中值、沥青饱和度范围的中值对应的沥青用量 a_3 和 a_4，由下式计算四者的平均值作为最佳沥青用量初始值 OAC_1：

$$OAC_1 = \frac{1}{4}(a_1 + a_2 + a_3 + a_4) \tag{7-15}$$

②如果所选择的沥青用量范围未能涵盖沥青饱和度的要求范围，按下式取三者的平均值作为 OAC_1：

$$OAC_1 = \frac{1}{3}(a_1 + a_2 + a_3) \tag{7-16}$$

③对所选择试验的沥青用量范围，密度或稳定度没有出现峰值，可直接以空隙率中值所对应的沥青用量作为 OAC_1（即 $OAC_1 = a_3$），但 OAC_1 必须介于 $OAC_{min} \sim OAC_{max}$ 的范围内，否则应重新进行配合比设计。

(3)确定沥青混合料的最佳沥青用量初始值 OAC_2

按图7-8求出各项指标(不含VMA)均符合沥青混合料技术标准的沥青用量范围 OAC_{min} ~ OAC_{max} 的中值即为 OAC_2：

$$OAC_2 = \frac{1}{2}(OAC_{min} + OAC_{max}) \tag{7-17}$$

(4)综合确定沥青混合料的最佳沥青用量OAC

检查初始值 OAC_1 是否符合规范规定的马歇尔试验技术标准。如符合,由 OAC_1 和 OAC_2 综合确定最佳沥青用量OAC。如不符合,应调整级配,重新进行配合比设计,直至各项指标均符合要求为止。

通常情况下,可取 OAC_1 及 OAC_2 的平均值作为最佳沥青用量OAC。

$$OAC = \frac{1}{2}(OAC_1 + OAC_2) \tag{7-18}$$

(5)根据实践经验、公路等级、气候条件和交通情况,调整确定最佳沥青用量

①首先确定采用粗型(C型)还是细型(F型)的混合料。对夏季温度高、高温持续时间长的地区,或重载交通多的路段,宜选用粗型密级配沥青混合料(AC-C型),并取较高的设计空隙率。对冬季温度低、低温持续时间长的地区,或者重载交通较少的路段,宜选用细型密级配沥青混合料(AC-F型)并取较低的设计空隙率。

②为确保高温抗车辙能力,同时兼顾低温抗裂性能的需要,配合比设计时宜适当减少公称最大粒径附近的粗集料用量,减少0.6mm以下部分细粉的用量,使中等粒径集料较多,形成S形级配曲线,并取中等或偏高水平的设计空隙率。

③确定各层的工程设计级配范围时应考虑不同层位的功能需要,经组合设计的沥青路面应能满足耐久、稳定、抗滑等要求。

④根据公路等级和施工设备的控制水平,确定的工程设计级配范围应比规范级配范围窄,其中4.75mm和2.36mm通过率的上下限差值宜小于12%。

⑤沥青混合料的配合比设计应充分考虑施工性能,使沥青混合料容易摊铺和压实,避免造成严重的离析。

5)沥青混合料的性能检验

(1)水稳定性检验

按最佳沥青用量OAC制作马歇尔试件进行浸水马歇尔试验或冻融劈裂试验,检验试件残留稳定度或冻融劈裂试验的残留强度比是否满足要求。

当最佳沥青用量OAC与两个初始值 OAC_1 及 OAC_2 相差甚大时,宜将OAC与 OAC_1 或 OAC_2 分别制作试件进行浸水马歇尔试验或冻融劈裂试验,根据结果适当调整OAC。

《公路沥青路面施工技术规范》(JTG F40—2004)规定,对用于高速公路和一级公路的热拌沥青混合料,必须在规定的条件下进行浸水马歇尔试验或冻融劈裂试验来检验沥青混合料的水稳定性。水稳定性应符合表7-6中的要求。达不到要求时,应按规范要求采取抗剥落措施或调整最佳沥青用量后再次试验。

沥青混合料水稳定性检验技术要求 表 7-6

气候条件与技术指标		相应于下列气候分区的技术要求(%)			
年降雨量(mm)及气候分区		>1000	500~1000	250~500	<250
		1.潮湿区	2.湿润区	3.半干区	4.干旱区
浸水马歇尔试验残留稳定度(%)	普通沥青混合料	≥80		≥75	
	改性沥青混合料	≥85		≥80	
冻融劈裂试验的残留强度比(%)	普通沥青混合料	≥75		≥70	
	改性沥青混合料	≥80		≥75	

(2)抗车辙能力检验

按最佳沥青用量OAC制作车辙试验试件,在60℃的条件下进行车辙试验,检验其动稳定度是否合格。

当最佳沥青用量OAC与两个初始值OAC_1及OAC_2相差甚大时,宜将OAC_1或OAC_2分别制作试件进行车辙试验,根据结果适当调整OAC,如不符合要求,应重新进行配合比设计。

《公路沥青路面设计规范》(JTG D50—2017)规定,对于高速公路、一级公路最大粒径等于或小于19mm的热拌沥青混合料,必须在配合比的基础上,在规定的条件下进行车辙试验,其动稳定度应符合表7-7的要求。如不符合要求,应更新材料或重新进行配合比设计。其他公路也可参照此要求执行。

沥青混合料车辙试验动稳定度技术要求 表 7-7

气候条件与技术指标		相应于下列气候分区所要求的动稳定度								
七月平均最高气温及气候分区		>30℃				20~30℃				<20℃
		夏炎热区				夏热区				夏凉区
		1-1	1-2	1-3	1-4	2-1	2-2	2-3	2-4	3-2
普通沥青混合料		≥800		≥1000		≥600	≥800			≥600
改性沥青混合料		≥2800		≥3200		≥2000	≥2400			≥1800
SMA	非改性	≥1500								
	改性	≥3000								
OGFC		1500(中等、轻交通荷载等级)、3000(重及以上交通荷载等级)								

注:1. 气候分区的确定应符合《公路沥青路面施工技术规范》(JTG F40—2004)的有关规定。
2. 当其他月份的平均最高气温高于七月时,可使用该月平均最高气温。
3. 在特殊情况下,对钢桥面铺装、重载车特别多或纵坡较大的长距离上坡路段、厂矿专用道路,可酌情提高动稳定度要求。
4. 对炎热地区或特重及以上交通荷载等级公路,可根据气候条件和交通状况适当提高试验温度或增加试验荷载。

(3)低温抗裂性检验

对公称最大粒径小于或等于19mm的沥青混合料,应按照规定方法进行低温弯曲试验,检验其破坏应变应符合相应的要求。

(4)渗水系数检验

利用轮碾机成型的车辙试验试件进行渗水试验,检验渗水系数是否符合要求。

经反复调整并综合以上试验结果,参考以往工程实践经验,综合确定矿料级配和最佳沥青用量。

(二)生产配合比设计

在目标配合比确定之后,应利用实际施工的拌和机进行试拌以确定施工配合比。在试验前,应首先根据级配类型选择筛号,各级粒径筛孔通过量应符合设计范围要求。试验时,与目标配合比设计一样进行矿料级配计算,得出矿料用量比例,接着按此比例进行马歇尔试验。由此确定的最佳沥青用量与目标配合比设计的结果的差值,不宜超过 ±0.2%。

(三)生产配合比验证

此阶段为试拌试铺阶段。施工单位进行试拌试铺时,应报告监理部门和工程指挥部,同设计、监理、施工人员一起进行。用拌和机按照生产配合比结果进行试拌,首先在场人员对混合料级配及沥青用量发表意见,如有不同意见,应适当调整再进行观察,力求意见一致。然后用此混合料在试验段上试铺,进一步观察摊铺、碾压过程和成型混合料的表面状况,判断混合料的级配和沥青用量。如不满意应适当调整,重新试拌试铺,直至满意为止;另外,试验室密切配合现场指挥人员在拌和厂或摊铺机房采集沥青混合料试样,进行马歇尔试验,检验是否符合标准要求。同时还应进行车辙试验及浸水马歇尔试验以及高温稳定性及水稳定性验证。试铺时,试验室还应在现场取样进行沥青含量试验,再次检验实际级配和沥青用量是否合适。同时按照规范规定的试验段铺设要求,进行各种试验。当全部满足要求时,便可进入正常生产阶段。

下面以某热拌密级配沥青混合料目标配合比设计为例介绍沥青混合料目标配合比设计过程。流程图见图7-9。

(四)例题

试设计某一级公路沥青混凝土路面用沥青混合料的配合比。

1.原始资料

(1)道路等级:一级公路。

(2)路面类型:沥青混凝土。

(3)结构层位:三层式沥青混凝土的上面层(细粒式沥青混凝土)。

(4)气候条件:最低月平均气温 -8℃,最高月平均气温 31℃。

(5)材料性能。

①沥青材料:可供应A级50号、70号和90号沥青,经检验技术性能均符合要求。

②矿料:石灰岩轧制碎石,饱水抗压强度120MPa,洛杉矶磨耗率12%,黏附性V级(水煮法),表观密度2700kg/m^3;洁净砂,属中砂,含泥量及泥块量均小于1%,表观密度2650kg/m^3;石灰岩磨细矿粉,粒度范围符合技术要求,无团粒结块,表观密度2580kg/m^3。

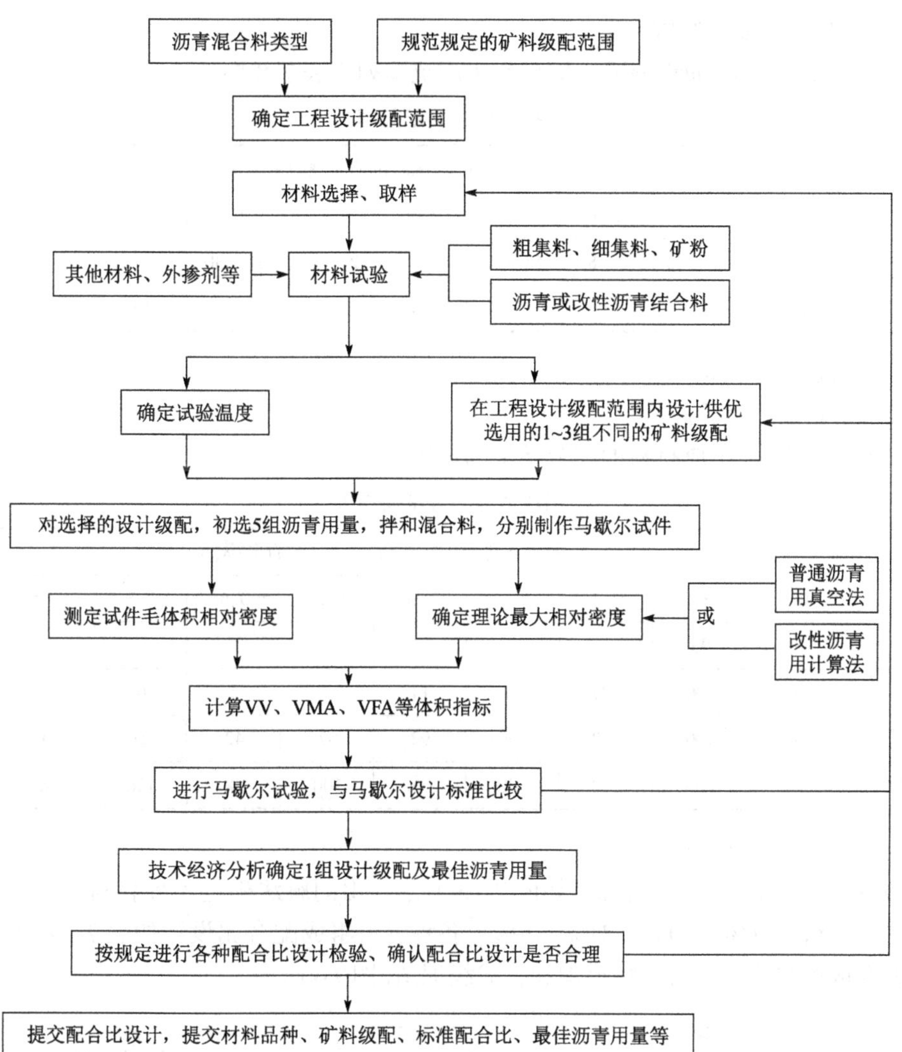

图 7-9　热拌密级配沥青混合料目标配合比设计流程图

2. 设计要求

(1)根据道路等级、路面类型和结构层位确定沥青混凝土的矿料的级配范围。根据现有各种矿料的筛分结果,用图解法确定各种矿料的配合比。

(2)根据选定的矿料相应的沥青用量范围,通过马歇尔试验,确定最佳沥青用量。

(3)根据高速公路用沥青混合料要求,对矿料的级配进行调整,沥青用量按水稳定性检验和抗车辙能力校核。

3. 设计步骤

1)矿料组成设计

(1)确定沥青混合料类型

由于道路等级为一级公路,路面类型为沥青混凝土,路面结构为三层式沥青混凝土上面层,因此选用 AC-13F 细粒式沥青混凝土混合料。

(2)确定矿料级配与范围

按表7-5将AC-13F沥青混凝土的矿料级配范围列于表7-8中。

矿料要求级配范围 表7-8

指标	通过下列筛孔(mm)的质量通过百分率(%)									
	16.0	13.2	9.5	4.75	2.36	1.18	0.6	0.3	0.15	0.075
级配范围	100	95~100	70~88	48~68	40~50	24~41	18~30	12~22	8~16	4~8
级配中值	100	98	79	58	45	33	24	17	12	6

(3)矿料配合比计算

①组成材料筛分试验。

根据现场取样,各组成材料的筛分结果列于表7-9中。

组成材料筛分试验结果 表7-9

材料名称	通过下列筛孔(mm)的质量通过百分率(%)									
	16.0	13.2	9.5	4.75	2.36	1.18	0.6	0.3	0.15	0.075
碎石	100	93	17	0						
石屑	100	100	100	84	14	8	4	0		
砂	100	100	100	100	92	82	42	21	11	4
矿粉	100	100	100	100	100	100	100	100	96	87

②组成材料配合比设计。

用图解法设计组成材料配合比,如图7-10所示。由图解法确定各种材料用量为:碎石:石屑:砂:矿粉=31%:30%:31%:8%。各种材料组成配合比设计如表7-10所示。将设计得到的合成级配绘于矿料级配范围和合成级配图(图7-11)中。

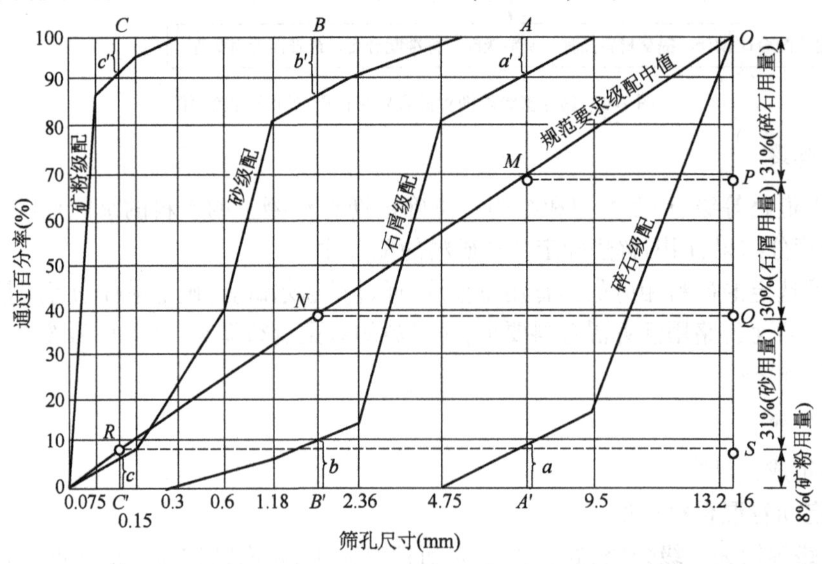

图7-10 矿料配合比设计图

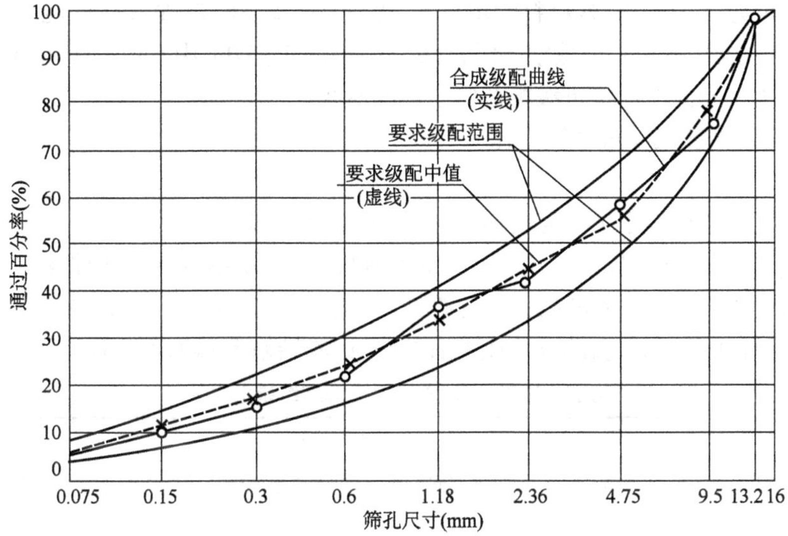

图 7-11　矿料级配范围和合成级配图

③调整配合比。

从表 7-10 可以看出合成级配中筛孔 1.18mm 通过量偏高和 2.36mm 的通过量偏低，筛孔 0.075mm 的通过量超出范围，需要调整修正。

矿料组成设计　　表 7-10

材料组成		通过下列筛孔（mm）的质量通过百分率（%）									
		16.0	13.2	9.5	4.75	2.36	1.18	0.6	0.3	0.15	0.075
原材料级配	碎石 100%	100	93	17	0						
	石屑 100%	100	100	100	84	14	8	4	0		
	砂 100%	100	100	100	100	92	82	42	21	11	4
	矿粉 100%	100	100	100	100	100	100	100	100	96	87
各矿质材料在混合料中的级配	碎石 31% （31%）	31.0 （31.0）	28.8 （28.8）	5.3 （5.3）	0 （0）	0 （0）	0 （0）	0 （0）	0 （0）	0 （0）	0 （0）
	石屑 30% （26%）	30.0 （41）	30.0 （41）	30.0 （41）	25.2 （21.8）	4.2 （3.6）	2.4 （2.1）	1.2 （1.1）	0 （0）	0 （0）	0 （0）
	砂 31% （37%）	31.0 （37.0）	31.0 （37.0）	31.0 （37.0）	31.0 （37.0）	28.5 （34.0）	25.4 （30.3）	13.0 （15.5）	6.5 （7.8）	3.4 （4.1）	1.2 （1.5）
	矿粉 8% （6%）	8.0 （6.0）	8.0 （6.0）	8.0 （6.0）	8.0 （6.0）	8.0 （6.0）	8.0 （6.0）	8.0 （6.0）	8.0 （6.0）	7.9 （5.8）	7.0 （5.2）
合成级配		100 （100）	97.8 （97.8）	74.3 （74.3）	58.8 （64.2）	40.7 （43.6）	35.8 （38.4）	22.2 （22.6）	14.5 （13.8）	11.3 （9.9）	8.2 （6.7）
级配范围		100	95 ~ 100	70 ~ 88	48 ~ 68	40 ~ 50	24 ~ 41	18 ~ 30	12 ~ 22	8 ~ 16	4 ~ 8

经过组成配合比的调整,各材料的用量为:碎石:石屑:砂:矿粉=31%:26%:37%:6%。此计算结果同表7-10中括号内数字,并将合成级配绘于图7-11中。由图中可看出,调整后的合成级配曲线为一光滑平顺接近级配范围中值的曲线。

2)最佳沥青用量确定(最佳油石比)

(1)试件成型

根据当地气候条件属于1-4夏炎热冬冷区,采用70号沥青。

矿料配合比不变,油石比以预估值4.7%为基础,分别增减0.3%,即按油石比为4.1%,4.4%,4.7%,5.0%,5.1%,矿料配合比为碎石:石屑:砂:矿粉=31%:26%:37%:6%制备5组试件,按规定每面击实75次的方法成型后试验,试验结果汇总见表7-11。

马歇尔试验物理-力学指标测定结果汇总表 表7-11

油石比(%)	技术性质					
	毛体积密度(g/cm^3)	空隙率(%)	矿料间隙率(%)	沥青饱和度(%)	稳定度(kN)	流值(0.1mm)
4.1	2.456	5.1	13.8	63.0	10.3	16.9
4.4	2.458	4.5	14.0	67.9	11.4	19.5
4.7	2.452	4.3	14.4	70.1	10.8	22.0
5.0	2.450	4.0	14.7	72.8	10.5	22.2
5.3	2.448	3.7	15.1	75.5	10.0	23.2
技术标准	—	4~6	≥15	65~75	≥8	15~40

(2)马歇尔试验

①物理指标测定。

按规定方法成型的试件,经24h后测定其毛体积密度、空隙率、矿料间隙率、沥青饱和度等物理指标。

②力学指标测定。

测定物理指标后,在60℃下测定试件的马歇尔稳定度和流值。

马歇尔试验结果列于表7-11中,并将规范要求的一级公路用细粒式沥青混凝土的各项指标的技术标准列于表7-11中。

(3)马歇尔试验结果分析

①绘制油石比与物理-力学指标关系图。

根据表7-11,绘制油石比与毛体积密度、空隙率、饱和度、矿料间隙率、稳定度、流值的关系图,如图7-12所示。

②确定油石比初始值OAC_1。

由图7-12得到,毛体积密度最大值对应的油石比$a_1=4.3\%$,稳定度最大值对应的油石比$a_2=4.45\%$,空隙率范围的中值对应的油石比$a_3=4.1\%$,沥青饱和度范围的中值对应的油石比$a_4=4.68\%$。

$$OAC_1=(a_1+a_2+a_3+a_4)/4=(4.3\%+4.45\%+4.1\%+4.68\%)/4=4.38\%$$

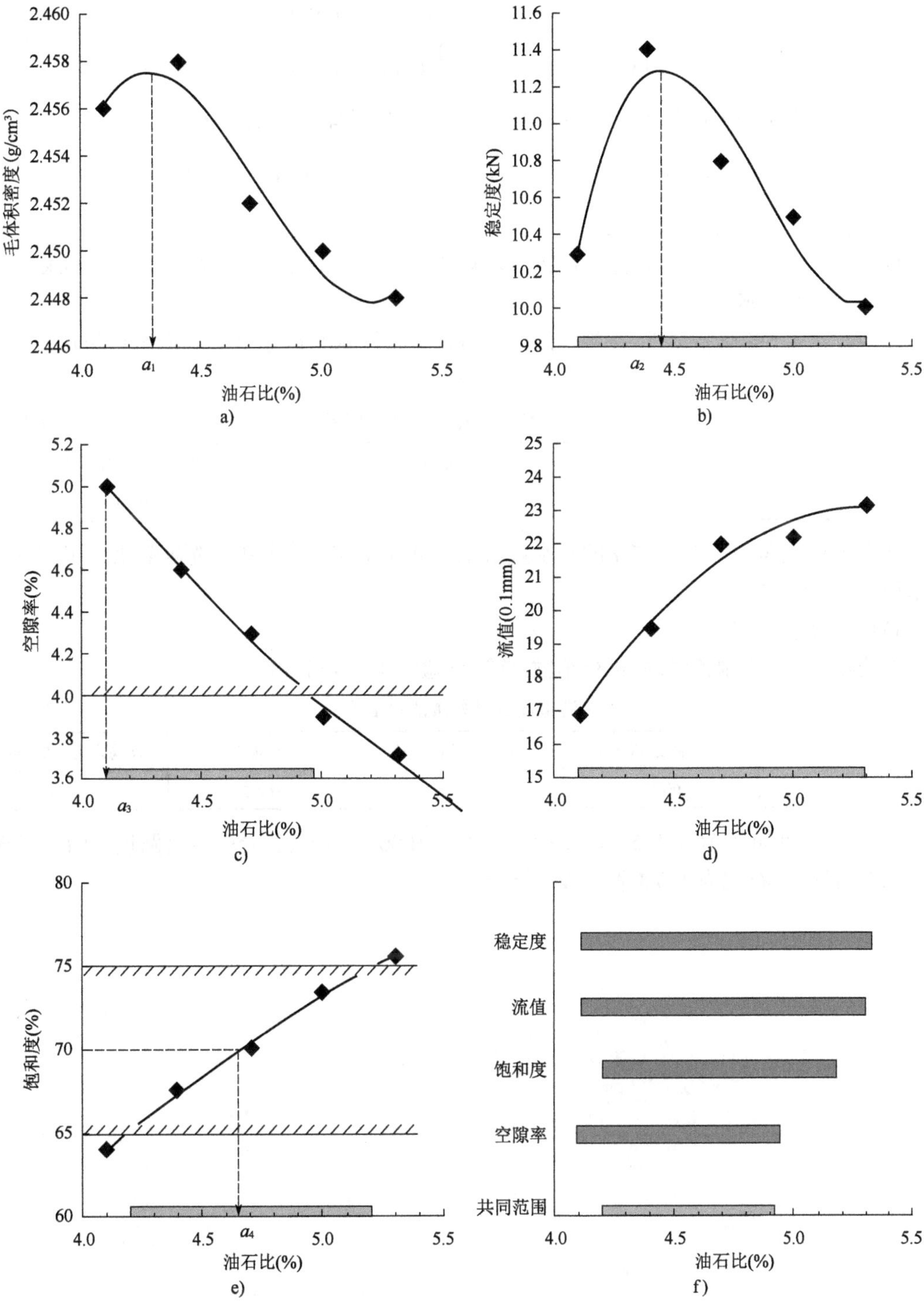

图 7-12　油石比与马歇尔试验物理-力学指标关系图

③确定油石比初始值 OAC_2。

由图 7-12 得到，各指标符合沥青混合料技术指标的油石比范围：

$$OAC_{min} = 4.2\% \qquad OAC_{max} = 4.94\%$$

$$OAC_2 = \frac{1}{2}(OAC_{min} + OAC_{max}) = \frac{1}{2}(4.2\% + 4.94\%) = 4.57\%$$

④通常情况下取 OAC_1 及 OAC_2 的中值作为计算的最佳油石比 OAC。

$$OAC = \frac{1}{2}(OAC_1 + OAC_2) = \frac{1}{2}(4.38\% + 4.57\%) = 4.48\%$$

⑤综合确定最佳油石比 OAC。

按上述方法确定的最佳油石比 OAC = 4.48% = 4.5%,检查各项指标均能符合要求。

3)水稳定性检验

以油石比 4.5% 制备试件,按规定的试验方法进行浸水马歇尔试验和冻融劈裂试验,试验结果见表 7-12。

沥青混合料水稳定性试验结果 表 7-12

油石比(%)	浸水残留稳定度(%)	冻融劈裂强度比(%)
4.5	83.2	86.3

从表 7-12 可知,OAC = 4.5% 的浸水残留稳定度大于 80%,冻融劈裂强度比大于 75%,符合水稳定性的要求。

4)抗车辙能力校核

以油石比 4.5% 制备试件,进行车辙试验,试验结果见表 7-13。

沥青混合料车辙试验结果 表 7-13

油石比(%)	试验温度 T(℃)	试验轮压 P(MPa)	试验条件	动稳定度(次/mm)
4.5	60℃	0.7	不浸水	3125

从表 7-13 可知,OAC = 4.5% 的动稳定度大于 1000 次/mm,符合一级公路抗车辙的要求。

综上所述,油石比为 4.5% 符合设计要求。

模块八
CHAPTER EIGHT

钢材

知识目标

(1)掌握钢材的性质、试验检测原理和方法。

(2)熟悉钢材的质量评价方法。

(3)熟悉钢材相关的国家标准和行业规范。

能力目标

(1)具备基本的材料试验与检测能力,能够完成以下试验检测工作:弯曲试验、室温拉伸试验、洛氏硬度试验等。

(2)能对上述试验检测工作中产生的问题进行分析和解决。

(3)能规范填写试验检测原始记录表和编制试验检测报告。

注:试验数据计算中的数值修约应按附录A执行,试验检测原始记录表和试验检测报告的编写应按附录B执行。

任务8-1 认识钢材

钢是以铁为主要元素、含碳量一般在2%以下,并含有其他元素的材料。

注:在铬钢中含碳量可能大于2%,但2%通常是钢和铸铁的分界线。

一般来说,钢与铸铁主要有下列区别:

①成分不同:钢主要为铁碳体,铸铁主要为铁氧体。

②加工工艺:炼铁工艺主要是为了脱氧,炼钢工艺主要是为了脱碳。

③其他:形貌、缺陷等。

钢材是钢厂提供销售的具有一定的形状、尺寸和力学、物理、化学性能的钢产品。在公路工程中,常见的钢产品有钢筋、盘条、钢丝、钢绞线、型钢、钢板、钢带、结构用钢管等。

(一)钢的分类

1. 按化学成分分类

钢按化学成分可分为非合金钢、合金钢、低合金钢,并遵循以下基本原则和分类方法:

1)基本原则

(1)当标准、技术条件或订货单对钢的熔炼分析化学成分规定最小值或范围时,应以最小值作为规定含量进行分类。

(2)当标准、技术条件或订货单对钢的熔炼分析化学成分规定最大值时,应以最大值的70%作为规定含量进行分类。

(3)在没有标准、技术条件或订货合同规定钢的化学成分时,应按生产厂报出的熔炼分析值作为规定含量进行分类;在特殊情况下,只有钢的成品分析值时,可按成品分析值作为规定含量进行分类,但当处在两类临界情况下,要考虑化学成分允许偏差的影响,对钢原来预定的类别应准确地予以证明。

(4)标准、技术条件或订货单中规定的或在钢中实际存在的不作为合金化元素有意加入钢中的残余元素含量,不应作为规定含量对钢进行分类。

(5)对每一种合金元素,规定的、计算的或实际的熔炼分析值(以质量分数表示),均应表示到与表8-1所示界限值的小数点相同位数。

2)分类方法

(1)表8-1中所列的任一元素,按基本原则确定的每个元素规定含量的质量分数,处于表8-1中所列非合金钢、低合金钢或合金钢相应元素的界限值范围内时,这些钢分别为非合金钢、低合金钢或合金钢。

(2)当Cr、Cu、Mo、Ni四种元素或Nb、Ti、V、Zr四种元素,有其中两种、三种或四种元素同时在钢中时,对于低合金钢,应同时考虑这些元素中每种元素的规定含量;所有这些元素的规定含量总和,应不大于表8-1中规定的两种、三种或四种元素中每种元素最高界限值总和的70%。如果这些元素的规定含量总和大于表8-1中规定的元素中每种元素最高界限值总和的70%,即使这些元素每种元素的规定含量低于规定的最高界限值,也应划入合金钢。

非合金钢、低合金钢和合金钢合金元素规定含量界限值 表8-1

合金元素	合金元素规定含量界限值(质量分数,%)			合金元素	合金元素规定含量界限值(质量分数,%)		
	非合金钢	低合金钢	合金钢		非合金钢	低合金钢	合金钢
Al	<0.10	—	≥0.10	Ni	<0.30	0.30 ~ <0.50	≥0.50
B	<0.0008	—	≥0.0008	Nb	<0.02	0.02 ~ <0.06	≥0.06
Bi	<0.10	—	≥0.10	Pb	<0.40	—	≥0.40
Cr	<0.30	0.30 ~ <0.50	≥0.50	Se	<0.10	—	≥0.10
Co	<0.10	—	≥0.10	Si	<0.50	0.50 ~ <0.90	≥0.90
Cu	<0.10	0.10 ~ <0.50	≥0.50	Te	<0.10	—	≥0.10
Mn	<1.00	1.00 ~ <1.40	≥1.40	Ti	<0.05	0.05 ~ <0.13	≥0.13
Mo	<0.05	0.05 ~ <0.10	≥0.10	W	<0.10	—	≥0.10

续上表

合金元素	合金元素规定含量界限值(质量分数,%)			合金元素	合金元素规定含量界限值(质量分数,%)		
	非合金钢	低合金钢	合金钢		非合金钢	低合金钢	合金钢
V	<0.04	0.04 ~ <0.12	≥0.12	La 系(每一种元素)	<0.02	0.02 ~ <0.05	≥0.05
Zr	<0.05	0.05 ~ <0.12	≥0.12	其他规定元素(S、P、C、N 除外)	<0.05	—	≥0.05
因为海关关税的目的而区分非合金钢、低合金钢和合金钢时,除非合同或订单中另有协议,表中 Bi、Pb、Se、Te、La 系和其他规定元素(S、P、C 和 N 除外)的规定界限值可不予考虑。							

注:1. La 系元素含量,也可作为混合稀土含量总量。
2. 表中"—"表示不规定,不作为划分依据。

示例如下:

某一产品标准中规定某一牌号的熔炼分析化学成分(质量分数)分别为:Cr(0.40% ~0.49%)、Ni(0.40% ~0.49%)、Mo(0.05% ~0.08%)、Cu(0.35% ~0.45%);其余为残余元素。首先,该牌号 Cr、Ni、Mo、Cu 四种元素的"规定含量(质量分数)"分别为:Cr 0.40%、Ni 0.40%、Mo 0.05%、Cu 0.35%,均在表 8-1 规定的"低合金钢"范围内,应划为低合金钢。其次,按照 Cr、Ni、Mo、Cu"规定含量总和"与"每种元素最高界限值总和的 70%"比较(以质量分数表示)。该牌号 Cr、Ni、Mo、Cu"规定含量总和"为:

$$0.40\% + 0.40\% + 0.05\% + 0.35\% = 1.20\%$$

表 8-1 中低合金钢 Cr、Ni、Mo、Cu"最高界限值总和的 70%"为:

$$(0.50\% + 0.50\% + 0.10\% + 0.50\%) \times 70\% = 1.12\%$$

显然,Cr、Ni、Mo、Cu 四种元素的"规定含量总和"(1.20%)大于该四种元素"最高界限值总和的 70%"(1.12%)。从这方面讲,该牌号已超出"低合金钢"的规定范围,应列入"合金钢"。

2. 按主要质量等级分类

非合金钢按主要质量等级可分为普通质量非合金钢、优质非合金钢和特殊质量非合金钢。

低合金钢按主要质量等级分为普通质量低合金钢、优质低合金钢、特殊质量低合金钢。

合金钢按主要质量等级分为优质合金钢和特殊质量合金钢。

3. 按主要性能或使用特性分类

1)非合金钢按其主要性能或使用特性分类

(1)以规定最高强度(或硬度)为主要特性的非合金钢,例如冷成型用薄钢板。

(2)以规定最低强度为主要特性的非合金钢,例如造船、压力容器、管道等用的结构钢。

(3)以限制碳含量为主要特性的非合金钢[但下述(4)、(5)项包括的钢除外],例如线材、调质用钢等。

(4)非合金易切削钢,钢中硫含量最低值、熔炼分析值不小于 0.070%,并(或)加入 Pb、Bi、Te、Se、Sn、Ca 或 P 等元素。

(5)非合金工具钢。

(6)具有专门规定磁性或电性能的非合金钢,例如电磁纯铁。

(7)其他非合金钢,例如原料纯铁等。

2)低合金钢按其主要性能或使用特性分类

(1)可焊接的低合金高强度结构钢。

(2)低合金耐候钢。

(3)低合金混凝土用钢及预应力用钢。

(4)铁道用低合金钢。

(5)矿用低合金钢。

(6)其他低合金钢,如焊接用钢。

3)合金钢按其主要性能或使用特性分类

(1)工程结构用合金钢,包括一般工程结构用合金钢、供冷成型用的热轧或冷轧扁平产品用合金钢(压力容器用钢、汽车用钢和输送管线用钢)、预应力用合金钢、矿用合金钢、高锰耐磨钢等。

(2)机械结构用合金钢,包括调质处理合金结构钢、表面硬化合金结构钢、冷塑性成型(冷顶锻、冷挤压)合金结构钢、合金弹簧钢等,但不锈、耐蚀和耐热钢及轴承钢除外。

(3)不锈、耐蚀和耐热钢,包括不锈钢、耐酸钢、抗氧化钢和热强钢等,按其金相组织可分为马氏体型钢、铁素体型钢、奥氏体型钢、奥氏体-铁素体型钢、沉淀硬化型钢等。

(4)工具钢,包括合金工具钢、高速工具钢。合金工具钢分为量具刃具用钢、耐冲击工具用钢、冷作模具钢、热作模具钢、无磁模具钢、塑料模具钢等;高速工具钢分为钨钼系高速工具钢、钨系高速工具钢和钴系高速工具钢等。

(5)轴承钢,包括高碳铬轴承钢、渗碳轴承钢、不锈轴承钢、高温轴承钢等。

(6)特殊物理性能钢,包括软磁钢、永磁钢、无磁钢及高电阻钢和合金等。

(7)其他,如焊接用合金钢等。

(二)钢的特点

钢具有强度高、塑性好、韧性高、能经受冲击、品种均匀、性能可靠等优点,可以对其进行热处理和冷加工,又可以进行焊接、铆接和切割,广泛用于各种建筑结构。其主要缺点是易锈蚀、耐火性差和维护费用高。

钢虽然属于不燃性材料,但耐火性能很差。因为钢在高温下强度降低很快,如普通质量非合金钢的抗拉强度在250~300℃时达到最大值(由蓝脆现象引起);温度超过350℃,强度开始大幅度下降;在500℃时约为常温时的1/2;600℃时约为常温时的1/30。目前多数高层建筑物为钢混结构,混凝土巨大的自重在钢因为高温而失去支撑能力时,很容易导致毁灭性的破坏。

(三)钢材的技术性质

1.物理性质

钢材的常用物理性能指标有密度、熔点。比如密度约为7.8g/cm^3,熔点约为1450℃。

2.化学性质

钢材的化学性质一般指的是耐腐蚀性和抗氧化性。

钢材因受周围介质的化学作用而逐渐破坏的现象称为腐蚀,也称锈蚀。原因有两种:化学锈蚀和电化学锈蚀。防治方法有制成合金钢、覆盖金属和涂抹油漆等。

3.力学性质

钢材的力学性能指标有强度、伸长率和断面收缩率、冲击韧性值、硬度、疲劳寿命和疲劳强度等。

1)强度

强度是力学性能的主要指标,包括屈服强度和抗拉强度。

(1)屈服强度也称屈服极限,它是钢在承受抗拉试验时,开始失去对变形的抵抗能力,并产生大量塑性变形时所对应的应力。对于低碳钢(含碳量小于0.25%的非合金钢),在屈服阶段有一锯齿形应力-应变曲线,对应于锯齿形最高点的应力称为上屈服点,对应于锯齿形最低点的应力称为下屈服点。上屈服点与试验过程中的许多因素有关,数据范围变化较大,而下屈服点较为稳定,因此通常取下屈服点所对应的应力为屈服强度。由于中碳钢(含碳量0.25%~0.6%的非合金钢)和高碳钢(含碳量大于0.6%的非合金钢,常用含碳量为0.6%~1.2%)没有明显的屈服阶段,故取中碳钢和高碳钢在受拉过程中产生残余应变为0.2%时所对应的应力作为屈服强度。预应力钢筋混凝土用的钢材都无明显的屈服点。

大于此极限的外力作用,将会使零件永久失效,无法恢复。如某低碳钢的屈服极限为207MPa,在大于此极限的外力作用下,零件将会产生永久变形;小于这个外力作用后,当外力撤销后,零件还会恢复原来的样子。

当钢材中的实际应力达到屈服点时,虽未破坏,但产生了比较明显的、不可恢复的塑性变形,为一般工程结构的正常使用所不允许,所以屈服强度是确定钢结构容许应力的主要依据。

(2)抗拉强度是钢材所承受的最大拉应力,即当拉应力达到强度极限时,钢材完全丧失了对变形的抵抗能力而断裂。

(3)屈强比是屈服强度和抗拉强度的比值,通常用来判断结构的安全可靠性和钢材有效利用率。屈强比越小,表明钢材越不易发生危险的脆性破坏,结构的安全性、可靠性越高。但屈强比太小则钢材强度的有效利用率低,造成浪费。所以,屈服强度和抗拉强度是钢材力学性能的主要检验指标。

工程结构中,钢材的屈强比一般在0.60~0.75范围内较合理。对有抗震要求的框架结构纵向受力钢材要求屈强比不应超过0.80。

2)伸长率和断面收缩率

伸长率和断面收缩率是钢材在受力破坏前可以经受永久变形的性能。

(1)伸长率

伸长率是钢材在拉伸试验中发生断裂时所能承受的永久变形的能力。试件拉断后标距长度的增量与原标距长度之比的百分率即为伸长率。

伸长率是衡量钢材塑性的重要指标,伸长率越大,钢材的塑性越好。而有明显屈服点的钢材都有较高的伸长率和较大的塑性,塑性良好的钢材,偶尔遇到超载,将产生塑性变形,使内部应力重新分布,不致因应力集中造成脆性断裂而发生突然破坏。相反,塑性小的钢材,钢质硬脆,超载后易脆断破坏。

通常以伸长率A的大小来区别钢材的塑性好坏。A越大,表明钢材的塑性越好。当$A>2\%\sim5\%$时,称为塑性材料,如钢;$A<2\%\sim5\%$时,称为脆性材料,如铸铁。

通过拉伸试验可以测得屈服强度、抗拉强度和伸长率等指标。

(2)断面收缩率

断面收缩率也是反映钢材塑性的指标,它是试件拉断后颈缩处横断面面积的最大缩减量占横截面面积的百分率。

3)冲击韧性值

冲击韧性是钢材抵抗冲击荷载作用的能力,用冲断试件所需能量的多少表示,即冲击韧性值。它是衡量钢材抵抗脆性破坏的力学性能指标。将有缺口的试件放在冲击试验机的支座上,用摆锤打断试件,测得试件单位面积上所消耗的功,作为冲击韧性指标。冲击韧性值越大,钢材在断裂时所吸收的能量越多,则冲击韧性越好。

对于重要钢结构及使用时承受动荷载作用的结构,必须对其钢材的冲击韧性予以鉴定。

4)硬度

钢材表面局部体积内抵抗更硬物体压入而引起塑性变形的抗力称为硬度。常用的测定钢材硬度的方法是布氏法,所测的硬度称布氏硬度,还有洛氏法和维氏法。

硬度的大小,既可判断钢材的软硬程度,也可以近似地估计钢材的抗拉强度。硬度越高,即表明钢材抵抗塑性变形能力越大,钢材产生塑性变形越困难。

5)疲劳寿命和疲劳强度

钢材在循环应力和应变作用下,在一处或几处逐渐产生局部永久性累积损伤,经一定循环次数产生裂纹或突然发生完全断裂的现象称为疲劳破坏。疲劳寿命是指达到疲劳破坏判据的实际循环数。疲劳强度是值在指定寿命下使钢材试样失效的应力水平。

4. 工艺性能

工艺性能是指钢材在生产加工过程中,能承受各种加工制造工艺且不产生疵病或废品而应具备的性能。钢材应具有良好的工艺性能,以满足施工工艺的要求。冷弯、冷拉、冷拔及焊接性能等是钢材的重要工艺性能。

1)冷弯性能

冷弯性能是钢材在常温条件下承受规定弯曲程度的弯曲变形能力,并可在弯曲中显示钢材缺陷的一种工艺性能。钢筋混凝土结构所用的钢材,多需进行弯曲加工,因此必须满足冷弯性能的要求。

冷弯试验是以规定尺寸试件,在常温下进行弯曲试验。冷弯性能用弯曲角度、弯心直径与试件厚度(或直径)比值表示。能承受的弯曲角度越大,弯心直径与试件厚度(或直径)比越小,则表示该钢材的弯曲性能越好。试件弯曲处不产生裂纹、断裂和起层等现象,即认为冷弯性能合格。

冷弯是检验钢材塑性的一种方法,并与伸长率存在着必然的联系。伸长率大的钢材,其冷弯性能必然好,但冷弯试验对钢材塑性的评定比拉伸试验更严格、更敏感。冷弯有助于检查钢材中的气孔、杂质、裂纹等缺陷。钢材的局部脆性及接头缺陷都可在焊接中的冷弯发现,所以钢材的冷弯性能不仅是评定塑性、加工性能的要求,而且是评定焊接质量的重要指标之一。对于重要结构和弯曲成型的钢材,冷弯性能必须合格。

2)焊接性能

在工程中,钢材间的连接90%以上采用焊接方式。因此,要求钢材应有良好的焊接性能。

焊接的质量取决于钢材与焊接材料的可焊性及焊接工艺。可焊性是指在一定的焊接工艺条件下,在焊缝及附近过热区不产生裂缝及硬脆倾向。可焊性好的钢材,焊接后在焊缝处的力学性能尤其是强度应与母材性质基本相同,以保证焊接牢固可靠。

可焊性受化学成分及其含量的影响。含碳量小的非合金钢具有良好的可焊性,硫、磷及气体杂质使可焊性降低,加入过多的合金元素,也可降低可焊性。

3)冷加工

钢材在常温下进行冷拉、冷拔或冷轧,使其产生塑性变形,从而提高屈服强度,称为冷加工强化。钢材经冷加工强化后,屈服强度提高,塑性、韧性及弹性模量降低。

在工程中,大量使用的钢筋采用冷加工强化具有明显的经济效益。冷拔钢筋的屈服点可提高40%~60%。由此可适当减小钢筋混凝土结构设计截面,或减少混凝土中配筋数量,从而达到节约钢材的目的。冷拔作用比纯拉伸的作用强烈,钢筋不仅受拉,而且同时受到挤压作用。

将冷加工处理后的钢筋,在常温下存放15~20d或加热至100~200℃后保持一定时间(2~3h),其屈服强度进一步提高,抗拉强度也提高,同时塑性和韧性进一步降低,弹性模量则基本恢复。这个过程称为时效处理。在常温下存放15~20d,称为自然时效,适用于低强度钢筋;加热至100~200℃后保持一定时间(2~3h),称为人工时效,适用于高强钢筋。

钢材经冷加工和时效处理后强化的原因,一般认为是钢材产生塑性变形后,塑性变形区域内的晶粒产生相对滑移,导致滑移面上的晶粒破碎,晶格畸变,使滑移面变得凹凸不平,从而阻碍变形的进一步发展,提高了抵抗外力的能力,因而屈服强度提高,塑性降低,脆性增大。时效处理后,溶于α-Fe中的碳、氮原子向滑移面等缺陷部位移动、富集,使晶格扭曲、畸变加剧,因而强度进一步提高,塑性和韧性进一步下降。

4)热处理

热处理是按照一定的规程,对钢材进行加热、保温和冷却,使得钢材的性能按要求而改变的过程。热处理可以改变钢材的晶体组织和显微结构,或消除由于冷加工在材料内部产生的内应力,从而改变钢材的力学性能。热处理一般仅在钢厂或加工厂进行,并以一定的热处理状态供应用户。在工程现场,有时需对焊接件进行热处理。常用的热处理方法有淬火、回火、退火和正火等。

(1)淬火

将钢加热到723~910℃(依含碳量而定)的某一温度,保温使其晶体组织完全转变后,立即在水或油中淬冷的工艺过程,称为淬火。淬火后的钢材,强度和硬度大为提高,塑性和韧性明显下降。

(2)回火

将淬火后的钢材在723℃以下的温度范围内重新加热,保温后按一定速度冷却至室温的过程,称为回火。回火可消除淬火产生的内应力,恢复塑性和韧性,但硬度下降。回火根据加热温度分为高温回火(500℃以上)、中温回火(250~500℃)和低温回火(250℃以下),加热温度越高,硬度降低越多,塑性和韧性恢复越好。在淬火后随即采用高温回火,称为调质处理。经调质处理的钢材,在强度、塑性和韧性方面均有较大改善。

(3)退火

将钢材加热到723~910℃(依含碳量而定)的某一温度,然后在退火炉中保温、缓慢冷却的工艺过程,称为退火。退火能消除钢材中的内应力,改善钢的显微结构、细化晶粒,以达到降低硬度、提高塑性和韧性的目的。冷加工后的低碳钢,常在650~700℃的温度下进行退火,以提高其塑性和韧性。

(4)正火

正火也称为正常化处理,是将钢材加热到723~910℃或更高温度,然后在空气中冷却的工艺过程。正火处理的钢材,能获得均匀细致的显微结构,与退化处理相比较,钢材的强度和硬度提高,但塑性比退火的要小。

任务8-2 检验钢材

根据《公路水运工程试验检测机构等级标准》中试验检测能力基本要求及主要仪器设备(综合乙级)必须满足的试验检测参数要求,以下参数为钢材试验检测项目必须满足的试验检测参数,其余参数可参照《桥梁用结构钢》(GB/T 714—2015)、《低合金高强度结构钢》(GB/T 1591—2018)、《预应力混凝土用钢绞线》(GB/T 5224—2023)、《碳素结构钢》(GB/T 700—2006)等标准规范。

钢筋的冷弯试验

(一)弯曲试验检测

1.试验检测原理

弯曲试验是以圆形、方形、矩形或多边形横截面试样在弯曲装置上经受弯曲塑性变形,不改变加力方向,直至达到规定的弯曲角度。

进行弯曲试验时,试样两臂的轴线保持在垂直于弯曲轴的平面内。如为弯曲180°角的弯曲试验,按照相关产品标准的要求,可以将试样弯曲至两臂直接接触或两臂相互平行且有规定距离,可使用垫块控制规定距离。

图8-1 弯曲装置

2.目的与适用范围

弯曲试验可以测定金属材料承受弯曲塑性变形的能力。

本方法适用于金属材料相关产品标准规定试样的弯曲试验,但不适用于金属管材和金属焊接接头的弯曲试验。

3.主要仪器设备

压力试验机:附有弯曲装置(图8-1),弯曲装置应有一定的硬度,以免受压变形。亦可采用特制弯曲试验机。

4. 试验操作及记录

参照对应的最新标准规范和《道路建筑材料试验检测手册》，在老师指导下完成，并将试验记录填写在《道路建筑材料试验检测手册》中。

5. 注意事项

(1)注意弯曲半径的选择。

(2)注意压力机的安全操作和安全防护措施。

(3)当出现争议时，试验速率应为(1 ±0.2)mm/s。

(4)试验结束后，应将所用设备整理干净，恢复原位并清理垃圾。

6. 试验结果应用分析

应按照相关产品标准的要求评定弯曲试验结果。如未规定具体要求，进行弯曲试验后不使用放大仪器观察，试样弯曲外表面无可见裂纹应评定为合格。

以相关产品标准规定的弯曲角度作为最小值；若规定弯曲压头直径，以规定的弯曲压头直径作为最大值。

(二)室温拉伸试验检测

钢筋拉伸试验

1. 试验检测原理

用拉力拉伸试样，一般拉至断裂，测定一项或多项力学性能。

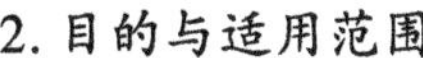

2. 目的与适用范围

本方法可以测定金属材料的室温拉伸性能指标。

本方法适用于各种金属材料，但对于小横截面尺寸的金属产品，例如金属箔、超细丝和毛细管等需要协议。

3. 主要仪器设备

(1)万能试验机(图 8-2)

试验机测力示值误差应不大于 ±1%；在规定负荷下停止施荷时，试验机操作应能精确到测力度盘上的一个最小分格负荷示值且至少能保持 30s；试验机应具有调速指示装置，能在标准规定的速度范围内灵活调节，且加卸荷平稳；试验机还应备有记录装置，能满足标准用绘图法测定强度特性的要求。

(2)钢筋打点机(图 8-3)

钢筋打点机又称标距仪，可做钢筋拉伸试样打点标距使用，亦可作为普通金属拉伸试样打点标记使用。

(3)试样尺寸测量仪器

可根据试样尺寸测量精度的要求，选用相应精

图 8-2　万能试验机

度的任一种量具或仪器,如游标卡尺、螺旋千分尺等。

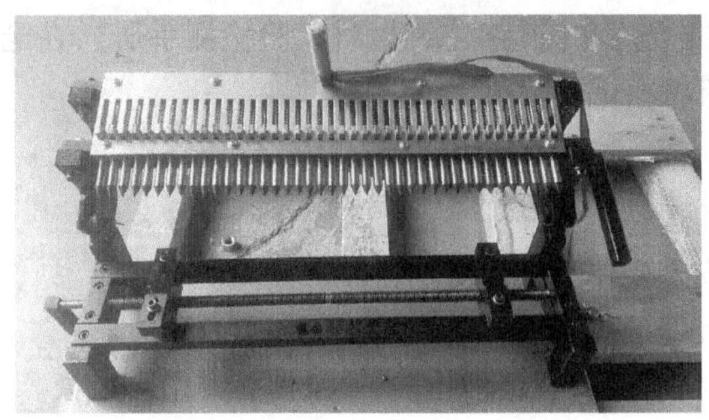

图 8-3　钢筋打点机

4. 试验操作及记录

参照对应的最新标准规范和《道路建筑材料试验检测手册》,在老师指导下完成,并将试验记录填写在《道路建筑材料试验检测手册》中。

5. 注意事项

(1)试样原始标距与原始横截面面积成比例的称为比例试样,比例试样 $L_0 = K \times \sqrt{S_0}$($L_0$ 为原始标距,S_0 为原始横截面面积,K 为常数)。国际上一般取 $K = 5.65$,原始标距应不小于 15mm。当试样横截面面积太小,以致采用比例系数 K 为 5.65 不符合这一最小标距要求时,可采用较高的值 $K = 11.3$,或采用非比例试样进行标距。

当钢材试样为圆形比例试样时,$K = 5.65$ 的钢筋 $L_0 = 5d$(d 为钢筋公称直径),$K = 11.3$ 的钢筋 $L_0 = 10d$。

(2)如果试样的公差满足标准要求,原始横截面面积(S_0)可以用名义值,而不必通过实际测量计算。原始横截面面积的名义值,即为公称横截面面积。

(3)钢筋的直径一般用公称直径表示,如对于热轧带肋钢筋应先测量其内径是否符合表 8-2 要求,然后再检查其他部分的尺寸是否符合要求。

热轧带肋钢筋内径允许偏差表(mm)　　表 8-2

公称直径		6	8	10	12	14	16	18	20	22	25	28	32	36	40	50
内径	公称尺寸	5.8	7.7	9.6	11.5	13.4	15.4	17.3	19.3	21.3	24.2	27.2	31.0	35.0	38.7	48.5
	允许偏差	±0.3			±0.4					±0.5			±0.6		±0.7	±0.8

(4)测定下屈服强度时,要排除“初始瞬时效应影响”。所谓初始瞬时效应,是指从上屈服强度向下屈服强度过渡时发生的瞬时效应,与试验机加力系统的柔度、试验速率、试样屈服特性和测力系统惯性守恒等多种因素相关。对瞬时效应作评定是困难的。定性地把从上屈服强度向下屈服过渡期间的第一个下降谷区作为“初始瞬时效应”的影响区。为了避开该区影响,把第 1 个下降谷值应力排除不计后,取其之后的最小应力为下屈服强度,只出现一个谷值情况,该谷值应力为下屈服强度。

(5)为了能准确确定上、下屈服强度位置,《金属材料　拉伸试验　第 1 部分:室温试验方法》(GB/T 228.1—2021)规定了基本原则:

①屈服前的第 1 个峰值应力(第 1 个极大值应力)判为上屈服强度,不管其后的峰值应力比它大或比它小。

②屈服阶段中如呈现两个或两个以上的谷值应力,舍弃第 1 个谷值应力(第 1 个极小值应力)不计,取其余谷值应力中最小值判为下屈服强度;如只呈现一个下降谷,此谷值应力判为下屈服强度。

③屈服阶段中呈现屈服平台,平台应力判为下屈服强度;如呈现多个而且后者高于前者的屈服平台,判第 1 个平台应力为下屈服强度。

④下屈服强度一定低于上屈服强度。

(6)如其中一根试样的屈服点、抗拉强度、伸长率三个指标中,有一个指标不符合规定要求,即为拉力试验不合格。应再取双倍数量的试样重新测定三个指标。在第二次拉伸试验中,如仍有一个指标不符合规定,不论这个指标在第一次试验中是否合格,拉力试验项目也作为不合格,该批钢筋即为不合格品。

(7)强度性能值修约至 1MPa;屈服点延伸率修约至 0.1%,其他延伸率和断后伸长率修约至 0.5%;断面收缩率修约至 1%。

(8)试验结束后,应将所用设备整理干净,恢复原位并清理垃圾。

6. 试验结果应用分析

影响拉伸试验结果的因素主要有:

(1)试样选取

试样选取是钢筋拉伸试验中最为基础也是最为重要的一个步骤,钢筋取样选择的部位、方向以及样胚的切取等因素的不同都会对最后的拉伸试验结果造成很大影响。同时取样时应避开钢筋的端部,选取中间位置。

(2)测量仪器的选取

钢筋拉伸试验主要设备为万能材料试验机,目前多采用电液伺服万能材料试验机,采用电磁阀控制加载油压,可以恒定加荷应力,试验结果更为精准。另外,选取测量仪器的时候,测量仪器的零点、测量时所遭受的拉力等也会对钢筋拉伸的试验结果产生一定的影响。所以,一定要校准测量仪器的数值。

(3)夹持方法

如果钢筋试样夹持方法不合理(例如夹具与尺寸不配套),试样会出现打滑或折断,从而使试验数据偏离正常值。同时,在夹持过程中要注意对记录设备清零:一般夹住一端后力值清零。如果没有及时清零,或等试件两端都夹持完毕再清零,则可能产生较大的误差。

(4)拉伸速率

尽可能按照相关试验规定的数据进行操作,合理选取拉伸速率。在实际工作中,应该尽量让拉伸速率保持在相应的拉伸区间内,以保证试验始终处于较为平稳的状态当中。

(5)操作人员

操作人员的专业技能水平也会对钢筋拉伸试验的结果产生较为明显的影响。在实际操作的过程中,往往会因为相关试验人员的专业技能水平的高低而造成不同的结果,所以相关单位需要对操作人员进行专业化培训,确保操作人员对相关规范有较深的理解,具备专业素养和责任心,能够在工作中严格按照规范要求进行试验。

金属材料洛氏硬度试验

(三)洛氏硬度试验检测

1. 试验检测原理

用金刚石圆锥或碳化钨合金圆球压头，在规定的初始试验力 F_0 作用下压入试样表面，得到测量基准面，然后施加主试验力 F_1，经规定时间后卸除主试验力恢复至初始试验力 F_0，得到残余压痕深度 h，然后代入对应公式计算得到洛氏硬度。

2. 目的与适用范围

本方法可以测定金属材料的洛氏硬度。

本方法适用于各种金属材料。

图 8-4 洛氏硬度计

3. 主要仪器设备

(1)手动洛氏硬度计(图 8-4)。

(2)压头，应符合《金属材料　洛氏硬度试验　第 2 部分:硬度计及压头的检验与标准》(GB/T 230.2—2022)的要求。

4. 试验操作及记录

参照对应的最新标准规范和《道路建筑材料试验检测手册》，在老师指导下完成，并将试验记录填写在《道路建筑材料试验检测手册》中。

5. 注意事项

(1)试验一般在 10 ~ 35℃的室温下进行。

(2)试验过程中，硬度计应避免受到冲击或振动。

(3)两相邻压痕中心之间的距离至少应为压痕直径的 3 倍，并且不应小于 2mm。

(4)任一压痕中心到试样边缘的距离至少应为压痕直径的 2.5 倍，并且不应小于 1mm。

(5)测试洛氏硬度常用 A、B、C 三种标尺，分别记为 HRA、HRB、HRC。如 50HRC 表示用 C 标尺测得的洛氏硬度值为 50。

(6)洛氏硬度没有单位，是一个无量纲，各标尺之间也没有对应关系。

(7)在大量试验前或距上次试验超过 24h，以及移动和更换载物台之后，应确定硬度计的压头和载物台安装正确。

(8)在对预应力用锚具、夹片和连接器的硬度进行检测时，每批 3% 套(但不小于 5 套)检查;(对于多孔锚具每套至少抽取 6 片夹片)每个零件测试 3 点，如有 1 个零件不合格，另取双倍数量进行检查，如仍有 1 个零件不合格，则应对该批产品逐个检查，合格者方可使用。

(9)试验结束后，应将所用设备整理干净，恢复原位并清理垃圾。

6. 试验结果应用分析

硬度试验是一种简化的强度性能试验技术，与拉伸试验、冲击试验与冷弯试验一起构成了金属材料力学性能表征的4类基础性重要试验方法,在金属材料研发、钢铁产品生产制造及使用领域得到了广泛应用。

根据硬度试验原理的共性,即采用特定构造与形状的刚性压入物在指定载荷作用下与试样表面作用,利用卸载后材料留下的永久塑性变形信息表征其"软/硬"的强度性能。按照压头形状与被测压痕信息类型的不同,硬度试验方法基本可以区分为压痕深度法与压痕表面积法两大类,其中洛氏硬度(HR)试验与布氏硬度(HBW)试验是应用最为广泛和典型的两类硬度试验方法。

任务8-3 钢材的技术要求

钢材具体的技术要求应参照相应的技术标准,笼统地说,应具有以下三方面的性能:

(1)良好的综合力学性能。应具有较多的屈服点与抗拉强度,并有良好的塑性、冷弯、冲击韧性和抵抗振动应力的疲劳强度以及低温(-40℃)的冲击韧性。

(2)良好的焊接性能。近代焊接技术的发展,使桥梁钢结构趋向于采用焊接结构代替铆接结构,以加快施工速度和节约钢材,因此要求钢材具有良好的焊接性能。

(3)良好的抗腐蚀性。桥梁长期暴露于大气中,故要求钢材具有良好的抵抗大气因素腐蚀的性能。

以下内容摘自《钢筋混凝土用钢　第2部分:热轧带肋钢筋》(GB/T 1499.2—2024),其余钢产品的质量要求应按相应的标准规范执行。

热轧带肋钢筋的力学性能特征值应符合表8-3的要求,公称横截面面积和理论质量应符合表8-4的要求,实际重量与理论重量的允许偏差应符合表8-5的规定。弯曲性能应按表8-6的弯曲压头直径弯曲180°后,受弯部分不得出现裂纹。

热轧带肋钢筋的力学性能特征值 表8-3

牌号	下屈服强度 R_{eL}(MPa)	抗拉强度 R_m(MPa)	断后伸长率 A(%)	最大力总延伸率 A_{gt}(%)	R_m^o/R_{eL}	R_{eL}^o/R_{eL}
		不小于				不大于
HRB400 HRBF400	400	540	16	7.5	—	—
HRB400E HRBF400E			—	9.0	1.25	1.30
HRB500 HRBF500	500	630	15	7.5	—	—
HRB500E HRBF500E			—	9.0	1.25	1.30

续上表

牌号	下屈服强度 R_{eL}(MPa)	抗拉强度 R_m(MPa)	断后伸长率 A(%)	最大力总延伸率 A_{gt}(%)	R_m°/R_{eL}	R_{eL}°/R_{eL}
	不小于					不大于
HRB600	600	730	14	7.5	—	—

注:1. 牌号中各字母含义如下:H 为 Hot 的首位字母,R 为 Ribbed 的首位字母,B 为 Bar 的首位字母,F 为 Fine(细)的首位字母,E 为 Earthquake 的首位字母。

2. 目前,HPB235(屈服强度为 235MPa 的热轧光圆钢筋)和 HRB335 被明确列为落后产品,已经正式被国家强制标准取消。

3. 公称直径 28~40mm 的断后伸长率可降低 1%,公称直径 40mm 以上的断后伸长率可降低 2%。

4. R_m°和 R_{eL}°为实测值。

公称横截面面积和理论质量 表 8-4

公称直径(mm)	公称横截面面积(mm^2)	理论质量(kg/m)	公称直径(mm)	公称横截面面积(mm^2)	理论质量(kg/m^3)
6	28.27	0.222	22	380.1	2.98
8	50.27	0.395	25	490.9	3.85
10	78.54	0.617	28	615.8	4.83
12	113.1	0.888	32	804.2	6.31
14	153.9	1.21	36	1018	7.99
16	201.1	1.58	40	1257	9.87
18	254.5	2.00	50	1964	15.42
20	314.2	2.47			

注:理论质量按密度为 7.85kg/m^3 计算。

钢筋实际重量与理论重量的允许偏差 表 8-5

公称直径(mm)	实际重量与理论重量的偏差(%)	公称直径(mm)	实际重量与理论重量的偏差(%)
6~12	±5.5	22~50	±3.5
14~20	±4.5		

弯曲压头直径 表 8-6

牌号	公称直径 d(mm)	弯曲压头直径 D(mm)
HRB400 HRBF400 HRB400E HRBF400E	6~25	$4d$
	28~40	$5d$
	>40~50	$6d$
HRB500 HRBF500 HRB500E HRBF500E	6~25	$6d$
	28~40	$7d$
	>40~50	$8d$

续上表

牌号	公称直径 d（mm）	弯曲压头直径 D（mm）
HRB600	6～25	$6d$
	28～40	$7d$
	>40～50	$8d$

模块九
CHAPTER NINE

土工合成材料

(1)掌握土工合成材料的性质、试验检测原理和方法。

(2)熟悉土工合成材料的质量评价方法。

(3)熟悉土工合成材料相关的国家标准和行业规范。

(1)具备基本的材料试验与检测能力,能够完成以下试验检测工作:土工合成材料的单位面积质量偏差率试验、土工合成材料的宽条拉伸试验等。

(2)能对上述试验检测工作中产生的问题进行分析和解决。

(3)能规范填写试验检测原始记录表和编制试验检测报告。

注:试验数据计算中的数值修约应按附录 A 执行,试验检测原始记录表和试验检测报告的编写应按附录 B 执行。

任务 9-1 认识土工合成材料

土工合成材料的分类

土工合成材料是岩土工程和土木工程中所应用的各类合成材料的总称。它是指以人工合成的聚合物如塑料、化纤、合成橡胶等为原料,制成各种类型的产品,置于土体内部、表面或各层土体之间,能发挥加强或保护土体的作用的岩土工程材料。

(一)土工合成材料分类

根据《公路土工合成材料应用技术规范》(JTG/T D32—2012),土工合成材料可分为四个大类,如表 9-1 所示。

土工合成材料类型 表9-1

	大类	亚类	典型品种
土工合成材料	土工布	有纺(织造)	机织(含编织)、针织等
		无纺(非织造)	针刺、热粘、化粘等
	土工膜	聚合物土工膜	
	土工复合材料	复合土工膜	一布一膜、两布一膜等
		复合土工织物	
		复合防排水材料	排水板(带)、长丝热粘排水体、排水管、防水卷材、防水板等
	土工特种材料	土工格栅	塑料土工格栅(单向、双向、三向土工格栅)、经编土工格栅、黏结(焊接)土工格栅等
		土工带	塑料土工加筋带、钢塑土工加筋带等
		土工格室	有孔型、无孔型
		土工网	平面土工网、三维土工网(土工网垫)等
		土工模袋	机织模袋、针织模袋等
		超轻型合成材料	如泡沫聚苯乙烯板块(EPS)
		土工织物膨润土垫(GCL)	
		植生袋	

(二)土工合成材料的产品类型

(1)土工布

土工布是在岩土工程和土木工程中与土壤和(或)其他材料相接触使用的一种平面状、可渗透的、由聚合物(天然或合成)组成的纺织材料,可以是机织的、针织的或非织造的。

机织土工布是由两组或两组以上纱线、长丝、条带或其他成分,通常垂直相交织成的土工布;针织土工布是由一根或多根纱线、长丝或其他成分弯曲成圈,并相互穿套形成的土工布;非织造土工布是由定向的或随机取向的纤维、长丝或其他成分,通过机械固结、热粘合和(或)化学粘合方法制成的土工布。

(2)土工膜

土工膜是由聚合物制成的一种相对不透水的薄膜。

(3)排水板(带)

排水板(带)是由不同凹凸截面形状、具有连续排水通道的合成材料芯材,外包无纺土工织物构成的复合排水材料。宽度大于100mm的称为排水板,小于或等于100mm的称为排水带。

(4)长丝热粘排水体

长丝热粘排水体是由高分子聚合物长丝经热粘堆缠成不同形状的排水芯材,外包土工织物构成的复合排水材料,又称速排龙或塑料排水盲沟。

(5)透水软管

透水软管是以经过防腐处理、外覆高分子聚合物的弹簧钢丝或其他高强材料丝为骨架,外包土工织物构成的复合排水材料,又称软式透水管。

(6)透水硬管

透水硬管是以高分子聚合物或其他材料制成的多孔管材为芯材,外包土工织物构成的复合排水材料,又称硬式透水管。

(7)缠绕式排水管

缠绕式排水管是聚乙烯或其他高分子材料挤出的带材或在其中加入其他材料的带材,经缠绕焊接制成的排水管材。

(8)土工格栅

土工格栅是整体由抗拉材料联结构成的、呈规则孔状的一种平面聚合物结构体。可以是挤压、粘合或交织而成,其网孔大于实体。

(9)土工带

土工带是经挤压拉伸或再加筋制成的条带抗拉材料。包括塑料土工带、钢塑土工带等。

(10)土工格室

土工格室是由长条形塑料片材或在其中加入钢丝、玻璃纤维、碳纤维的片材,通过焊接、插件或扣件等方法连接,展开后构成蜂窝状或网格状的立体结构材料。

(11)土工网

土工网是由高分子聚合物经挤出制成的网状材料或其他材料经编织形成的网状材料。包括塑料平面土工网、经编平面土工网、塑料三维土工网、经编二维土工网等。

(12)土工模袋

土工模袋是由双层聚合化纤织物制成的连续或单独的袋状材料。可用高压泵将混凝土或砂浆灌入其中,形成板状或其他形状的防护结构。

(13)泡沫聚苯乙烯板块(EPS)

泡沫聚苯乙烯板块是由聚苯乙烯加入发泡剂膨胀经模塑或挤压制成的轻型板块。

(14)植生袋

植生袋是采用孔隙率为70%~99.5%的多功能过滤毯状纤维,运用针刺法和喷胶法生产,内含草种、灌木种、培养料、保水剂和肥料等绿化辅料的袋状材料。

土工合成材料的应用-上

(15)土工织物膨润土垫(GCL)

土工织物膨润土垫是用土工织物或土工膜间包入膨润土或其他低透水性材料,并通过针刺、缝接或化学黏结制成的一种防水材料。

(三)土工合成材料的应用

土工合成材料因其具有过滤、排水、隔离、加筋、防渗和防护等作用,在土工、交通、水利、海港、铁路、公路、机场、市政和建筑等工程得到广泛应用。下面主要介绍其在土工和公路工程方面的应用。

土工合成材料的应用-下

1. 土工合成材料在土工工程中的应用

(1)加筋土坡

土坡中加入土工合成材料(土工格栅或土工织物)可以将土坡填筑得更陡、更稳定。就加筋功能而言,与针刺土工织物相比,土工格栅和有纺土工织物可以在较小的应变下发挥作用,针刺土工织物则具有土工格栅和有纺土工织物所不具备的平面内的透水性。因而,土工合成材料在加筋(低透水性土)土坡中的应用有以下方面:

①针刺土工织物与土工格栅叠合铺设,具有加筋和排水功能;或针刺土工织物与有纺土工织物叠合铺设,具有加筋和排水功能。

②土工合成材料作为土坡内排水系统(竖向和水平向)和土工格栅结合;或土工合成材料作为土坡内排水系统(竖向和水平向)和有纺土工织物结合。

土工合成材料在加筋(低透水性土)土坡中的应用前景是将土工合成材料作为含有活性炭纤维的载体,使土工合成材料成为具有导水性的填充聚合物或金属纤维,从而通过电泳、离子转移和电渗改善加筋区内细粒土的性质。

(2)加筋土挡墙

与加筋土坡类似,加筋土挡墙可以形成直立墙面。加筋可以是土工织物,但更多的是使用土工格栅。近几年不断改进墙面系统,包括土工合成材料包绕墙面系统、木制墙面系统、焊接丝网墙面系统、堆叠筐笼墙面系统、预制混凝土板(全高)墙面系统、现浇混凝土面板墙面系统、预制混凝土(分单元)墙面系统、标准混凝土块(现称分块挡土墙)墙面系统等。

(3)土堤地基加筋

20 世纪 70 年代,美国工程师兵团采用高强土工织物加固土堤地基,其最终目的是减少软土地基上土堤的沉降。荷兰较早将该技术用于大面积填土中。在土堤和地基之间设置加筋以减少不均匀沉降。如果土堤需要跨过地基中的孔洞,就所涉及的加筋抗拉强度而言,导致不均匀沉降的地基中孔洞的最大尺寸是最为关键的。

(4)混凝土坝防渗

许多已建成的混凝土坝存在严重的防渗缺陷,除了剥落和裸露钢筋外,还有结构渗漏的增加。现行的方法是将水库内水放完后,在混凝土坝的上游面粘贴土工膜。沿垂直方向每隔 2m 设一水平不锈钢槽,以夹紧土工膜。该方法的改善是先在混凝土坝上游面设置土工网格,然后将土工膜粘贴在土工网格上。设置土工网格的目的是收集渗过土工膜的水。土工膜用于该目的已有 20 多年。据报道,它最早用于意大利,目前在全世界得到普遍应用。

(5)土坝防渗

土工膜以及土工合成材料和黏性土形成的衬砌可用在土坝或土坝的上游面作为防渗体,土工膜应妥善防护,防止刺破,并妥善锚固。用于碾压混凝土坝时,土工膜及铺于土工膜下面的土工织物在工厂被粘贴在混凝土板上,在现场,随混凝土坝升高,逐步进行安装,用土工膜条带对这种板进行粘贴,可有效减少水平渗漏。

(6)隧道防渗

现行的方法是将土工膜用作永久性混凝土里侧的防渗体,与针刺的、较厚的无纺土工织物一起,将水导入设在隧道底脚的排水出口处,形成封闭的排水系统。

2. 土工合成材料在公路工程中的应用

(1)路堤和路基

有许多方法将土工合成材料用于道路的断面上,其目的是使道路具有更好的性能和更长的使用寿命。将土工织物和土工格栅用于道路的不同部位时,土工合成材料的功能为:土工织物用于路堤和路基的隔离和加筋,土工格栅用于路堤和路基的加筋,以及路堤内部的侧向加筋。

(2)水土保持系统

水土流失将影响土地的使用。为了控制、减轻或避免土的流失,许多与土工合成材料有关的水土流失控制方法被采用。比如用长钉(长达3m)加固松软土坡。

可按表9-2合理选择土工合成材料。

土工合成材料的工程应用　　表9-2

应用场合	宜采用的土工合成材料
路基加筋	土工格栅、土工织物、土工格室
地基处理	排水带、土工格栅、无纺土工织物、土工格室、泡沫聚苯乙烯板块(EPS)
路基防排水	排水板、排水管、长丝热粘排水体、缠绕式排水管、透水软管、透水硬管、复合土工膜、无纺土工织物、土工织物膨润土垫
路基防护	三维土工网、平面土工网、土工格室、土工模袋、植生袋
路基不均匀沉降防治	土工格栅、土工织物、土工格室、泡沫聚苯乙烯板块(EPS)
防沙固沙	土工格室、土工织物、土工格栅
膨胀土路基处治	土工格栅、无纺土工织物、复合土工膜
盐渍土路基处治与构筑物表面防腐	复合土工膜、土工织物、土工格栅
路面裂缝防治	无纺土工织物、玻璃纤维格栅

(四)土工合成材料的技术性质

1. 物理性质

(1)单位面积质量

单位面积质量是$1m^2$土工织物的质量,称为土工织物的基本质量,单位为g/m^2,它是土工织物的一个重要指标。对于任何一种系列产品来说,土工织物的单价与单位面积质量大致成正比,其力学强度随质量增大而提高。因此,在选用产品时,单位面积质量是必须考虑的技术和经济指标。

土工合成材料的厚度试验

(2)厚度

厚度是指土工织物在2kPa法向压力下,其顶面与底面之间的距离,单位为mm。土工织物厚度随所作用的法向压力而变,规定2kPa压力表示土工织物在自然状态无压条件下的厚度。不同类型土工织物的压缩量差别很大,其中针刺非织造土工织物的压缩量最大。当考虑非织造土工织物水力特性时,必须注意到上覆压力变化使水力特性变化的特点。

(3)孔隙率

孔隙率是非织造土工织物所含孔隙体积与总体积之比,以百分数(%)表示。该指标不直接测定,由单位面积质量、密度和厚度计算得到。

孔隙率与厚度有关,所以孔隙率也随压力增大而变小。

非织造土工织物的孔隙率远大于织造土工织物,因此其具有更好的反滤和排水性能。

2. 力学性质

针对土工织物在设计和施工中所受荷载性质的不同,其力学强度指标分为下列几种:

抗拉强度、握持强度、撕裂强度、胀破强度、CBR顶破强度、圆球顶破强度、刺破强度等,在前3个强度的试验中,试样为单向受力,其纵向和横向强度需分别测定,而后4个强度的试验中,试样为圆形,承受轴对称荷载,纵横双向同时受力。在上述力学指标中,最基本的是抗拉强度。

(1)抗拉强度

抗拉强度也称为条带法抗拉强度,为单向拉伸。纵向和横向抗拉强度表示土工织物在纵向和横向单位宽度范围能承受的外部拉力,单位为kN/m。对应抗拉强度的应变为土工织物的延伸率,用百分数(%)表示。抗拉强度是力学性能中的重要指标,在各种应用中,对抗拉强度都有一定的要求。当用于加筋和隔离工程中时,抗拉强度是主要的设计指标;而在排水和反滤功能的工程中,抗拉强度不是主要指标,但由于铺设过程中会受到扯拉、顶压、撕破等各种施工荷载,运用过程中也可能因建筑物变形而受拉,所以对抗拉强度也有一定要求。

(2)握持强度

握持强度表示土工织物抵抗外来集中荷载的能力,试验时仅1/3试样宽度被夹持,进行快速拉伸。土工织物对集中荷载的扩散范围越大,则握持强度越高。其单位为N。

(3)撕裂强度

撕裂强度表示沿土工织物某一裂口将裂口逐步扩大过程中的最大拉力,单位为N。

(4)胀破强度、CBR顶破强度、圆球顶破强度、刺破强度

这四个强度都反映土工织物抵抗外部冲击荷载的能力,其共同特点是试样为圆形,用环形夹具将试样夹住;其差别是试样尺寸、加荷方式不同。用不同顶杆尺寸模拟不同顶压物,如块石、树枝等。胀破强度单位为kPa,其他3项强度单位为N。此外,落锥强度也属于此类,其试样尺寸与CBR顶破强度相同,试验时一个重1kg的圆锥自50cm高处自由落下,测定试样被刺破的孔洞尺寸,单位为mm。

除抗拉强度外,其他各力学强度指标主要作为参考指标,根据工程实际情况,便于对产品进行比较和选择。

3. 水力性质

水力性质指标主要为等效孔径和渗透系数,它们是土工织物两个很重要的特性指标。由于土工织物是与土共同工作的,对织物的基本要求是既能保土又能排水,这就要求土工织物的孔径很小(能挡住土)而排水又很通畅,两者看来是有矛盾的,而土的多变性使问题更复杂。某一土工织物对这种土是合适的,而对另一种土未必也是合适的。目前,常用保土准则和透水准则来选择土工织物的等效孔径和渗透系数,即将土工织物的等效孔径和土的特征粒径建立关系式,同时将土工织物的渗透系数与土的渗透系数建立关系式,以达到既保土又排水的目的。保土准则和透水准则由试验得到,由于试验时控制的条件不同,得到的准则也有差异。可按具体情况选择准则,有条件能进行模拟试验则更好。

鉴于目前仍以保土和透水作用作为选择土工织物反滤层的准则,因此等效孔径和渗透系数两个水力性质指标是反滤和排水功能中的重要指标。

(1)等效孔径(表观孔径)

以土工织物为筛布,用某一平均粒径的玻璃珠或石英砂进行振筛,取通过土工织物的过筛

率(通过织物的颗粒质量与颗粒总投放质量之比)为5%(留筛率为95%,即在织物大小不同的孔隙中,有95%的孔径小于该孔径,用O_{95}表示)所对应的粒径为织物的等效孔径,表示该土工织物的最大有效孔径,单位为mm。用同样的步骤,则相应得到O_{85}、O_{50}和O_{15}的孔径值。土工织物的孔径分布曲线形状与土的颗粒分布曲线相似。

(2)垂直渗透系数和透水率

垂直渗透系数为水力梯度等于1时,水流垂直通过土工织物的渗透速率,单位为mm/s。透水率为水位差等于1时的渗透速率,单位为1/s。

4. 土工织物与土相互作用性质

(1)土与织物界面摩擦系数

埋在土中的土工织物,通过土与织物界面摩擦力将外部荷载传递至土工织物,使土工织物承受拉力,形成加筋土。工程实例有加筋土挡墙、堤基加筋垫层等。土与织物界面摩擦系数按试验方法可分为直剪摩擦系数和拉拔摩擦系数。

(2)土工织物渗透特性

土与织物联合应用时,如何使土工织物长期保持良好的保土及排水性能,不发生淤堵,目前还没有满意的理论准则。为判断织物是否会发生淤堵,可进行长期淤堵试验或梯度比试验,前者试验历时达500~1000h,后者需要测试24h或更长时间。

5. 耐久性质

耐久性质主要有耐磨、抗紫外线、抗生物、抗化学、抗大气环境等多项性质,一般按工程要求进行专门研究或参考已有工程经验来选取。

任务9-2 检验土工合成材料

近几年来,土工合成材料发展很快,其应用领域不断扩展,应用技术不断更新,新材料不断推出。用科学的试验鉴定土工合成材料的质量和各项技术指标,达到合理的选择与使用土工合成材料的目的,以保证工程的安全、经济、合理。限于篇幅,仅介绍土工合成材料的常见技术指标和检测方法,其余指标和检测方法可参照《公路工程土工合成材料　第一部分:土工格栅》(JT/T 1432.1—2022)、《水运工程土工合成材料应用技术规范》(JTS/T 148—2020)等标准规范。

土工合成材料的单位面积质量试验

(一)土工合成材料的单位面积质量偏差率试验检测

1. 试验检测原理

裁取规则形状的试样,称取质量。

2. 目的与适用范围

本方法规定了土工合成材料单位面积质量偏差率的测定方法。

本方法适用于土工织物、土工格栅,其他类型的土工合成材料可参照执行。

3. 主要仪器设备

(1)剪刀或切刀。

(2)天平:感量为0.01g。

(3)钢尺:刻度至毫米,精度为0.5mm。

4. 试验操作及记录

参照对应的最新标准规范和《道路建筑材料试验检测手册》,在老师指导下完成,并将试验记录填写在《道路建筑材料试验检测手册》中。

5. 注意事项

(1)试样准备时,用切刀或剪刀裁取面积为100cm²试样10块,剪裁和测量精度为1mm。

(2)对10块试样的单位面积质量先计算平均值$\bar{x}$和标准值σ,舍去那些在$\bar{x} \pm k\sigma$以外的可疑数据,然后取合格数据的平均值作为试验结果。k值按表9-3选取。

k值选取表 表9-3

试件数量	3	4	5	6	7	8	9	10	11
k	1.15	1.46	1.67	1.82	1.94	2.03	2.11	2.18	2.23

(3)试验结束后,应将所用设备整理干净,恢复原位并清理垃圾。

6. 试验结果应用分析

单位面积质量偏差率反映了土工合成材料的均匀程度,是土工合成材料物理性质的重要指标之一。

土工合成材料的宽条拉伸检测试验

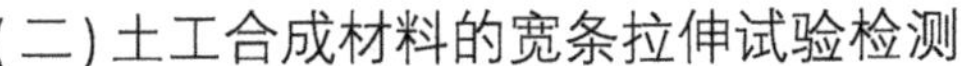

(二)土工合成材料的宽条拉伸试验检测

1. 试验检测原理

拉力拉伸试验,一般拉至断裂,测定一项或多项力学性能。

2. 目的与适用范围

本方法可以测定调湿和浸湿两种试样的拉伸性能,包括单位宽度的最大负荷和最大负荷下的伸长率以及特定伸长率下的拉伸力的测定。

本方法适用于各种土工合成材料,包括土工织物及复合土工织物,也适用于土工格栅。

3. 主要仪器设备

(1)拉伸试验机(图9-1):具有等速拉伸功能,拉伸速率可以设定,并能测读拉伸过程中试样的拉力和伸长量,记录拉力-伸长曲线。

图9-1 拉伸试验机

(2)夹具:钳口表面应有足够宽度,至少应与试样200mm同宽,以保证能够夹持试样的全宽,并采用适当措施避免试样滑移和损伤。

注:对于大多数材料宜使用压缩式夹具,但对于那些使用压缩式夹具出现过多钳口断裂或滑移的材料,可采用绞盘式夹具。

(3)伸长计:能够测量试样上两个标记点之间的距离,对试样无任何损伤和滑移,能反映标记点的真实动程。伸长计有力学、光学或电子形式的,伸长计的精度应达到±2%。

4. 试验操作及记录

参照对应的最新标准规范和《道路建筑材料试验检测手册》,在老师指导下完成,并将试验记录填写在《道路建筑材料试验检测手册》中。

5. 注意事项

(1)用伸长计测量时,名义夹持长度(在试样的受力方向上,标记的两个参考点间的初始距离)一般为60mm(两边距试样对称中心为30mm)。用夹具的位移测量时,名义夹持长度(初始夹具间距)一般为100mm。

(2)试样应置于温度20℃±2℃、相对湿度65%±5%的环境中,状态调节24h。

(3)对于无纺土工织物:

宽条试样:每块试样裁剪至试样宽度为200mm±1mm。

窄条试样:每块试样裁剪至试样宽度为50mm±1mm。

(4)对于有纺土工织物:

宽条试样:每块试样裁剪至约220mm宽,然后从试样两边拆除数目大致相等的边纱,使试样宽度达到200mm±1mm的试样名义宽度。

窄条试样:每块试样裁剪至约60mm宽,然后在试样两边拆除数目大致相等的边纱,使试样宽度达到50mm±1mm的试样名义宽度。

(5)分别对纵向和横向两组试样的拉伸强度、最大负荷下伸长率及特定伸长率下(如2%伸长率)的拉伸力计算平均值和变异系数。拉伸强度和特定伸长率下的拉伸力精确至3位有效数字,最大负荷下伸长率精确至0.1%,变异系数精确至0.1%。

(6)试验结束后,应将所用设备整理干净,恢复原位并清理垃圾。

6. 试验结果应用分析

纵向和横向断裂强度表示土工织物在纵向和横向单位宽度范围能承受的外部拉力。断裂伸长率表示变形适应性,伸长率越大,变形适应性越好。

任务9-3 土工合成材料的技术要求

土工合成材料的技术要求应根据土工合成材料的品种按相应的技术标准执行。

根据《公路工程土工合成材料 第2部分:土工织物》(JT/T 1432.2—2022),聚丙烯短纤无纺土工织物部分性能指标如表9-4所示。

聚丙烯短纤无纺土工织物部分性能指标 表 9-4

项目	规格							
	5	8	11	20	24	28	34	50
纵横向断裂强度(kN/m)	≥5	≥8	≥11	≥20	≥24	≥28	≥34	≥50
单位面积质量偏差率(%)	±5							

模块十 CHAPTER TEN

智能公路材料

知识目标

熟悉智能公路材料的发展概况。

能力目标

能利用计算机信息处理软件收集、整理、分析智能公路材料的技术问题。

任务10-1 认识智能公路材料

2017年,交通运输部确定了北京、河北、吉林、江苏、浙江、福建、江西、河南、广东九个试点,推进了新一代国家交通控制网和智慧公路试点工作,开启了我国智慧公路建设之路。智能公路材料是智慧公路的基础:一方面智能公路材料能够自主感知环境刺激,对之进行分析、处理、判断,并采取一定的措施进行适度响应;另一方面智能公路材料的优异特性使路面具备了能量收集、自调节、自诊断、自愈合、信息交互等智能化功能,提升了公路服务能力。

目前,智能公路材料更多地处于实验室研发阶段,距离大规模商业化应用还有一段时间。未来,在了解材料科学基本理论的同时将有更多的跨学科交流和合作,引入各种生物机制和人工智能思想及多尺度下的新材料性能评价方法,如力学、光学、声学、电磁学等,结合传统室内试验和现场测量,实现智能公路材料在不同模块中,更加安全、耐久、多功能的特性。此外,当智能公路材料暴露在极冷或极热气候条件下,强紫外线或者雨水较多地区的实时性能需要进一步评估。

(一)智能材料的定义

智能材料使传统的结构材料和功能材料之间的界限变得模糊,并加上了信息科学的内容,实现了结构功能化、功能智能化。师昌绪院士指出:智能材料就是具有控制功能的机敏材料,而机敏材料就是完成感知和驱动功能的材料。杨大智教授给出的定义是:“智能材料是模仿生命系统,能感知环境变化,并能实时地改变自身的一种或多种性能参数,做出所期望的、能与变化后的环境相适应的复合材料或材料的复合。”

(二)智能材料的特性

智能材料主要有以下特性:

(1)敏感特性:能感知环境的各种参数及其变化。

(2)传输特性:在材料与结构中通过类似人的神经网络传递各种信息。

(3)智能特性:是智能材料的核心,也是智能材料与普通功能材料的主要区别。智能材料除了能感知、传输环境参数外,还应能分析、判断参数的性质与变化。

(4)自适应特性:智能材料中的各种微型驱动系统通过各种动作,使智能材料自动适应环境参数的变化或自动修复各种构件的损伤。

(5)相容特性:相容性的内容很多,原则是以埋置材料的性质与原构件材料基质的性质越相近越好,主要包括强度相容、界面相容、尺寸相容和场分布相容等。

任务10-2 智能公路材料技术简介

(一)路面尾气自净化技术

1952年,英国伦敦某地汽车尾气大量排放,其中包含的CO、NO_x和有机化合物等污染物在光照作用下发生了严重的光化学烟雾污染事件,这就是著名的伦敦烟雾事件。汽车尾气的排放严重影响空气质量,危害人类身体健康。

路面尾气自净化技术主要是通过路面表面使用可重复利用的催化材料等以降低有害气体、油污、重金属等污染的影响,缓解路面环境污染问题。光催化材料是应用最广泛的催化材料,如二氧化钛、氧化锌、二氧化锆、硫化镉和石墨相氮化碳等。二氧化钛是一种无机物,化学式为TiO_2,为白色固体或粉末状的两性氧化物,具有无毒、最佳的不透明性、最佳白度和光亮度等特性,被认为是现今世界上性能最好的一种白色颜料。二氧化锆,化学式为ZrO_2,是锆的主要氧化物,通常状况下为白色无臭无味晶体,难溶于水、盐酸和稀硫酸。硫化镉是一种无机物,化学式为CdS。石墨相氮化碳是一种典型的聚合物半导体,化学式为$g\text{-}C_3N_4$。

这些催化材料通过直接搅拌、涂层以及表面喷涂等方式应用到路面上。

应用光催化剂净化汽车尾气的基本原理是利用催化剂促使汽车尾气的还原性气体CO、碳氢化合物,与氧化性气体O_2、NO_x发生反应,生成对人体和大气无害的H_2O、CO_2与N_2。

该项技术在中国浙江省湖州市安吉县得到广泛运用,当地S306省道、安吉大道等120多千米道路上,整体实施了道路降解汽车尾气工程,氮氧化物浓度降低9.5%,持续效果达1年以上。

(二)主动除冰雪路面技术

路面的积雪结冰问题是影响寒区道路运行安全和运输效率的关键瓶颈。而人工除雪、机械除雪以及撒布融雪盐等方式都不同程度地占用了道路资源,影响道路服务水平,破坏了路面的平整性;撒布融雪盐不仅对道路基础设施具有腐蚀性,而且会污染道路周围环境。

主动除冰雪路面技术赋予路面自身主动融冰化雪的能力,有力保障了寒区路面冬季运营安全。目前主动除冰雪路面技术主要包括自应力弹性铺装路面技术、低冰点路面技术、相变材料路面技术以及能量转化型路面技术等4个方面。

(1)自应力弹性铺装路面技术

自应力弹性铺装路面技术是通过在沥青混合料中添加一定的弹性材料,利用车辆荷载作用下的不均匀受力,使路表冰层开裂破碎,以达到除冰雪效果的技术。

目前,常用的弹性材料一般是橡胶材料,如废旧轮胎制成的橡胶颗粒。

2007年,在蓝商高速秦岭隧道、河南省商丘等地区进行试验段铺筑及观测,结果表明,弹性路面除冰效果良好,且经济性较优。

(2)低冰点路面技术

低冰点路面技术是指用低冰点材料代替集料或矿粉进行沥青混合料拌和、铺筑,在车辆荷载、溶液浓度、梯度等因素作用下,低冰点材料有效成分析出,渗入路表积雪,降低积雪冰点,进而实现融雪化冰的技术。

目前,公路上采用的低冰点材料主要有氯化盐或有机物等化学物质,利用这些材料可以将路面冰点降至-10℃或更低。

延崇高速公路运用了低冰点填料与抗冰防滑沥青混合料设计方法,以绿色环保理念解决了延崇高速公路冬季融冰雪问题。经过通车运营实践,发现融雪效果良好。

(3)相变材料路面技术

相变材料是指在温度变化过程中,能够从一种状态转变成另一种状态的物质,并伴随着吸热放热过程。相变材料路面则是能利用相变材料在相变过程中吸收释放的能量来调控道路温度、自动融化冰雪的路面。

水是最常见的相变材料,当温度低至0℃时,水由液态变为固态(结冰)。当温度高于0℃时,水由固态变为液态(溶解)。在结冰过程中释放能量,而在溶解过程中吸收大量的热能量。冰的数量(体积)越多(大),溶解过程需要的时间越长。目前,公路上采用的相变材料有脂肪酸、脂类、醇类和乙二醇类以及水合盐和金属化合物等,但是有关相变材料在道路工程中的研究仍以室内试验、理论研究为主。

(4)能量转化型路面技术

能量转化型路面技术是通过热力融雪的方式使路面积雪融化,进而保证降雪环境下沥青路面良好的服役能力。根据热力传输方式和能量转化模式的不同,现阶段基于能量转化的主动融冰雪路面技术主要包括流体加热融雪路面技术、热管加热融雪路面技术和电热转换融雪路面技术。流体加热融雪路面系统是利用循环泵,使被加热介质在埋设于路面内部的管线中循环,通过管壁处的对流换热交换方式使加热介质的热量传递给路面结构。依靠结构层内部的热传导将热量传递到路面表面,进而通过热传递与冰雪进行热交换,从而达到融雪化冰的目的。在此系统中,循环介质多用丙二醇水溶液、乙二醇水溶液等低凝固点溶液。

热管加热融雪路面系统是依靠在道路结构内埋设的管道,通过向路面输送热能达到融雪的目的,采用一种不用外加动力设备就可以自动运行的系统热管内的循环介质,其是一种低凝固点高蒸发点的流体。

电热转换融雪路面技术是采用电力加热路面,使路面温度升高,进而实现路面融雪除冰的技术。目前电热能量转化主要存在两种方式:导电混凝土路面和电缆加热路面。导电混凝土路面是将导电材料掺入路面面层材料,在通电条件下,路面材料实现自发热进而融雪;常见的导电材料主要包括石墨、钢渣、炭黑、钢纤维及碳纤维等。电缆加热路面是在路面结构内部预埋发热电缆,通过热传导方式,使路表温度升高,进而实现路面融雪的目的。

北京首都国际机场和北京大兴国际机场围场路及停机坪等地就铺筑了热管加热融雪路面,为飞机在冰雪等恶劣环境中全天候运营提供了安全保障。

(三)自供能路面技术

能源紧缺、气候变暖等环境问题的凸显,促使清洁能源的开发成为当前研究重点。道路工程领域蕴藏着丰富的能源,若能将其转化为电能存储利用,则可实现道路清洁能源的绿色转化。目前,道路工程领域能够利用的能源主要包括车辆机械能、道路结构内部热能和表面太阳能。对应的路域能量采集技术依次为道路压电能量采集技术、道路热电能量采集技术和光伏路面能量采集技术。

道路压电能量采集技术能够通过压电材料的正压电效应将此部分车辆机械能转化为电能。

目前,公路上常用的压电材料是无机压电陶瓷类材料。2008 年以色列率先将压电技术应用于道路发电系统,目前公开的现场铺设测试仍处于探索性铺设与可行性测试阶段。

道路热电能量采集技术能够通过热电材料的 seebeck 效应(赛贝克效应,是指将两种不同金属各自的两端分别连接,并放在不同的温度下,就会在这样的线路内发生电流的现象。它是德国物理学家托马斯·约翰·塞贝克于 1821 年发现的)将此部分热能产生的温度梯度差转化为电能,变废为宝的同时降低了道路结构内部的温度,减少了温度波动带来的温度应力,保持甚至延长了道路的使用寿命。道路热电能量采集技术通常采用热电载体装置采集转换热能。

光伏路面能量采集技术是借助安装在路表的光伏电池板将辐射到路面的太阳能转化为电能并存储于电池内,是一种彻底改变道路建造方式的能量采集技术。已有的工程案例有 2016 年法国铺设的第一条太阳能电池板试验道路,2017 年我国山东建成的承载式光伏高速公路试验段。

(四)自愈合路面技术

沥青具有自愈合的固有特性,这可在一定程度上消除沥青混合料的微裂缝,防止宏观裂缝的产生。但在实际应用中,受温度、荷载、老化等因素的影响,沥青的自愈合能力十分有限。

目前,主要采取诱导加热技术与微胶囊技术来提高沥青自愈合的性能。诱导加热技术是通过电磁感应、微波辐射的方法,提高沥青混合料的温度,提高沥青分子扩散速率并扩大范围,加快沥青材料自修复速度。微胶囊技术是通过在沥青混合料中掺入包含再生剂的微胶囊,当裂纹发展到微胶囊表面,微胶囊外壳在应力集中作用下破裂,内部再生剂通过毛细管作用扩散,使老化沥青性能得到恢复并封闭裂缝。

目前,基于诱导加热技术的自愈合路面材料的填料研究主要集中于钢纤维、钢渣、碳素材料等。活性炭、炭黑、石墨等碳素材料作为微波吸收材料,具有良好的微波热效应,也是自愈合路面材料研究的热点。

目前,微胶囊外壳材料应用较多且效果较好的有两种:利用原位聚合法制备以氨基树脂(如脲醛树脂、三聚氰胺脲醛树脂)为外壳材料包裹再生剂的微胶囊;利用锐孔凝固浴法使乳化稳定后的再生剂乳液被海藻酸钙包裹。微胶囊内的再生剂主要是葵花籽油等。

中空纤维材料模仿人类血管系统将再生剂注入中空纤维中,其作用机理与微胶囊技术类似。

基于微胶囊技术的自愈合路面材料路用性能在天津经济技术开发区于2014年铺筑的试验路段上得到了验证,其沥青路面老化寿命延长了70%。

(五)自感知路面技术

以服务未来智慧交通为目标的智能道路基础设施是当代交通领域发展的重要方向。这对于道路基础设施服务水平的本质提升和交通强国建设与发展具有重大而深远的意义。自感知路面技术是智能道路基础设施研究方向的基础和前沿,需要通过特定的感知通信、数据网络和材料结构系统设计,实现具有主动感知、自动辨析、自主适应调节、持续供能及动态指示等道路基础设施智能服务能力。路面自感知的主要目的是提升道路基础设施自身的耐久性与行车安全性,其所感知的信息可以为智慧交通、车路协同等新技术提供重要的信息源。自感知路面技术涵盖了多学科理论与方法,包含感知信息解析方法、多源数据处理方法、感知材料设计和智能铺装结构设计等方面。

目前,路面信息感知主要通过三种途径:通过外部手段感知信息,通过置入路面的感知元件感知信息,通过具有自感知功能的路面材料获得信息。

通过外部手段感知信息是传统的方式,经历了从早期的人工单点检测到20世纪末的半自动化检测以及现在的无损自动检测,例如,在获取路面外部特征及表面纹理等信息方面,有摄影技术、视频技术、激光扫描技术等;为获得路面结构强度及损伤状态,有贝克曼梁法、自动弯沉仪、落锤式弯沉仪以及探地雷达等。

随着感知元件技术的发展,体积小、精度高、成本低、用途广泛的感知元件越来越多地被用于路面各类信息感知,如温度、湿度、应力、应变等多种类传感器。

智能集料是具有自感知功能路面材料的典型代表。

无人值守、自供电、自适应、无线传输等是自感知路面的重要功能,但尚处于初步试验阶段,后续还需进一步对感知元件以及含感知元件的混合料与路面开展系列研究。

数值修约

（一）术语和定义

1. 数值修约

数值修约是通过省略原数值的最后若干位数字，调整所保留的末位数字，使最后所得到的值最接近原数值的过程。通俗地说，就是取近似数。

注：经数值修约后的数值称为（原数值的）修约值。

2. 有效数字

若测量结果经修约后的数值，其修约误差绝对值不大于0.5（末位），则该数值称为有效数字，即从左起第一个非零的数字到最末一位数字止的所有数字都是有效数字。有效数字中只应保留一位欠准数字，因此在记录测量数据时，只有最后一位有效数字是欠准数字。

3. 有效位数

对于没有小数位且以若干个0结尾的数值，从非0数字最左一位向右数得到的位数减去无效0（即仅为定位用的0），就是有效位数；

对于其他十进位数，从非0数字最左一位向右数而得到的位数，就是有效位数。

例1：35000，若有两个无效0，则为三位有效位数，应写为350×10^2；若有三个无效0，则为两位有效位数，应写为35×10^3。

例2：0.0025——两位有效位数；

1.001000——七位有效位数；

2.8×10^7——两位有效位数。

对于 $a\times10^n$ 表示的数值,其有效数字的位数由 a 中的有效位数决定。

4. 修约间隔

修约间隔是修约值的最小数值单位。

注:修约间隔的数值一经确定,修约值即为该数值的整数倍。

例 1:如指定修约间隔为 0.1,修约值应在 0.1 的整数倍中选取,相当于将数值修约到 1 位小数。

例 2:如指定修约间隔为 100,修约值应在 100 的整数倍中选取,相当于将数值修约到“百”数位。

(二) 数值修约规则

1. 确定修约间隔

指定将数值修约成 n 位有效位数。

指定修约间隔为 10^{-n}(n 为正整数),或指明将数值修约到 n 位小数。

指定修约间隔为 1,或指明将数值修约到“个”数位。

指定修约间隔为 10^n(n 为正整数),或指明将数值修约到 10^n 数位,或指明将数值修约到“十”“百”“千”……数位。

“1”间隔修约:整数。

“0.5”单位修约:指修约间隔为指定数位的 0.5 单位,即修约到指定数位的 0.5 单位。

“0.2”单位修约:指修约间隔为指定数位的 0.2 单位,即修约到指定数位的 0.2 单位。

2. 进舍规则

(1)拟舍去的最左一位数字小于 5 时,则舍去,保留的各位数字不变。

例 1:将 12.1498 修约成两位有效位数,得 12。

将 2:将 12.1498 修约到小数点后一位,得 12.1。

(2)拟舍去数字的最左一位数字大于 5 时,或是 5,而其后跟有并非全部为 0 的数字时,则进 1,即保留的末位数字加 1。

例 1:将 1268 修约到“百”位数,得 13×10^2(特定时可写成 1300)。

特定时是指修约间隔或有效位数明确时。

例 2:将 1268 修约成三位有效位数,得 127×10。

例 3:将 10.502 修约到个位数,得 11。

(3)拟舍去数字的最左一位数字为 5,而右面无数字或均为 0 时,若所保留的末位数字为奇数(1,3,5,7,9)则进一,为偶数(2,4,6,8,0)则舍去。

例1:修约间隔为0.1(或 10^{-1})时

拟修约值	修约值
1.050	1.0
1.350	1.4

例2:修约间隔为1000(或 10^3)时

拟修约值	修约值
2500	2×10^3(特定时可写为2000)
3500	4×10^3(特定时可写为4000)

例3:将下列数值修约成两位有效位数。

拟修约值	修约值
0.0325	0.032
32500	32×10^3(特定时可写为32000)

(4)负数修约时,先将它的绝对值按前述的规定进行修约,然后在所得值前面加上负号。

例:将下列数值修约到十数位。

拟修约值	修约值
-355	-36×10(特定时可写为-360)

3. 不得连续修约

拟修约的数字在确定修约位数后一次修约获得结果,不得多次连续修约。

例1:修约15.4546,修约间隔1,结果为15。

错误:15.4546→15.455→15.46→15.5→16

例2:将213.499修约成三位有效数时,结果应为213。

错误:213.499→213.50→214

4. "0.2"单位修约规则

"0.2"单位修约是指按指定修约间隔对拟修约的数值0.2单位进行的修约。

修约方法:将拟修约数值 X 乘5,按指定修约间隔对 $5X$ 依规定修约,所得数值再除以5。

例:将下列数值修约到个数位的0.2单位(或修约间隔为0.2)。

例1:60.36

$60.36\times5=301.8$,按1间隔修约为 $302/5=60.4$

例2:60.29

$60.29\times5=301.45$,按1间隔修约为 $301/5=60.2$

例3:60.30

$60.30\times5=301.5$,按1间隔修约为 $302/5=60.4$

例:将下列数值修约到"百"数位的0.2单位(或修约间隔为20)。

例1:830

$830\times5=4150$,按100间隔修约为 $4200/5=840$

例 2:842

842 ×5 =4210,按 100 间隔修约为 4200/5 =840

例 3: -930

-930 ×5 = -4650,按 100 间隔修约为 -4600/5 = -920

5."0.5"单位修约规则

"0.5"单位修约是指按指定修约间隔对拟修约的数值 0.5 单位进行的修约。

修约方法:将拟修约数值 X 乘 2,按指定修约间隔对 $2X$ 依规定修约,所得数值再除以 2。

例 1:将下列数值修约到个数位的 0.5 单位修约。

例 1-1:60.25

60.25 ×2 =120.50→120→120/2 =60.0

例 1-2:60.38

60.38 ×2 =120.76→121→121/2 =60.5

例 2:将下列数值修约到"百"数位的 0.5 单位(或修约间隔为 50)。

例 2-1:930

930 ×2 =1860,按 100 修约间隔修约为 1900/2 =950

简要来说,上述数值修约可以用下列口诀来概括:

四舍六入五考虑;
五后非零则进一;
奇升偶舍要注意;
修约一次要到位。

这与传统意思上的"四舍五入"是有区别的,用"四舍五入"法对数值进行修约,从很多修约后的数值中得到的均值偏大。而用上述的修约规则,进舍的状况具有平衡性,进舍误差也具有平衡性,若干数值经过这种修约后,修约值之和变大的可能性与变小的可能性是一样的。

附录B APPENDIX B

试验检测记录填写

试验检测记录表由标题、基本信息、检测数据、附加声明、落款五部分组成。每一试验检测参数(或试验方法)可单独编制记录表。同一试验过程同时获得多个试验检测参数时,可将多个参数集成编制于一个记录表中。

(一)标题

标题部分由记录表名称、唯一性标识编码、检测单位名称、记录编号、页码组成。

标题部分的固定格式分为三行,组成如图B-1所示。第一行是页码,第二行是记录表名称和唯一性标识编码,第三行是检测单位名称和记录编号。

这部分一般由专用软件完成填写工作。

		第1页，共1页
	土击实试验检测记录表	JGLQ01007
检测单位名称：××××检测中心		记录编号：JL-2018-TGJ-0001

图B-1 试验检测记录表的标题部分示例

1.记录表名称

位于标题部分第二行居中位置,应以《公路水运工程试验检测等级管理要求》(JT/T 1181—2018)所示试验检测项目、试验检测参数为依据,宜采用“项目名称+参数名称+试验检测记录表”的形式命名。

2. 唯一性标识编码

用于管理记录表格式的编码具有唯一性,与记录表名称同处一行,靠右对齐。记录表唯一性标识编码由 9 位或 10 位字母和数字组成。当同一记录表中包含两个及以上参数时,其唯一性标识编码由各参数对应的唯一性标识编码顺序组成。

记录表唯一性标识编码各段位的含义如下:

前 3 位大写英文字母表示专业编码,第 1 位字母为 J,代表记录表,第 2、3 位字母用于区分专业类别,GL 代表公路工程专业,SY 代表水运工程专业。

第 4 位大写英文字母表示领域编码,Q 代表工程材料与制品,P 代表工程实体与结构,Z 代表工程环境及其他。

第 5、6 位用阿拉伯数字表示项目编码,取值来自《公路水运工程试验检测等级管理要求》(JT/T 1181—2018)中项目代码的后两位数。例如:“土”在公路工程专业中的项目代码为 GL001,对应记录表的项目编码为 01;当参数名称能明确地体现测试内容时,项目名称可省略,以“参数名称”+“试验检测记录表”为记录表名称,但是项目编码不能省略。例如:标志板面光度性能试验检测记录表,记录表名称中省略了项目名称“交通标志及反光膜”,但是项目编码 20 不能省略。

第 7、8、9 位用阿拉伯数字表示参数编码,取值来自《公路水运工程试验检测等级管理要求》(JT/T 1181—2018)中参数代码的后三位数。所有的参数都一一赋予了唯一代码,例如:公路工程中土的“颗粒组成”的参数代码为 GLQ01004,记录表中的参数编码为 004。

第 10 位用小写英文字母表示方法区别码,取值来自《公路水运工程试验检测等级管理要求》(JT/T 1181—2018)中的方法代码,可省略。

如果同一个参数有两种及以上试验方法,其方法用小写英文字母排序加以区分,采用何种试验方法,则将其方法区分码编入唯一性标识编码中,这时唯一性标识编码由 10 位字母和数字组成;如果只有一种试验方法,则不排序,方法区分码则省略,唯一性标识编码为 9 位。例如:公路工程“土颗粒组成试验记录表(筛分法)”,唯一性标识编码由 10 位字母和数字组成,即 JGLQ01004a;水运工程“土无侧限抗压强度试验记录表”,唯一性标识编码由 9 位字母和数字组成,即 JSYQ01006。

3. 检测单位名称

当检测单位为检测机构时,填写“公路水运工程试验检测机构等级证书”中的机构名称,可附加等级证书的编号;当检测单位为工地试验室时,按“母体试验检测机构名称 + 建设项目标段名称 + 工地试验室”的格式填写。

这部分一般是一次输入,长久使用。

4. 记录编号

由检测单位自行编制,一般包含年份、类型、样品(对象)或试验项目标识及流水号等,可按时间顺序连续递增编制。记录编号应在确保唯一性的前提下,宜简洁,且易于分类管理。

（二）基本信息

基本信息部分包括工程名称、工程部位/用途、样品信息、试验检测日期、试验条件、检测依据、判定依据、主要仪器设备名称及编号，如图 B-2 所示。

<table>
<tr><td>工程名称</td><td colspan="3">××××高速公路建设××合同段××标段</td></tr>
<tr><td>工程部位/用途</td><td colspan="3">K0+000～K1+000路基填筑</td></tr>
<tr><td>样品信息</td><td colspan="3">样品名称：黏质土；样品编号：YP-2018-TGJ-001；样品数量：50kg；样品状态：红棕色、潮湿；来样时间：2020年3月18日</td></tr>
<tr><td>试验检测日期</td><td>2020年3月20日—3月21日</td><td>试验条件</td><td>温度：25℃；湿度：66%RH</td></tr>
<tr><td>检测依据</td><td>JTG E40—2007（T0131—2007）</td><td>判断依据</td><td>JTG F80/1—2017</td></tr>
<tr><td>主要仪器设备名称及编号</td><td colspan="3">电子天平（××××）、电子秤（××××）、多功能电动击实仪（××××）</td></tr>
</table>

图 B-2　试验检测记录表的基本信息部分示例

1. 工程名称

工程名称为测试对象所属工程项目的名称。当涉及盲样时，可不填写或填写盲样。当检测机构进行盲样管理时，工程名称可不填写。当为工地试验室时，可填写对应的工程项目名称。

2. 工程部位/用途

为二选一填写项，当涉及盲样时可不填写或填写盲样，填写要求如下：

（1）当可以明确被检对象在工程中的具体位置时，填写工程部位名称及起止桩号。

（2）当被检对象为独立结构物时，填写结构物及其构件名称、编号等信息；成品、半成品、现场检测应填写所在的工程部位。工程部位应能追溯，如填写施工桩号、分项（分部）工程名称等。

（3）当指明数据报告结果的具体用途时，宜填写相关信息。材料的工程用途会影响检测依据、判定依据等信息的确定，因此，应填写其工程用途。

3. 样品信息

样品信息包含来样时间、样品名称、样品编号、样品数量、样品状态、制样情况和抽样情况，其中制样情况和抽样情况可根据实际情况删减。

（1）来样时间应填写检测收到样品的日期，而不是样品的取样时间，以“YYYY 年 MM 月 DD 日”的形式用阿拉伯数字填写。

（2）样品名称应按标准规范的要求填写；例如：“热轧带肋钢筋”“热轧光圆钢筋”，不能简单填写为"钢筋";"板式橡胶支座""盆式支座",不能简单填写为"橡胶支座";水泥有不同的品种,同时又有不同的强度等级,不能简单填写为"水泥"。

(3)样品编号应由检测单位自行编制,用于区分每个独立样品的唯一性编号;检测单位应在质量管理体系中明确样品编号规则,确保其唯一性,同一组内的样品也应分别编号。

(4)样品数量宜按照检测依据规定的计量单位如实填写;即按照有关标准、规范、规程规定的数量接收,并考虑样品运输过程中的损耗、试件制作过程中的损耗、留样等的需要。样品数量应采取合理的计量单位,避免使用1瓶、1袋等不规范的用词。

(5)样品状态应描述样品的性状,如样品的物理状态,是否有污染、腐蚀等;样品的物理性状包括结构、形状、状态、规格、颜色等。样品状态描述是对样品接收时的状态的必要记录,应在收到样品时通过目测、手感、嗅觉等方式进行判断并准确记录描述。当样品有异常情况时,应告知委托方并记录。样品状态应根据标准规范或试验规程的要求准确描述,避免使用合格、良好等模糊用词。

样品状态往往影响检测结果,在检测单位内部流转过程及留样时应对样品状态予以关注。

(6)制样情况应描述制样方法及条件、养护条件、养护时间及依据等。制样是试验检测工作的重要环节,样品制作加工的环境条件、养护条件、养护时间等在有关标准、规范中有具体要求,例如:《纺织品　调湿和试验用标准大气》(GB/T 6529—2008)对土工合成材料厚度试样,要求在规定的标准大气条件下[(温度20℃ ±2℃)、相对湿度(65% ±40%)]调湿24h。

当标准规范对制样环节无明确规定,检测单位采用作业指导书对制样环节进行控制时,也应在记录表的样品信息栏进行描述。

(7)抽样情况应描述抽样日期、抽取地点(包括简图、草图或照片)、抽样程序、抽样依据及抽样过程中可能影响检测结果解释的环境条件情况等。

这些记录应包括以下信息:所用的抽样方法、抽样日期和时间、识别和描述样品的数据(如编号、数量和名称)、抽样人的识别、所用设备的识别、环境或运输条件、标识抽样位置的图示或其他等效方式、与抽样方法和抽样计划的偏离或增减。

4. 试验检测日期

当日完成的试验检测工作可填写当日日期;一日以上的试验检测工作应表征试验的起止日期。日期以"YYYY年MM月DD日"的形式表示。

某些试验检测是从样品制备开始的,应将制备样品时的时间记作试验检测开始时间,将采集数据结束并记录(现场清扫结束)时间记作试验检测结束时间。

5. 试验条件

试验条件应写试验时的温度、湿度、照度、气压等环境条件。

试验检测条件一般应记录试验检测时的温度、相对湿度等环境条件。尤其当有关标准、规范等对环境条件或试验检测条件有明确要求时,应当进行有效监测、控制和记录。

当环境条件参与试验检测结果的分析计算时，还应在试验检测数据部分如实准确地记录。例如：用摆式摩擦系数测定仪测定沥青路面的抗滑值时，应测量记录潮湿路表温度，用于将测得的摆值换算成标准温度20℃的摆值。

6. 检测依据

检测依据应为当次试验所依据的标准、规范、规程、作业指导书等技术文件，应填写完整的技术文件名称和代号。若技术文件为公开发布的，可只填写其代号。必要时，还应填写技术文件的方法编号、章节号或条款号等。

示例1：GB/T 232—2010。

示例2：JTG E42—2005 T0305。

检测依据应如实填写检测实际采用的技术文件。例如：粗集料含泥量试验的检测依据可填写《公路工程集料试验规程》（JTG 3432—2024），也可只填写JTG 3432—2024；土含水率试验（烘干法），检测依据可填写JTG 3430—2020 T0103—2019；水泥的标准稠度用水量试验（标准法），检测依据可填写GB/T 1346—2011第7章。

7. 判定依据

判定依据为出具检测结论所依据的标准、规范、规程、设计文件、产品说明书等。填写方法可参照“6. 检测依据”。某些产品或参数的判定依据与检测依据为同一个标准、规范。有些试验检测的目的仅为得到测试值，此时可不填写判定依据。

8. 主要仪器设备名称及编号

用于填写试验检测过程中主要使用的仪器设备名称及其唯一性标识。试验检测过程中除使用必要的仪器设备，还可能会用到软件、测量标准、标准物质、参考数据、试剂、消耗品、辅助设备或相应组合装置。主要仪器设备应填写参与结果分析计算的量值输出仪器、对结果有重要影响的配套设备名称及编号。

仪器设备编号由检测单位自行编制。

（三）检测数据

检测数据部分应包括原始观测数据、数据处理过程与方法，以及试验结果等内容。

（1）手工填写的原始观测数据应在现场如实、完整记录，如需修改，应修改并在修改处签字；必须使用黑色签字笔或纯黑色墨水钢笔填写，要求书写工整，不得涂改，数据更正必须规范。

填写原始记录表出现笔误后，在笔误的文字或数据上，用原使用的笔墨画一横线，再在笔误处的上行间或下行间填上正确的文字和/或数值,或在旁边填写正确内容并签名(对确实无地方签名的,可在附加声明部分注明),并使原数据仍可辨认。

试验时,原始观测数据只需填写观测数据,试验结束后将原始观测数据录入记录表,按照相应程序进行数据处理,原始记录表应附在记录表后。

(2)由仪器设备自动采集的检测数据、试验照片等电子数据,可打印签字后粘贴于记录表中或保存电子档,无须检测人员再次填写。

(3)数据处理过程与方法。

填写原始观测数据推导出试验结果的过程记录,宜包括计算公式、推导过程、数值修约等,必要时还应填写相应依据。

如果填写的内容较多,可以增加试验检测数据部分的篇幅至下一页。

如果计算公式过于复杂,可用“作业指导书”进行控制。

检测单位应对所用软件的计算、推导程序进行确认,并留有痕迹。

如果采用手工计算的记录表,一般应该有计算公式。

(4)试验结果。

按照检测依据的要求给出该项试验的测试结果。

(四)附加声明

附加声明部分位于检测数据部分之后,用于说明需要提醒和声明的事项,如图 B-3 所示。

附加声明:

1.样品经过一次四分法处理后,质量不满足要求,再采用四分法处理剩余试样进行补充,达到质量要求。此偏离得到委托方确认。

2.委托方要求尽快得出结果,但因集料室试验人员外出参加培训,此次试验由土工试验人员进行,此偏离得到委托方确认。

3.此次试验过程见证人:张三

图 B-3 附加声明示例

附加声明部分应包括:对试验检测的依据、方法、条件等偏离情况的声明,其他见证方签认,其他需要补充说明的事项。

附加声明部分应根据记录内容填写,如有其他见证方签认,应有签名。

在进行试验检测时,如果没有按照标准要求对试验环境条件进行控制,只是在样品信息中记录了试验时的实际环境条件,在这里应进行声明:试验环境条件没有按照标准进行控制,但是不影响结果的准确性。当涉及抽样时,可在附加声明区注明。

（五）落款

落款部分位于附加声明部分之后，用于表征记录表的签认信息。由检测、记录、复核、日期组成。

检测、记录及复核应签署实际承担相应工作的人员姓名，日期为记录表的复核日期，以“YYYY 年 MM 月 DD 日”的形式表示。对于采用信息化手段编制的记录表，可使用数字签名。签字的工作人员，资格应符合《公路水运工程质量检测管理办法》的规定，并应经过授权。

当有多名工作人员一起承担了相应的检测工作时，检测的签字人员也应有多名工作人员的签字。

复核时，应检查检测项目完整性，书写是否工整、正确，检测依据与检测任务单是否一致；计算公式、计算数值是否正确等；有错误处应予改正（必要时加以说明）；复核后的记录内容，复核人及检测人均要负责。

参考文献

[1] 钱树波,张征文. 道路材料应用技术[M]. 北京:高等教育出版社,2014.

[2] 赵鸿铎,朱兴一,刘伯莹. 智能铺面技术发展报告[M]. 北京:人民交通出版社股份有限公司,2019.

[3]《中国公路学报》编辑部. 中国路面工程学术研究综·2020[J]. 中国公路学报,2020,33(10):1-66.

[4] 国家市场监督管理总局,国家标准化管理委员会. 通用硅酸盐水泥:GB 175—2023[S]. 北京:中国标准出版社,2023.

[5] 国家市场监督管理总局,国家标准化管理委员会. 建设用砂:GB/T 14684—2022[S]. 北京:中国标准出版社,2022.

[6] 国家市场监督管理总局,国家标准化管理委员会. 建设用卵石、碎石:GB/T 14685—2022[S]. 北京:中国标准出版社,2022.

[7] 中华人民共和国国家质量监督检验检疫总局,中国国家标准化管理委员会. 混凝土外加剂:GB 8076—2008[S]. 北京:中国标准出版社,2008.

[8] 中华人民共和国国家质量监督检验检疫总局,中国国家标准化管理委员会. 用于水泥和混凝土中的粉煤灰:GB/T 1596—2017[S]. 北京:中国标准出版社,2017.

[9] 中华人民共和国国家市场监督管理总局,中国国家标准化管理委员会. 钢筋混凝土用钢 第1部分:热轧光圆钢筋:GB/T 1499.1—2024[S]. 北京:中国标准出版社,2024.

[10] 中华人民共和国国家市场监督管理总局,中国国家标准化管理委员会. 钢筋混凝土用钢 第2部分:热轧带肋钢筋:GB/T 1499.2—2024[S]. 北京:中国标准出版社,2024.

[11] 中华人民共和国国家质量监督检验检疫总局,中国国家标准化管理委员会. 冷轧带肋钢筋:GB/T 13788—2017[S]. 北京:中国标准出版社,2017.

[12] 中华人民共和国住房和城乡建设部. 普通混凝土配合比设计规程:JGJ 55—2011[S]. 北京:中国建筑工业出版社出版,2011.

[13] 中华人民共和国住房和城乡建设部. 砌筑砂浆配合比设计规程:JGJ/T 98—2010[S]. 北京:中国建筑工业出版社出版,2010.

[14] 中华人民共和国交通运输部. 公路桥涵施工技术规范:JTG/T 3650—2020[S]. 北京:人民交通出版社股份有限公司,2020.

[15] 中华人民共和国交通运输部. 公路沥青路面施工技术规范:JTG F40—2004[S]. 北京:人民交通出版社,2004.

[16] 中华人民共和国交通运输部. 公路水泥混凝土路面施工技术细则:JTG/T F30—2014[S]. 北京:人民交通出版社,2014.

[17] 中华人民共和国国家标准质量监督检验检疫总局,中国国家标准化管理委员会. 水泥细度检验方法 筛析法:GB/T 1345—2005[S]. 北京:中国标准出版社,2005.

[18] 中华人民共和国国家质量监督检验检疫总局,中国国家标准化管理委员会. 水泥比表面

积测定方法　勃氏法:GB/T 8074—2008[S]. 北京:中国标准出版社,2008.

[19] 中华人民共和国国家质量监督检验检疫总局,中国国家标准化管理委员会. 水泥标准稠度用水量、凝结时间、安定性检验方法:GB/T 1346—2024[S]. 北京:中国标准出版社,2011.

[20] 国家市场监督管理总局,国家标准化管理委员会. 水泥胶砂强度检验方法(ISO 法):GB/T 17671—2021[S]. 北京:中国标准出版社,2021.

[21] 中华人民共和国国家质量监督检验检疫总局,中国国家标准化管理委员会. 水泥胶砂流动度测定方法:GB/T 2419—2005[S]. 北京:中国标准出版社,2005.

[22] 国家市场监督管理总局,国家标准化管理委员会. 金属材料　拉伸试验　第 1 部分:室温试验方法:GB/T 228.1—2021[S]. 北京:中国标准出版社,2021.

[23] 中华人民共和国国家市场监督管理总局,中国国家标准化管理委员会. 金属材料　弯曲试验方法:GB/T 232—2024[S]. 北京:中国标准出版社,2024.

[24] 中华人民共和国住房和城乡建设部. 建筑砂浆基本性能试验方法标准:JGJ/T 70—2009[S]. 北京:中国建筑工业出版社,2009.

[25] 中华人民共和国住房和城乡建设部. 普通混凝土拌合物性能试验方法标准:GB/T 50080—2016[S]. 北京:中国建筑工业出版社,2016.

[26] 中华人民共和国住房和城乡建设部,国家市场监督管理总局. 混凝土物理力学性能试验方法标准:GB/T 50081—2019[S]. 北京:中国建筑工业出版社,2019.

[27] 中华人民共和国交通运输部. 公路工程水泥及水泥混凝土试验规程:JTG 3420—2020[S]. 北京:人民交通出版社股份有限公司,2020.

[28] 中华人民共和国交通运输部. 公路土工试验规程:JTG 3430—2020[S]. 北京:人民交通出版社股份有限公司,2020.

[29] 中华人民共和国交通运输部. 公路工程岩石试验规程:JTG 3431—2024[S]. 北京:人民交通出版社股份有限公司,2024.

[30] 中华人民共和国交通运输部. 公路工程集料试验规程:JTG 3432—2024[S]. 北京:人民交通出版社股份有限公司,2024.

[31] 中华人民共和国交通运输部. 公路工程土工合成材料试验规程:JTG E50—2006[S]. 北京:人民交通出版社,2006.

[32] 中华人民共和国交通运输部. 公路工程无机结合料稳定材料试验规程:JGJ 3441—2024[S]. 北京:人民交通出版社股份有限公司,2024.

[33] 中华人民共和国交通运输部. 公路工程沥青及沥青混合料试验规程:JTG E20—2011[S]. 北京:人民交通出版社,2011.

[34] 国家市场监督管理总局,国家标准化管理委员会. 钢筋混凝土用钢材试验方法:GB/T 28900—2022[S]. 北京:中国标准出版社股份有限公司,2022.

[35] 中华人民共和国交通运输部. 公路工程土工合成材料　第 1 部分:土工格栅:JT/T 1432.1—2022[S]. 北京:人民交通出版社股份有限公司,2022.

[36] 中华人民共和国国家质量监督检验检疫总局,中国国家标准化管理委员会. 砌筑水泥:GB/T 3183—2017[S]. 北京:中国标准出版社,2017.